U0829892

全面建设社会主义现代化国家研究丛书（第2辑）

丛书主编　颜晓峰

新发展理念：我国现代化建设的指导原则

吴晓宇　卢伟　著

天津大学出版社
TIANJIN UNIVERSITY PRESS

图书在版编目(CIP)数据

新发展理念：我国现代化建设的指导原则 / 吴晓宇，卢伟著. -- 天津：天津大学出版社，2023.6

（全面建设社会主义现代化国家研究丛书 / 颜晓峰主编；2. 第2辑）

ISBN 978-7-5618-7469-1

Ⅰ. ①新… Ⅱ. ①吴… ②卢… Ⅲ. ①社会主义建设－现代化建设－研究－中国 Ⅳ. ①D61

中国国家版本馆CIP数据核字(2023)第088282号

XINFAZHAN LINIAN：WO GUO XIANDAIHUA JIANSHE DE ZHIDAO YUANZE

出版发行	天津大学出版社
地　　址	天津市卫津路92号天津大学内（邮编：300072）
电　　话	发行部：022-27403647
网　　址	www.tjupress.com.cn
印　　刷	北京盛通印刷股份有限公司
经　　销	全国各地新华书店
开　　本	710 mm×1010 mm　1/16
印　　张	14.75
字　　数	297千
版　　次	2023年6月第1版
印　　次	2023年6月第1次
定　　价	40.00元

总　序

2020年是全面建成小康社会的决战决胜之年，也是从全面建成小康社会向全面建设社会主义现代化国家迈进的历史转折之年。“继续在人类的伟大时间历史中创造中华民族的伟大历史时间”，这是习近平总书记在2020年春节团拜会上为当代中国共产党人标定的时代坐标、确定的时代使命。全面建设社会主义现代化国家，就是中华民族在这一“伟大历史时间”进行的伟大历史实践。2020年初突如其来的新型冠状病毒肺炎疫情（以下简称新冠肺炎疫情）给中国和世界其他国家的发展带来前所未有的冲击，但中华民族从来都是在磨难中成长、从磨难中奋起的，人类社会从来都是在危机中嬗变、从危机中转型的，现代化的潮流势不可挡、青山难遮。由天津大学社会主义现代化研究中心组织撰写、天津大学马克思主义学院院长颜晓峰担任丛书主编、天津大学出版社出版的“全面建设社会主义现代化国家研究丛书”正是配合开启全面建设社会主义现代化国家新征程，探索新课题、服务新实践，为全面建设社会主义现代化国家提供理论支持的研究成果。

现代化是资本主义产生以后，在科技革命、产业革命、社会革命、思想革命的推动下，一些国家出现的从社会生产到社会生活、从社会结构到社会机制、从社会精神到社会文化的整体性转型，是世界近代以来持续推进、逐步拓展、不断深化的“历史向世界历史转变”的进程，同时又是在矛盾积累、危机孕育、时局动荡中调整变革的进程。马克思、恩格斯深刻揭示了资本驱动的现代化内在的尖锐矛盾，批判了现代化进程中对生产力的破坏和对工人的奴役，同时也肯定了资本主义生产第一次创造出为实现社会全面进步、人的全面发展所必需的财富和生产力。在马克思、恩格斯看来，社会主义是在继承资本主义文明成果的基础上对资本主义的否定和改造，是在各个领域创造出高于和优于资本主义现代化的新型现代化。马克思在《哥达纲领批判》中阐述的共产主义社会高级阶段，包含消灭旧式分工，消灭脑力劳动和体力劳动对立，劳动成为生活的第一需要，个人的全面发展，集体财富的源泉充分涌流等，这些都是社会主义现代化的本质内涵。十月革命后，苏联等社会主义国家在各自的社会主义建设过程中，探索了社会主义的高级阶段或发达阶段（即现代化阶段）的目标、标准和途径，开始了社会主义现代化实践和思想的双重进程，但因种种历史原因，有的遭遇挫折，有的半途而废。

建设社会主义现代化国家，是中华人民共和国成立后我们党的不懈追求。中华人民共和国成立后，我们党把科学社会主义理论同中国现代化实际相结合，多次提出社会主义现代化的建设目标、主要内容和实现步骤，开始了建设社会主义现代化的艰辛探索。改革开放以来，几代中国共产党人开拓创新、接力攀登，持续探索“建设什么样的社会主义现代化国家，怎样建设社会主义现代化国家”的问题，把科学社会主义理论同建设社会主义现代化实际相结合，开创了中国特色社会主义现代化道路。中国特色社会主义现代化道路，从世界历史的坐标看，是在世界现代化几百年的历程中，在主要资本主义国家现代化进程已经完成的基础上开辟的一条新型现代化道路。从当代世界的坐标看，是在广大发展中国家追求现代化的艰难起飞中，从中国国情出发开辟的一条新路，从而给世界上那些既希望加快发展又希望保持自身独立性的国家和民族提供了全新选择，贡献了中国智慧和中国方案。中国的现代化道路不仅是自己的道路，而且具有世界意义；不仅具有中国特色，而且反映世界趋势。更为重要的是，我们要建成的是社会主义现代化国家，是有着独特本质、内涵、优势、特色的社会主义现代化国家。再经过30年左右的奋斗，我国全面建成富强民主文明和谐美丽的社会主义现代化强国，其世界历史意义不亚于十月革命，是中国共产党对科学社会主义的最重要贡献。

党的十九大开启了全面建设社会主义现代化国家的新征程，这是马克思主义指引中国共产党近百年历程新的伟大革命，是科学社会主义在中国新的伟大创举，是马克思主义基本原理同新时代具体实际相结合新的伟大实践。面对新的使命任务，必须进行从历史到未来、从理论到实践、从全局到局部、从战略到方法的系统深入研究。习近平新时代中国特色社会主义思想，从理论和实践的结合上系统回答了“新时代坚持和发展什么样的中国特色社会主义、怎样坚持和发展中国特色社会主义”这一重大时代课题。“全面建设什么样的社会主义现代化国家、怎样全面建设社会主义现代化国家”，则是对这一重大时代课题的深入和展开。深入研究这一课题，需要从以下三个方面整体推进。

一是社会主义现代化的历史研究。社会主义现代化是世界现代化进程的客观要求，特别是社会主义历史进程的必然趋势。历史研究是社会主义现代化研究的基础，包括实践史和思想史。党的十九大开启了全面建设社会主义现代化国家新征程，必将把社会主义现代化的实践和思想提到一个前所未有的历史高度。随着习近平新时代中国特色社会主义思想不断发展，社会主义现代化思想在其理论体系中必然具有更加突出的地位。

二是社会主义现代化的领域研究。现代化是全面的现代化。全面建设社会主义现代化国家，本身就要求现代化的总体性，不能单打独斗。同时，社会主义现代化是由各个领域的现代化构成的，需要将总体研究与局部研究相结合，从各个领域的现代化研究入手，深化对全面建设社会主义现代化规律的探讨。我们党在追求现代化的进程中，曾提出“四个现代化”的构想。随着党对建设中国特色社会主义总体布局认识的拓展，“四个现代化”显然已不足以涵盖现代化的基本领域。因此，要深入研究社会主义经济、科技、政治、国家治理、文化、社会、教育、生态、国防、党建、人的全面发展乃至公共卫生治理等领域的现代化建设。

三是社会主义现代化的问题研究。社会主义现代化研究离不开大量的实证研究，运用数据分析，构建科学模型，提供决策支持。同时，理论是研究的纲和魂，实证研究离不开理论研究。要以社会主义现代化为对象，对其中的重大问题作出理论说明和论证，从而逐步加深对社会主义现代化建设规律的认识。理论研究越严谨扎实、深刻彻底，对社会主义现代化建设规律的认识就越全面准确，全面建设社会主义现代化国家的进程就越顺利，目标就越有把握实现。全面建设社会主义现代化国家的新征程，是中华民族伟大复兴的壮丽篇章，是马克思、恩格斯设想的人类社会美好前景在中国大地的生动展现，是马克思主义在新的伟大实践中大发展的极好契机。

天津大学与中国现代化的历史紧密相连。天津大学建校于1895年，前身为北洋大学堂，是中国近代高等教育史上建校最早的高等学府。第二次鸦片战争后，学校所在地天津被开辟为通商口岸，近代工业、贸易、金融、交通、教育发展起来，天津成为中国开始现代化的先行地、近代城市的领先者。这为学校吸收世界现代化的文明成果提供了丰厚土壤，同时学校也是天津乃至中国近代教育、科技、思想、文化发展的贡献者。北洋大学堂开办之初即设立工程、矿务、机器和律例四门学科，以兴学强国为使命，以培养现代人才为目标。学校创建早期培养出的人才中，王宠佑成为中国现代炼锑技术的开创者，马寅初成为著名经济学家、教育家、人口学家，刘瑞恒成为中国近代公共卫生事业的创建者，秦汾成为中国著名数学家，齐璧亭成为中国近代知名的教育家、女子师范教育奠基人，等等。中国共产党早期的重要领导人之一、中国共产主义青年团的创始人之一张太雷，1915年考入北洋大学法科。中华人民共和国成立后，1959年党中央公布了第一批16所全国重点大学，天津大学名列其中。改革开放后，1995年学校成为“211工程”首批重点建设大学，2000年学校被确定为国家“985工程”重点建设的高水平研究型大学。进入新时代，2017年学校成为首批“双一流”建设高校。学校围绕建设“综合性、研究型、开放式、国际化”的世界一流大学总体目标，秉持“中国特色、世界一流、天大品格”的核心理念，传承“兴学强国、实事求是、严谨治学、爱国奉献、矢志创新”的天大品格，努力培养一流人才、建设一流队伍、打造一流学科、贡献一流学术、营造一流环境，推进“强工、厚理、振文、兴医”学科布局，聚焦国家重大战略需要，聚焦世界科技发展前沿，面向国民经济主战场，培养全面发展的高素质创新人才，为全面建设社会主义现代化国家作出天大的贡献。这些贡献就包括依托学校的历史传统、学科优势、人才资源，充分利用天津大学社会主义现代化研究中心这个平台和基地，创作出更有质量水准、更符合全面建设社会主义现代化国家理论需要的多学科成果。

“全面建设社会主义现代化国家研究丛书”（以下简称“丛书”），自党的十九大后开始策划、组织撰写，经各位作者和编辑的共同努力，现出版发行。“丛书”的选题主要围绕全面建设社会主义现代化国家的系统布局，对全面建设社会主义现代化国家的主要领域进行全面深入、通俗易懂的描述，为高校师生、党员干部、理论工作者及广大读者提供系列理论读物。“丛书”是开放式、渐进式的，将跟踪全面建设社会主义现代化国家新征程的进展，依据主创者、出版方、作者对这一新的伟大社会实践的新认识，拓展范围、深化研究，丰富题材、提高品位，继续推出新的选题，出版新的著作，与实现第二个百年奋斗目标的发展阶段同行，与全面建设社会主义现代化国家实践中的重大问题共生，与国内外相关研究的前沿成果互鉴。我们诚邀校内外的专家学者一起参与这套丛书的撰写，一起推进社会主义现代化的研究，不负时代、不负使命。

李家俊　天津大学党委书记
金东寒　天津大学校长
2020 年 6 月

目　　录

第一章　马克思主义经典作家关于发展的重要论述及启示

从历史大周期来看，当代中国社会的转型和发展处于一个特殊的时空背景之下。作为“后发式国家”，既要实现社会主义的价值目标，又需要建构起市场经济体制；既要用较短的时间完成西方国家历时几百年完成的现代化，又要着力消除化解快速发展中的各种“危机”“阵痛”和“陷阱”。习近平总书记指出：“发展是解决我国一切问题的基础和关键，发展必须是科学发展，必须坚定不移贯彻创新、协调、绿色、开放、共享的发展理念。”[①] 这是“关系我国发展全局的一场深刻变革”[②]。从思想渊源上看，这一理念是马克思主义与中国实践相结合的又一次重要理论创新，既是对改革开放40多年来实践经验的深刻总结，又是马克思、恩格斯关于经济社会发展和人的全面发展理论的当代阐释与现实运用。因此有必要从马克思主义经典作家关于发展的重要论述出发，深入解析新发展理念的理论内核与现实逻辑，让干部群众“知之愈明，则行之愈笃”，使新发展理念真正“落地生根、变成普遍实践”。

一、马克思恩格斯发展理论的基本观点

对发展问题的关注贯穿于马克思、恩格斯长期的革命实践和理论探索之中。在对资本主义发展模式固有缺陷进行深刻批判以及对人类历史上其他社会发展思想进行批判性继承的基础上，马克思、恩格斯以唯物辩证法和唯物史观为指导，将人的全面发展、社会发展与生态发展统一于一个整体视域，逐步形成了一个关于“人—社会—自然”的科学发展理论，深入揭示了社会发展的内在规律性、人在社会历史活动中的主观能动性以及人与自然的共生性，系统阐发了发展的规律、动力、要求和目的。

---

① 习近平：《决胜全面建成小康社会　夺取新时代中国特色社会主义伟大胜利——在中国共产党第十九次全国代表大会上的报告》，《人民日报》2017年10月19日，第1版。

② 习近平：《习近平谈治国理政》第2卷，外文出版社，2017，第200页。

（一）发展的客观规律

恩格斯指出："历史进程是受内在的一般规律支配的。"① 虽然历史事件表面上看充满偶然性，但"这种偶然性始终是受内部的隐蔽着的规律支配的，而问题只是在于发现这些规律"②。而"正像达尔文发现有机界的发展规律一样，马克思发现了人类历史的发展规律"③。在1859年的《〈政治经济学批判〉序言》中马克思对这一规律进行了充分的阐述："人们在自己生活的社会生产中发生一定的、必然的、不以他们的意志为转移的关系，即同他们的物质生产力的一定发展阶段相适合的生产关系。这些生产关系的总和构成社会的经济结构，即有法律的和政治的上层建筑竖立其上并有一定的社会意识形式与之相适应的现实基础。……社会的物质生产力发展到一定阶段，便同它们一直在其中运动的现存生产关系或财产关系（这只是生产关系的法律用语）发生矛盾。于是这些关系便由生产力的发展形式变成生产力的桎梏。那时社会革命的时代就到来了。随着经济基础的变更，全部庞大的上层建筑也或慢或快地发生变革。"④ 简而言之，就是生产力决定生产关系，生产关系一定要适合生产力发展状况；经济基础决定上层建筑，经济基础的变更必然导致上层建筑的变革。

同时，马克思还特别强调了社会发展规律与自然规律的区别在于，它根植于人的实践活动之中，只有通过现实的人的自觉活动才得以实现："'历史'并不是把人当做达到自己目的的工具来利用的某种特殊的人格。历史不过是追求着自己目的的人的活动而已。"⑤ 因此，虽然人们不能随意地改变、创造或消灭社会规律，但可以通过实践掌握和利用规律，在实践活动中书写自己的历史。

---

① 中共中央马克思恩格斯列宁斯大林编译局编译《马克思恩格斯文集》第4卷，人民出版社，2009，第302页。

② 中共中央马克思恩格斯列宁斯大林编译局编译《马克思恩格斯选集》第4卷，人民出版社，2012，第254页。

③ 中共中央马克思恩格斯列宁斯大林编译局编译《马克思恩格斯选集》第3卷，人民出版社，2012，第1002页。

④ 中共中央马克思恩格斯列宁斯大林编译局编译《马克思恩格斯选集》第2卷，人民出版社，2012，第2-3页。

⑤ 中共中央马克思恩格斯列宁斯大林编译局编译《马克思恩格斯全集》第2卷，人民出版社，1957，第118-119页。

（二）发展的动力系统

在科学揭示人类社会发展规律的基础上，马克思、恩格斯进一步探寻并发现了推动社会历史发展的动力。“我们首先应当确定一切人类生存的第一个前提，也就是一切历史的第一个前提，这个前提是：人们为了能够‘创造历史’，必须能够生活。但是为了生活，首先就需要吃喝住穿以及其他一些东西。因此第一个历史活动就是生产满足这些需要的资料，即生产物质生活本身，而且，这是人们从几千年前直到今天单是为了维持生活就必须每日每时从事的历史活动，是一切历史的基本条件。”① 从这一基本前提出发，马克思、恩格斯强调了生产力是一切社会发展的决定性力量：“人们所达到的生产力的总和决定着社会状况”②，“一切历史冲突都根源于生产力和交往形式之间的矛盾”③。在《哲学的贫困》中，马克思进一步指出：“随着新生产力的获得，人们改变自己的生产方式，随着生产方式即谋生的方式的改变，人们也就会改变自己的一切社会关系。手推磨产生的是封建主的社会，蒸汽磨产生的是工业资本家的社会。”④ 生产力决定生产关系的性质，进而决定其他社会关系的基本面貌，决定人类社会发展的历史进程。当旧的生产关系成为生产力发展的束缚时，生产力就必然要求改变或变革生产关系，而一旦生产关系或经济基础的状况发生了变化，就会同原有的上层建筑发生矛盾，并要求改变旧的上层建筑。

在阶级社会中，生产力与生产关系、经济基础与上层建筑这两大社会基本矛盾必然会通过阶级斗争表现出来，如恩格斯所言：“用‘历史唯物主义’这个名词来表达一种关于历史过程的观点……这种观点认为，一切重要历史事件的终极原因和伟大动力是社会的经济发展，是生产方式和交换方式的改变，是由此产生的社会之划分为不同的阶级，是这些阶级彼此之间的斗争。”⑤ 阶级斗争是阶级社会发展的直接动力，其作用不仅表现在社会形态的更替中，还表现在同一社会形态的量变过程中，总之，“没有

① 中共中央马克思恩格斯列宁斯大林编译局编译《马克思恩格斯选集》第 1 卷，人民出版社，2012，第 158 页。

② 同上书，第 160 页。

③ 同上书，第 196 页。

④ 中共中央马克思恩格斯列宁斯大林编译局编译《马克思恩格斯文集》第 1 卷，人民出版社，2009，第 602 页。

⑤ 中共中央马克思恩格斯列宁斯大林编译局编译《马克思恩格斯选集》第 3 卷，人民出版社，2012，第 760 页。

对抗就没有进步。这是文明直到今天所遵循的规律"①。此外，马克思、恩格斯还非常重视科技对社会发展的推动作用，认为科学是"伟大的历史杠杆"，是"按最明显的字面意义而言的革命力量"②。在他们看来，科学技术上的突破直接引起生产力的巨大进步，进而引起社会变革。

（三）发展的现实路径

资本主义发展模式造成了人与自然关系的紧张，资本的扩张本性驱使其对自然界进行疯狂掠夺和恣意破坏，而自然界对人类的惩罚和报复也随之而来。正如恩格斯所言："我们不要过分陶醉于我们人类对自然界的胜利。对于每一次这样的胜利，自然界都对我们进行报复。每一次胜利，起初确实取得了我们预期的结果，但是往后和再往后却发生完全不同的、出乎预料的影响，常常把最初的结果又消除了。"③在发展中如何正确看待和处理人与自然的关系？马克思、恩格斯对此进行了深入的阐述。在他们看来，自然界的存在与发展是物质资料和人的生产和再生产的前提条件，保持人与自然的和谐相处是人类社会存在与发展必不可缺的重要条件。社会就是"生产的承担者对自然的关系以及他们互相之间的关系，他们借以进行生产的各种关系的总和"④。从根本意义上来说，人是自然的一部分。"自然界，就它自身不是人的身体而言，是人的无机的身体。人靠自然界生活。这就是说，自然界是人为了不致死亡而必须与之处于持续不断的交互作用过程的、人的身体。所谓人的肉体生活和精神生活同自然界相联系，不外是说自然界同自身相联系，因为人是自然界的一部分。"⑤恩格斯在《自然辩证法》中也指出："我们连同我们的肉、血和头脑都是属于自然界和存在于自然之中的。"因此，"我们决不像征服者统治异族人那样支配自

---

① 中共中央马克思恩格斯列宁斯大林编译局编译《马克思恩格斯全集》第 4 卷，人民出版社，1958，第 104 页。

② 中共中央马克思恩格斯列宁斯大林编译局编译《马克思恩格斯全集》第 25 卷，人民出版社，2001，第 592 页。

③ 中共中央马克思恩格斯列宁斯大林编译局编译《马克思恩格斯选集》第 3 卷，人民出版社，2012，第 998 页。

④ 中共中央马克思恩格斯列宁斯大林编译局编译《马克思恩格斯全集》第 25 卷，人民出版社，1974，第 925 页。

⑤ 马克思：《1844 年经济学哲学手稿》，人民出版社，2000，第 56-57 页。

然界，决不像站在自然界之外的人似的去支配自然界”①。

人既依赖于自然为自己提供社会生活和生产资料，同时又具有认识和改造自然的主观能动性，在不断的实践活动中形成了与自然的双向互动关系，“环境的改变和人的活动的一致，只能被看做是并合理地理解为变革的实践”②。在实践的基础上，人与自然形成一种休戚与共的统一体。马克思指出：“在工业中向来就有那个很著名的‘人和自然的统一’，而且这种统一在每一个时代都随着工业或慢或快的发展而不断改变，就像人与自然的‘斗争’促进其生产力在相应基础上的发展一样。”③在社会发展的过程中，人类应当合理地调节人与自然之间的物质变换，在最无愧于和最适合人类本性的条件下进行这种物质变换。也就是说，人的能动作用不能脱离自然规律的轨道去盲目发挥，人类要合理地利用自然，保护生态平衡，坚持与自然的和谐共生。而要实现人与自然的和解并最终实现人与人的和解，就必须在社会占有生产资料的条件下，大力发展生产力，消除贫困和两极分化。马克思指出，在共产主义社会，“社会化的人，联合起来的生产者，将合理地调节他们和自然之间的物质变换，把它置于他们的共同控制之下，而不让它作为盲目的力量来统治自己”④。

（四）发展的历史进程

马克思、恩格斯所揭示的人类社会发展的一般规律决定了社会形态的更替和历史发展的基本趋势，即“历史上依次更替的一切社会制度都只是人类社会由低级到高级的无穷发展进程中的一些暂时阶段。”⑤在《1857—1858年经济学手稿》中，马克思通过全面考察现实的人在自主实践活动中本质力量的发展阶段以及人与人建立联系的不同方式，将人类社会划分为三种社会形态，即人的依赖性社会（自然经济社会）、物的依赖性社会（商品经济社会）和人的全面发展社会（产品经济社会）。在《家庭、私有

① 中共中央马克思恩格斯列宁斯大林编译局编译《马克思恩格斯选集》第3卷，人民出版社，2012，第998页。

② 中共中央马克思恩格斯列宁斯大林编译局编译《马克思恩格斯文集》第1卷，人民出版社，2009，第504页。

③ 中共中央马克思恩格斯列宁斯大林编译局编译《马克思恩格斯文集》第1卷，人民出版社，2009，第529页。

④ 马克思：《资本论》第3卷，人民出版社，2004，第928页。

⑤ 中共中央马克思恩格斯列宁斯大林编译局编译《马克思恩格斯全集》第21卷，人民出版社，1965，第308页。

制和国家的起源》一书中，恩格斯从人类学角度阐述人类社会从片面、低级阶段向全面、高级阶段发展的过程，包括古代氏族的自由、平等和博爱，资本主义文明时代和未来人类文明时代。在1859年《〈政治经济学批判〉序言》中，马克思阐述了“五种社会形态”理论：“大体说来，亚细亚的、古代的、封建的和现代资本阶段的生产方式可以看作是社会经济形态演进的几个时代。”① 也就是从“经济社会形态”角度把人类社会划分为原始社会、奴隶社会、封建社会、资本主义社会和共产主义社会。

“五形态”的依次更替，是人类社会发展的一般过程和一般规律。但是，生产力与生产关系矛盾运动的特殊性使得人类社会发展道路呈现出多样性。人类历史发展的进程在遵循一般规律的同时，也会表现出一些特殊形式。例如，有些国家在发展中超越了一个甚至几个社会形态而跨越式地向前发展。同时，即便是同一种社会形态，在不同的国家也会显现出不同的特征。但是，“世界历史发展的一般规律，不仅丝毫不排斥个别发展阶段在发展的形式或顺序上表现出特殊性，反而是以此为前提的。”② 事实上，马克思、恩格斯对此也有过深刻的阐述。马克思强调，“五种社会形态”理论是建立在对西欧历史发展资料的研究基础之上的，因而仅限于欧洲大陆资本主义国家，不能将其绝对化和普世化。马克思曾在信中批评米海洛夫斯基把“五形态”理论随意套用到一切民族的历史发展上的做法，指出：“他一定要把我关于西欧资本主义起源的历史概述彻底变成一般发展道路的历史哲学理论，一切民族，不管它们所处的历史环境如何，都注定要走这条道路……（他这样做，会给我过多的荣誉，同时也会给我过多的侮辱。）”③

在晚年，马克思、恩格斯还对俄国社会发展道路问题进行了深入研究。恩格斯在1875年《论俄国的社会问题》中指出，俄国公社所有制“有可能实现这种向高级形式的过渡，而俄国农民无须经过资产阶级的小块土地所有制的中间阶段。然而这只有在下述情况下才会发生，即西欧在这种公社所有制彻底解体以前就胜利地完成无产阶级革命并给俄国农民提

① 中共中央马克思恩格斯列宁斯大林编译局编译《马克思恩格斯全集》第13卷，人民出版社，1962，第9页。

② 列宁：《列宁全集》第43卷，人民出版社，2017，第374页。

③ 中共中央马克思恩格斯列宁斯大林编译局编译《马克思恩格斯选集》第3卷，人民出版社，2012，第730页。

供实现这种过渡的必要条件”[①]。马克思在《给〈祖国纪事〉杂志编辑部的信》(1877)、《给维·伊·查苏利奇的复信》及其草稿(1881)、《共产党宣言》1882年俄文版的序言中论述了俄国农业公社的二重性以及“要挽救俄国村社，必须有俄国革命”,“不通过资本主义卡夫丁峡谷”等极具价值的思想，这些论述是马克思恩格斯发展理论体系中不可忽视的重要组成部分。

(五)发展的价值指向

实现人的彻底解放和自由而全面的发展，是马克思恩格斯发展理论的根本价值指向，也是马克思、恩格斯为之毕生奋斗的目标。马克思正是以人的解放为尺度，在《论犹太人问题》中揭示了资本主义实现的政治解放所具有的历史局限性，即只是在政治法律上宣告了人的平等，并指出："任何解放都是使人的世界和人的关系回归于人自身”,“只有当人认识到自身‘固有的力量’是社会力量，并把这种力量组织起来因而不再把社会力量以政治力量的形式同自身分离的时候，只有到了那个时候，人的解放才能完成。”[②]在《1844年经济学哲学手稿》中，马克思揭示了异化劳动与私有制的关系，对资本主义发展所造成的人的异化问题作了深刻揭露，进而阐述了扬弃异化、实现人的解放和发展的途径，指出："共产主义是对私有财产即人的自我异化的积极的扬弃，因而是通过人并且为了人而对人的本质的真正占有；因此，它是人向自身、也就是向社会的即合乎人性的人的复归。”[③]在《资本论》中，马克思公开声明：他终生追求和建立的社会是“一个更高级的、以每一个个人的全面而自由的发展为基本原则的社会形式”[④]。

在《共产党宣言》中，马克思、恩格斯初步预测了未来消灭了阶级和阶级斗争之后理想社会的根本特征，指出："代替那存在着阶级和阶级对立的资产阶级旧社会的，将是这样一个联合体，在那里，每个人的自由发

---

① 中共中央马克思恩格斯列宁斯大林编译局编译《马克思恩格斯文集》第3卷，人民出版社，2009，第399页。

② 中共中央马克思恩格斯列宁斯大林编译局编译《马克思恩格斯全集》第3卷，人民出版社，2002，第189页。

③ 中共中央马克思恩格斯列宁斯大林编译局编译《马克思恩格斯文集》第1卷，人民出版社，2009，第185页。

④ 马克思：《资本论》第1卷，人民出版社，2004，第683页。

展是一切人的自由发展的条件。”[①] 在《反杜林论》中,恩格斯进一步指出,共产主义在某种意义上说就是为实现人类从必然王国进入自由王国的飞跃提供物质和精神的条件。“一旦社会占有了生产资料,商品生产就将被消除,而产品对生产者的统治也将随之消除……只是从这时起,人们才完全自觉地自己创造自己的历史;只是从这时起,由人们使之起作用的社会原因才大部分并且越来越多地达到他们所预期的效果。这是人类从必然王国进入自由王国的飞跃。”[②] 总之,马克思、恩格斯认为,发展的根本价值指向的是实现人的解放和自由而全面的发展,而这一价值目标只有在共产主义社会才能实现。

二、马克思恩格斯发展观对深刻把握新发展理念的启示

党的十九大指出,坚持新发展理念是“构成新时代坚持和发展中国特色社会主义的基本方略”之一。这一理念与马克思恩格斯发展观一脉相承,是对马克思主义发展理论的继承和创新,既体现了对我国社会主义建设规律和社会基本矛盾的深刻认识,又坚持了马克思主义发展观的基本立场与理论内核。因此,从马克思主义经典作家的视角审视新发展理念,才能深刻理解和科学把握其精神实质。

(一)创新的核心在于变革生产力

在新发展理念中,创新居于首位。党的十九大报告指出,“创新是引领发展的第一动力,是建设现代化经济体系的战略支撑”,提出要“加强国家创新体系建设,强化战略科技力量”[③]。习近平总书记强调,抓住了创新,就抓住了牵动经济社会发展全局的“牛鼻子”,同时,创新发展也是当前中国“应对发展环境变化、增强发展动力、把握发展主动权,更好引领新常态的根本之策”[④]。

现实中一些所谓的“创新”往往徒有其名,非但不能带来生产效率的

---

① 中共中央马克思恩格斯列宁斯大林编译局编译《马克思恩格斯选集》第 1 卷,人民出版社,2012,第 422 页。

② 中共中央马克思恩格斯列宁斯大林编译局编译《马克思恩格斯选集》第 3 卷,人民出版社,2012,第 671 页。

③ 习近平:《决胜全面建成小康社会 夺取新时代中国特色社会主义伟大胜利——在中国共产党第十九次全国代表大会上的报告》,《人民日报》2017 年 10 月 19 日,第 1 版。

④ 习近平:《习近平谈治国理政》第 2 卷,外文出版社,2017,第 201 页。

提升，甚至造成资源的浪费，与真正意义上的创新相去甚远。从马克思主义发展观的视角来审视，创新的本质是解放和发展生产力，即“变革生产方式本身，以提高劳动生产力”[①]。从生产力与生产关系的矛盾运动规律来考察，创新首先是科学技术创新。在马克思看来，科学技术创新是现实的直接的生产力，指出“生产力中也包括科学”[②]，“另一种不费资本分文的生产力，是科学力量”[③]。马克思强调，人类社会发展到工业化时代后，财富的创造不再取决于劳动时间或劳动力数量，而是“取决于一般的科学水平和技术进步，或者说取决于科学在生产上的应用”[④]，“固定资本的发展表明，一般社会知识，已经在多么大的程度上变成了直接的生产力，从而社会生活过程的条件本身在多么大的程度上受到一般智力的控制并按照这种智力得到改造。”[⑤]

而“随着一旦已经发生的、表现为工艺革命的生产力革命，还实现着生产关系的革命”[⑥]。也就是说，科技创新所带来的生产力的发展必然要求社会生产关系随之调整和变革，即进行制度创新。技术创新决定制度创新，制度创新也反过来影响和制约着技术创新。马克思高度评价了资本主义生产方式中的协作、分工、工厂、信用等制度创新，指出：“这些制度——它们对国民经济的迅速增长的影响恐怕估价再高也不为过的。……它们是发展现代社会生产力的强大杠杆。”[⑦]

值得注意的是，虽然资本主义与社会主义生产方式同样重视创新，但两者的目的却大相径庭。资本主义的创新是资本家为追求相对剩余价值和超额剩余价值而采取的竞争手段，其结果是不断加深人的异化和社会的两极分化。正如马克思所指出的：“在我们这个时代，每一种事物好像都包

① 中共中央马克思恩格斯列宁斯大林编译局编译《马克思恩格斯全集》第23卷，人民出版社，1972，第350页。

② 中共中央马克思恩格斯列宁斯大林编译局编译《马克思恩格斯全集》第46卷（下），人民出版社，1980，第211页。

③ 同上书，第287页。

④ 同上书，第217页。

⑤ 同上书，第219-220页。

⑥ 中共中央马克思恩格斯列宁斯大林编译局编译《马克思恩格斯全集》第47卷，人民出版社，1979，第473页。

⑦ 中共中央马克思恩格斯列宁斯大林编译局编译《马克思恩格斯全集》第12卷，人民出版社，1962，第609-610页。

含有自己的反面。我们看到，机器具有减少人类劳动和使劳动更有成效的神奇力量，然而却引起了饥饿和过度的疲劳。新发现的财富的源泉，由于某种奇怪的、不可思议的魔力而变成贫困的根源。技术的胜利，似乎是以道德的败坏为代价换来的。”[①] 资本主义生产方式中的科学技术和劳动一样，呈现出一种异化趋势："工人的产品越完美，工人自己越畸形……劳动越机巧，工人越愚笨。”[②] 与资本主义完全不同，社会主义创新着眼于实现人的自由和全面发展，即通过创造高度发达的生产力使人类彻底摆脱对物的依赖关系而进入“自由个性”阶段。因此，检视现实中的创新行为，需要以此为根本依据，推动创新朝着打破资本主义生产旧的分工和固定化的方向发展，朝着增强广大人民群众幸福感和获得感的方向发展。

（二）协调的要求是社会全面进步

在新发展理念中，协调既是发展手段，又是发展目标，还是评价发展的标准和尺度，体现了唯物辩证法在解决我国发展问题上的方法论意义。正如习近平总书记所指出的，协调“是发展两点论和重点论的统一，是发展平衡和不平衡的统一，是发展短板和潜力的统一。我们要学会运用辩证法，善于‘弹钢琴’，处理好局部和全局、当前和长远、重点和非重点的关系，着力推动区域协调发展、城乡协调发展、物质文明和精神文明协调发展，推动经济建设和国防建设融合发展”[③]。

改革开放40多年来，我国经济社会发展取得巨大成就，城乡面貌发生了翻天覆地的变化，各项事业开创了新局面，但也面临许多“成长中的烦恼”，特别是发展不平衡、不协调问题日益凸显，不仅有损社会公平正义，又影响人民群众的幸福感、获得感，成为经济社会持续健康发展的瓶颈。新时代背景下坚持协调发展，就是聚焦我国发展面临的突出矛盾和问题，补齐发展短板，增强发展的整体性和全面性，促进现代化建设各个环节、各个方面相协调，促进生产关系与生产力、上层建筑与经济基础相协调。“五位一体”总体布局和“四个全面”战略布局突出强调了现代化建

---

① 中共中央马克思恩格斯列宁斯大林编译局编译《马克思恩格斯全集》第12卷，人民出版社，1962，第4页。

② 中共中央马克思恩格斯列宁斯大林编译局编译《马克思恩格斯选集》第1卷，人民出版社，2012，第52-53页。

③ 《聚焦发力贯彻五中全会精神 确保如期全面建成小康社会》，《人民日报》2016年1月19日，第1版。

设的协调性、整体性和全面性，是协调发展理念的鲜明体现，科学把握了社会有机体的整体性特征。正如马克思指出的，社会是“一切关系在其中同时存在而又互相依存的社会机体”①。可见，社会发展不是单一的经济增长，而是要实现经济、社会、文化、政治、生态等各方面的协同发展，并在此基础上实现人的自由全面发展。

因此，协调发展理念不仅是对我国经济社会发展规律的深刻认识，也是对人类社会发展普遍性规律的科学揭示。马克思、恩格斯曾多次对社会发展中的协调问题进行过阐释：在《1844 年经济学哲学手稿》中对资本主义生产方式由于发展不协调而呈现出来的劳动异化现象进行了深刻揭露；在《德意志意识形态》中，对资本主义发展所造成的严重城乡对立进行了深刻批判。针对资本主义内在固有矛盾及其所引发的周期性经济危机，马克思认为社会应该以计划的方式、通过比例关系的协调来实现对社会各方面的统筹安排，以“联合起来的合作社”作为社会的中心组织，按照“总的计划”来组织社会生产，从而克服资本主义生产方式下不可避免的无政府状态和周期性危机。针对城乡、工农以及体力劳动与脑力劳动的差别，马克思、恩格斯也从社会协调发展的角度作出了科学预见，提出未来的新社会将在消灭私有制和生产力高度发展的基础上，消灭城乡之间的对立，实现城乡之间的协调发展，并进而消灭工农及脑体劳动的差别，这些重要论述为我国实现城乡协调发展、区域协调发展、经济社会协调发展以及经济建设和国防建设融合发展提供了理论根基和方向引领。

总之，协调发展理念不仅是唯物辩证法的现实运用，还是我们党对马克思、恩格斯关于社会协调发展理论的创造性发展，进一步深化了社会有机体整体性、丰富性和系统性的思想内涵，既是补齐当前发展短板的有力抓手，更是统筹推进中国特色社会主义现代化建设的关键之举，为我们正确处理局部与全局、当前与长远、重点突破与全面推进的关系提供了根本遵循。

（三）绿色的内涵在于人与自然的和谐

绿色发展的实质内涵是要实现人与自然的和谐共生和永续发展。人类发展活动必须尊重自然、顺应自然、保护自然，否则就会遭到大自然的报

---

① 中共中央马克思恩格斯列宁斯大林编译局编译《马克思恩格斯选集》第 1 卷，人民出版社，2012，第 223 页。

复，这个规律谁也无法抗拒。当前，我国经济社会发展已经到了必须加快推进生态文明建设的阶段。正如习近平总书记所指出的："生态环境没有替代品，用之不觉，失之难存。在生态环境保护建设上，一定要树立大局观、长远观、整体观，坚持保护优先，坚持节约资源和保护环境的基本国策，像保护眼睛一样保护生态环境，像对待生命一样对待生态环境。"① 党的十八大以来，习近平总书记多次强调生态文明建设在党和国家事业发展全局中的重要位置：在"五位一体"总体布局中，生态文明建设是重要一"位"；在新时代坚持和发展中国特色社会主义的基本方略中，坚持人与自然和谐共生是重要方略；在新发展理念中，绿色是重要理念；在三大攻坚战中，污染防治是其中一大攻坚战。实现绿色发展，彰显了我们党以人民为中心的发展思想和实现中华民族永续发展的历史担当，体现了我们党对于人与自然关系的科学把握，是马克思恩格斯生态观与当今时代发展特征的有机结合，为马克思主义生态文明思想注入了新的时代内涵。

在马克思、恩格斯所处的时代，生态环境问题远不如今天这样严重，但在马克思恩格斯经典著作文本中蕴含了丰富的生态文明思想。

首先，自然界对人具有先在性，"人本身是自然界的产物，是在自己所处的环境中并且和这个环境一起发展起来的"②。作为自然界的一部分，人类社会的存在和发展，一刻也离不开自然，必然要通过生产劳动同自然进行物质、能量的交换。原初状态下的人和自然界是直接同一的："自然界起初是作为一种完全异己的、有无限威力的和不可制服的力量与人们对立的，人们同自然界的关系完全像动物同自然界的关系一样，人们就像牲畜一样慑服于自然界。"③ 其次，人不仅是自然存在物，更是具有能动性的社会存在物，能够认识自然界的本质和规律，并通过实践活动变革和利用自然。"动物只是按照它所属的那个种的尺度和需要来构造，而人却懂得按照任何一个种的尺度来进行生产，并且懂得处处都把固有的尺度运用于

① 习近平：《之江新语》，浙江人民出版社，2007，第 119 页。

② 中共中央马克思恩格斯列宁斯大林编译局编译《马克思恩格斯选集》第 3 卷，人民出版社，2012，第 410 页。

③ 中共中央马克思恩格斯列宁斯大林编译局编译《马克思恩格斯选集》第 1 卷，人民出版社，2012，第 161 页。

对象；因此，人也按照美的规律来构造。”[①] 随着生产力水平的发展和科学技术的进步，人和自然的关系必将发生深刻的变化。在资本主义生产方式中，“支配着生产和交换的一个个资本家所能关心的，只是他们的行为的最直接的效益……销售时可获得的利润成了唯一的动力”[②]。对自然界无节制的、毁灭性的开发使人与自然的对立达到了无以复加的程度，引发了人与自然之间“物质变换的断裂”。

因此，要彻底解决人与自然之间的矛盾、协调人与自然的关系，就必须从根源上解决人与人之间的对立，即“对我们的直到目前为止的生产方式，以及同这种生产方式一起对我们的现今的整个社会制度实行完全的变革”[③]。从这个意义上来说，绿色发展理念是社会主义文明的一个显著标志，是对资本主义发展模式的扬弃与超越，指引着人类文明未来发展的根本方向——向共产主义社会迈进，最终建立起“人与人之间和人与自然之间极明白而合理的关系”[④]，实现“人和自然界之间、人和人之间的矛盾的真正解决”[⑤]。

（四）开放的基础在于立足自身把握主动

在经济全球化时代，开放已经成为世界各国经济发展的不二选择，没有开放的发展是不可能的。但值得警醒的是，开放并不必然带来真正的发展。现实表明，在发达资本主义国家所主导的当今世界的“全球化”进程中，许多发展中国家不但没有通过“开放”获得发展，反而日趋落后。因此，贯彻“开放”发展理念不仅是为了顺应时代，更是为了掌握发展的主动权。

历史证明，作为类存在物，共同体是人类社会生存发展的最基本方式。马克思、恩格斯在《德意志意识形态》中提出了“历史向世界历史的

---

① 中共中央马克思恩格斯列宁斯大林编译局编译《马克思恩格斯选集》第 1 卷，人民出版社，2012，第 57 页。

② 中共中央马克思恩格斯列宁斯大林编译局编译《马克思恩格斯选集》第 3 卷，人民出版社，2012，第 1000 页。

③ 中共中央马克思恩格斯列宁斯大林编译局编译《马克思恩格斯文集》第 9 卷，人民出版社，2009，第 561 页。

④ 中共中央马克思恩格斯列宁斯大林编译局编译《马克思恩格斯全集》第 23 卷，人民出版社，1972，第 96 页。

⑤ 马克思：《1844 年经济学哲学手稿》，人民出版社，1985，第 77 页。

转变”[①]这一经典论断，在《共产党宣言》《1857—1858年经济学手稿》《资本论》等著作中深刻阐述过世界贸易、世界市场和世界历史是人类社会发展的必然趋势。现代大工业的发展打破了以往国家和民族之间的界限，“由于开拓了世界市场，使一切国家的生产和消费都成为世界性的了”[②]。“随着贸易自由的实现和世界市场的建立，随着工业生产以及与之相适应的生活条件的趋于一致，各国人民之间的民族分隔和对立日益消失。”[③]不同国家、民族和地区间的开放与交流极大地促进了人类社会的发展进步。列宁指出，社会主义国家同样不能孤立发展，“应当把自己的生存同资本主义的关系联系起来”[④]。总之，开放是社会化大生产和人类社会发展进步的需要，我国改革开放40多年来的伟大发展成就在很大程度上就是得益于对外开放。

但是，任何事物都具有两面性，开放也不例外。在《不列颠在印度的统治》中，马克思就曾强烈谴责资本主义全球化的残暴行为，深刻揭露了其消极一面。《共产党宣言》指出：开放是生产力发展和资产阶级不断追求超额利润的本性所决定的。长期以来，发达资本主义国家主导经济全球化进程，既是贸易和竞争规则的制定者，又是许多国际组织的操纵者，从而导致发达国家与发展中国家在经济全球化过程中的地位和收益不平等、不平衡。因此，我们在坚持开放理念、汇入世界经济大海的同时，必须立足自身掌握发展主动权。一方面，要深刻阐释人类命运共同体理念，推动其成为全球治理新理念和经济全球化新思维，使全球化向更加普惠均衡发展。另一方面，要充分预见对外开放中可能遇到的重大挑战和风险，坚持底线思维，增强忧患意识，不断提高防范和化解风险的能力。

（五）共享的实质在于以人民为中心

“共享理念实质就是坚持以人民为中心的发展思想”[⑤]，这既是社会主义的本质要求，也体现了马克思主义促进人的全面发展这一终极价值目标。

---

① 中共中央马克思恩格斯列宁斯大林编译局编译《德意志意识形态（节选本）》，人民出版社，2003，第33页。

② 中共中央马克思恩格斯列宁斯大林编译局编译《马克思恩格斯选集》第1卷，人民出版社，2012，第404页。

③ 同上书，第419页。

④ 列宁：《列宁全集》第41卷，人民出版社，2017，第167页。

⑤ 习近平：《习近平谈治国理政》第2卷，外文出版社，2017，第214页。

马克思、恩格斯最终追求的正是共享的实现。在他们看来，资本的逻辑从根本上排斥共享机制，资本主义制度剥夺了大多数社会成员共享发展成果的机会，是一个少数资本家享受，而广大无产阶级遭受剥削的不合理制度。资本主义的分工制度使生产和分配的共同性消失了，“分工慢慢地侵入了这种生产过程。它破坏生产和占有的共同性，它使个人占有成为占优势的规则”①。于是，资产阶级成了“‘为享受果实而生的’阶级”②，而工人阶级则成为“一个忍受了社会秩序的一切害处却享受不到它的好处的阶级”③。在深入批判资本主义制度固有缺陷的基础上，马克思和恩格斯指出，无产阶级的运动是为绝大多数人谋利益的运动。因此，要通过提高劳动生产率、消除旧式分工等方法，让更多的人享受大家共同创造的福利。列宁在《告贫苦农民》中也明确提出：“共同劳动的成果不应该归一小撮富人享受，应该归全体劳动者享受。”④在资本主义制度下，社会共享机制是不可能真正实现的。因为在资本主义社会，“每一种共同的利益，都立即脱离社会而作为一种最高的普遍的利益来与社会相对立，都不再是社会成员的自主行动而成为政府活动的对象”⑤。而在社会主义社会，人们由于根本利益的一致性而在彼此间形成共同关系和普遍联系。因此，共享就成为保证人们统一利益和统一行动的机制，成为促进人们相互团结和每个社会成员自由全面发展的重要方式。

在一定意义上来说，中国特色社会主义制度就是一种社会成员共享经济、政治、文化等各项权利的机制，是马克思恩格斯共享观在一定时代条件下的具体实现形式。中国共产党始终坚持以人民为中心，致力于为人民谋幸福，为实现全民共享、全面共享、共建共享而不懈探索。共享发展理念正是对党的历史实践的理论总结，集中体现了马克思主义的政治立场和价值追求。

---

① 中共中央马克思恩格斯列宁斯大林编译局编译《马克思恩格斯文集》第4卷，人民出版社，2009，第194页。

② 中共中央马克思恩格斯列宁斯大林编译局编译《马克思恩格斯文集》第8卷，人民出版社，2009，第239页。

③ 中共中央马克思恩格斯列宁斯大林编译局编译《马克思恩格斯文集》第1卷，人民出版社，2009，第442页。

④ 列宁：《列宁全集》第7卷，人民出版社，2013，第112页。

⑤ 中共中央马克思恩格斯列宁斯大林编译局编译《马克思恩格斯文集》第2卷，人民出版社，2009，第565页。

第二章　中国传统发展理念概述及其启示

追求经济社会不断发展是人类的共同价值。中华民族是世界上最古老且文明没有中断的唯一民族，曾长时期屹立于世界民族之林的最前列，究其原因，这在很大程度上归结于以“孔子的智慧”为代表的中华民族悠久而独特的发展理念。中华民族在长期的发展过程中，形成了极具民族特色的发展理念，对中华民族的发展壮大起过极其重要的影响和作用，对于今天实现中华民族伟大复兴的中国梦，乃至对于世界的和平与发展都具有极其重要的借鉴意义。

一、中国传统发展理念的主要内容

中华民族在长期的发展过程中，形成了极具民族特色、极为深刻博大的发展理念，对中华民族的发展壮大产生过极其重要的影响和作用。

（一）发展目的：以“民”为本

中国以“民”为本的发展理念发源很早。周朝时期人们从商朝灭亡的史实中认识到“民之所欲，天必从之”，“天视自我民视，天听自我民听”的历史教训。春秋战国时期，孔子提出了“庶民”“富民”“教民”的思想，孟子提出了“民为贵，社稷次之，君为轻”的思想，荀子提出了“天之生民，非为君也；天之立君，以为民也”思想，至此民本思想基本形成。

1. 追求“大同”理想

构建一个什么样的社会，是中国古人不断思考的一个问题。特别是在春秋战国时期，由于战争频发，社会混乱，许多思想家都提出了别具一格的社会理想。这其中，以儒家提出的“大同”社会理想最为动人、最为美好。《礼记·礼运》描述道：“大道之行也，天下为公。选贤与能，讲信修睦，故人不独亲其亲，不独子其子，使老有所终，壮有所用，幼有所长，矜寡孤独废疾者，皆有所养。男有分，女有归。货，恶其弃于地也，不必藏于己；力，恶其不出于身也，不必为己。是故，谋闭而不兴，盗窃乱贼而不作，故外户而不闭，是谓大同。”在“大同”社会，“天下为公”是根本特征，经济社会的发展成果不是被统治者独享的，而是为天下黎民百姓共享的，即使“矜寡孤独废疾者”这些社会的弱势群体也在关爱关照之列。可见，“大同”社会是一个以“民”为本的社会，不仅经济繁荣，百姓富足，而且社会风气淳朴，人们道德高尚，在这个社会中人们的利益得到了广泛而可靠的保障。

“大同”社会的理想对后世产生了深远影响。晋代陶渊明在《桃花源记》中描绘了一个“黄发垂髫，并怡然自乐”的“世外桃源”，既表达了对现实社会的不满，也表达了对“大同”社会的向往。唐代诗人杜甫在诗歌《忆昔》中写道：“忆昔开元全盛日，小邑犹藏万家室。稻米流脂粟米白，公私仓廪俱丰实。九州道路无豺虎，远行不劳吉日出。齐纨鲁缟车班班，男耕女桑不相失。”这首诗描绘了盛唐时期百姓富足、社会文明的画面，成为后人孜孜以求的理想社会。晚清康有为创作《大同书》，提出人类历史经历三个阶段，即由“据乱”进为“升平”（小康），由“升平”进为“太平”（大同）。孙中山提倡“天下为公”，指出：“提倡人民的权利，便是公天下的道理。公天下和家天下的道理是相反的。天下为公，人人的权利都是很平的。”①“大同”社会的理想深刻体现了以“民”为本的发展理念，激励一代代中国人为之上下求索、不懈奋斗。

2. 重视民生疾苦

重视民生疾苦是中国古代以“民”为本发展理念的重要内容。如果说“大同”社会是一个远大理想的话，那么百姓的饥寒疾苦就是迫在眉睫的现实问题，因此受到历朝历代思想家和统治者的重视和关注。先秦时期，孔子强调“道千乘之国，敬事而信，节用而爱人，使民以时”（《论语·学而》），主张治国要“足食，足兵，民信之矣”（《论语·颜渊》）。老子指出：“民之饥，以其上食税之多，是以饥。”（《老子·第七十五章》）孟子谴责“庖有肥肉，厩有肥马，民有饥色，野有饿莩，此率兽而食人也”（《孟子·梁惠王上》）的统治者，主张“黎民不饥不寒”的“王道”。先秦之后，重视民生疾苦的民本思想被继承和发扬。唐代杜甫写道：“安得广厦千万间，大庇天下寒士俱欢颜。”宋代范仲淹写道：“先天下之忧而忧，

---

① 孙中山：《孙中山选集》下，人民出版社，2011，第916页。

后天下之乐而乐。”明代于谦写道：“但愿苍生俱饱暖，不辞辛苦出山林。”张居正劝谏万历皇帝：“致理之要，惟在于安民；安民之道，在察其疾苦。”清代经学家万斯大提出：“利民之事，丝发必兴；厉民之事，毫末必去。”这些都体现了对民生疾苦的重视。

清代“扬州八怪”之一的郑板桥，就是重视民生疾苦的典范。他在山东潍县任知县期间，曾经遇到大涝，饿殍遍野，民不聊生。郑板桥立即下令“大兴修筑，招远近饥民赴工就食”。对此有人提出应先上报朝廷，但他断然拒绝：“此何时？俟辗转申报，民无孑遗矣。有谴，我任之！”郑板桥关心百姓疾苦，敢于担当任事的作风得到了广泛赞誉，也成为后世传颂的好官。他在此期间，曾作过一幅名为《潍县署中画竹呈年伯包大中丞括》的画，画中题画诗云：“衙斋卧听萧萧竹，疑是民间疾苦声。些小吾曹州县吏，一枝一叶总关情。”这首诗托物言志，从自然界风吹竹动的声音联想到百姓的饥寒疾苦，表达了对百姓冷暖安危的关心关怀。

（二）发展重点：以“农”为重

在中国古代，经济基础是自给自足的自然经济，这就决定了农业是具有决定意义的。《淮南子》指出：“食者民之本也，民者国之本也，国者君之本也。”在君主、国家、黎民的关系中，“食”是根本之根本。因此，生产“食”的农业也就自然而然地成为经济社会发展的重中之重。对此，历朝历代的思想家和统治者在理论上达成了共识，统治者还在实践中实施了相应的政策，对中国历史产生了深远的影响。

1. 以“农”为重的理论

在先秦诸子百家中，农家是注重农业生产的学派。《汉书·艺文志》将农家列为九流之一，并称：“农家者流，盖出于农稷之官。播百谷，劝耕桑，以足衣食。”农家学派主张推行耕战政策，奖励发展农业生产，研究农业生产问题。其代表人物有许行，主张“贤者与民并耕而食，饔飧而治”（《孟子·滕文公上》）。农家的思想在当时颇有影响，甚至儒家的一些门徒弃儒学农，投入许行门下。儒家代表人物孟子虽然批判了许行“贤者与民并耕而食”的思想，但他同样非常重视农业生产。孟子说：“五亩之宅，树之以桑，五十者可以衣帛矣；鸡豚狗彘之畜，无失其时，七十者可以食肉矣；百亩之田，勿夺其时，数口之家可以无饥矣。”（《孟子·梁惠王上》）孟子认为这是“仁政”的起点和重要内容，统治者只有鼓励发展农业，解决好老百姓的衣食问题，人民才能拥护他，国家才能富强。以孟子为代表的儒家的重农思想对后世影响极大。

法家也非常注重发展农业。商鞅认为："国之所兴者，农战也。""夫农者寡而游食者众，故其国贫危。""故其境内之民，皆……事商贾，为技艺，避农战。如此，（亡国）则不远矣。"（《商君书·农战》）他认为当时秦国最大的问题是人人喜商，所以农事不举，导致国家危亡。因此应该鼓励发展农业，同时严格抑制商业。韩非子在《五蠹》中把学者（儒家）、言谈者（纵横家）、带剑者（游侠）、患御者（依附贵族并且逃避兵役的人）、商工之民列为国之"五蠹"，认为他们无益于耕战，必须铲除。他指出："夫明王治国之政，使其商工游食之民少而名卑，以寡趣本务而趋末作。"（《韩非子·五蠹》）法家主张通过限制商业来发展农业，使秦国迅速富强起来而一统天下，这对后世"重农抑商"的思想和政策产生了重要影响。

先秦之后，汉代贾谊的《论积贮疏》和晁错的《论贵粟疏》是两篇阐发以"农"为重发展理念的重要文献。贾谊的《论积贮疏》从正反两面论证了加强积贮对国计民生的重大意义，认为"民不足而可治者，自古及今，未之尝闻"，主张"殴（驱）民而归之农，皆著于本；使天下各食其力，末技游食之民，转而缘南亩，则畜积足而人乐其所矣"。晁错的《论贵粟疏》继承了贾谊的重农思想，认为"民贫，则奸邪生。贫生于不足，不足生于不农"，因此英明的统治者应该"务民于农桑，薄赋敛，广蓄积，以实仓廪，备水旱"，这样就会"民不困乏，天下安宁；岁孰且美，则民大富乐矣"。贾谊和晁错都主张通过发展农业解决当时农民流亡、粮食匮乏的社会问题，促进了当时经济社会的发展，推动形成了"文景之治"，从而为汉武帝击败匈奴奠定了坚实基础。

2. 以"农"为重的政策

商朝实行"井田"制度，推动了农业发展。周朝建立后，农业进一步发展，粮食产量得到提高。同时，商业也有所发展，逐渐成为社会经济的重要部分。春秋时，中国进入铁器时代，农业生产力迅速提高，周初"诸侯并列、王室独尊"的局面被打破。诸侯国之间无休止地发动着残酷的兼并战争，许多思想家和政治家开始认识到农业经济发达对战争胜利具有决定性意义。从此之后，农为"本"、商为"末"的观念逐渐形成，并推行了相应的政策。秦统一六国后，正式以法律形式确立以“农”为重的政策。秦《田律》《仓律》《戍律》《司空律》等律令，从农业种植、入仓、徭役等方面对发展农业进行了详细规定。

汉朝初建，经济衰弱，财富匮乏，甚至到了“自天子不能具钧驷，而将相或乘牛车”的境地。汉初统治者采取“轻徭薄赋”“与民休息”的政策，注重发展农业，并极力打击商业。汉律规定，商人另立户籍，其地位低于普通农民。汉武帝还推行“算缗令”和“告缗令”，严格限制商业。汉朝以法律手段对工商业发展设置障碍，示天下以“重农抑商”之意，对后世有着深远的示范效应。唐朝经济空前发展，但还推行了一些重农抑商政策。宋元时期“重农抑商”政策的特点是实行了严格的国家专卖禁榷制度。自汉实行盐、铁官营开始，对众多商品生产和经营进行垄断，成为各朝一贯奉行不移的政策。除盐、铁外，另有茶、明矾等先后被列入禁榷之列。宋代财政匮乏，禁榷范围除传统盐、酒、茶外，还扩展到矾、铁、煤、香料、宝货等。元代以宋为楷模，对盐、茶、酒、金、铜、铁等实行官营专卖禁榷制度，以保证国家财政收入。明清时期，在积极推行“重农抑商”政策时，推行“海禁”政策。从明初始，立法严禁私人从事海上贸易。朱元璋下令，“禁濒海民不得私出海”，“敢有私下诸番互市者，必置之重法”。清初，为镇压抗清力量，首颁禁海令，不许片帆下海。清康熙五十六年（1717 年）再颁禁海令，停止与南洋贸易。清王朝面对沿海日益兴起的对外贸易，将有限的海外贸易收归政府控制的广州十三行掌握，规定粮、丝、铁、金银都不许下海，对外贸易受到严格限制。

以“农”为重的发展理念以及由此推行的“重农抑商”政策对中国历史产生了深远影响。从积极方面来说，它对推动经济发展、维护社会稳定、增进百姓福祉起到了积极的正面作用。从消极方面来说，与“重农”相伴的“抑商”政策也限制了经济社会的更大发展，特别是在 15、16 世纪扼制了资本主义的萌芽发展，致使中国开始落后于世界发展大潮。

（三）发展方式：以“和”为贵

在如何实现发展的问题上，中国古人主要选择了以“和”为贵的方式。《论语》说：“礼之用，和为贵。先王之道，斯为美，小大由之。”（《论语·学而》）《中庸》说：“致中和，天地位焉，万物育焉。”《周礼》说：“以和邦国，以统百官，以谐万民。”“和”是中华优秀传统文化中的核心理念之一，指万事万物井然有序、相互协调、共生共荣，这正是中国古人追求的发展方式。

1. 对内和谐发展

儒家经典《中庸》强调："喜怒哀乐之未发，谓之中；发而皆中节，谓之和。中也者，天下之大本也；和也者，天下之达道也。"主张通过格物、致知、诚意、正心、修身等途径协调好人的内心世界、规范好人的外在行为。道家主张："挫其锐，解其纷，和其光，同其尘。"（《老子·第四章》）主张以谦让不争、清静无为达到身心和谐。佛家讲修来世，力图以超然人生的态度进入一种大彻大悟的心灵境地，实现自我身心和谐。在处理人与人的关系上，孔子主张"仁爱"原则，一方面要"己欲立而立人，己欲达而达人"（《论语·雍也》），另一方面要"己所不欲，勿施于人"（《论语·颜渊》）。这两条都是从"己欲"出发"推己及人"，合起来就是孔子一以贯之的"忠恕"之道。道家反对人与人的冲突争斗，老子说："天之道，损有余而补不足。人之道，则不然，损不足以奉有余。孰能以有余以奉天下，唯有道者。"（《老子·第七十七章》）主张人们效法天道，实现人与人之间的相对和谐。"天人合一"代表着人与自然的高度和谐，是中国古代发展理念的重要内容。孟子说："不违农时，谷不可胜食也；数罟不入洿池，鱼鳖不可胜食也；斧斤以时入山林，材木不可胜用也。谷与鱼鳖不可胜食，材木不可胜用，是使民养生丧死无憾也。养生丧死无憾，王道之始也。"（《孟子·梁惠王上》）他把人与自然的和谐作为施行"王道"政治的开始。荀子也说："鼋鼍、鱼鳖、鳅鳣孕别之时，罔罟、毒药不入泽，不夭其生，不绝其长也。"（《荀子·王制》而对此更为生动的阐释是《吕氏春秋》："竭泽而渔，岂不获得？而明年无鱼；焚薮而田，岂不获得？而明年无兽。"这些发展理念体现出深刻的辩证思想，即使在今天也有很强的启示意义。

2. 对外和平发展

中华民族自古以来就是一个爱好和平的民族，在谋求国家发展、处理邻国关系时主张采取和平的方式。春秋战国时期，各诸侯国"争地以战，杀人盈野；争城以战，杀人盈城"（《孟子·离娄上》），给国家和百姓造成深重灾难，因此许多思想家极力反对战争、呼吁和平。儒家认为"以力服人者，非心服也，力不赡也；以德服人者，中心悦而诚服也"（《孟子·公孙丑上》)，提倡“远人不服，则修文德以来之”(《论语·季氏》)。墨家主张“非攻”，反对一切侵略战争。据《墨子》记载，墨子曾亲自阻止了楚国攻打宋国的战争。道家不崇尚武力，老子说：“夫兵者不祥之器也，物或恶之，故有道者弗处。”(《老子·第三十一章》) 兵法经典《孙子兵法》认为“百战百胜，非善之善者也；不战而屈人之兵，善之善者也”，《司马法》也认为“国虽大，好战必亡”。秦汉以来，渴望和平、呼吁和平的声音一直不断，特别是在历朝历代的文学作品中，这样的声音尤其强烈感人。曹操在《蒿里行》中写道：“铠甲生虮虱，万姓以死亡。白骨露于野，千里无鸡鸣。生民百遗一，念之断人肠。”唐代诗人陈陶在《陇西行》中写道：“誓扫匈奴不顾身，五千貂锦丧胡尘。可怜无定河边骨，犹是春闺梦里人。”这些诗歌从不同角度描写了兵灾战祸给国家和百姓造成的巨大灾难，表达了对和平的强烈渴望。

(四)发展保障：以“德”为基

中华民族传统美德的形成和发展与中华民族的形成和发展同步，从口头传承到文字记载，从理论宣传到实际践行，内容博大精深，涉及非常广泛。《论语》中就提出了仁、礼、孝、悌、忠、恕、恭、宽、信、敏、惠、温、良、俭、让、诚、敬、慈、刚、毅、直、克己、中庸等一系列德目。后人综合先秦诸子思想，提出“四维”(礼、义、廉、耻)“八德”(忠、孝、仁、爱、信、义、和、平)。这其中不乏一些封建毒素，但其主流是中华民族足以傲世的优秀道德资源，是中华民族赖以生存和发展的重要道德保障。这里介绍“仁义”“诚信”“勤俭”三种重要德行。

1. 居仁由义

“仁”与“义”是两个紧密相连的概念，对中国古代影响很大。儒家学派认为，仁者爱人，义者求宜，这不仅是国家发展稳定的价值追求，也是个人修身处世的道德规范。仁民爱物是中国古人最基本的价值取向之一，是保证国家发展稳定、个人成长进步的基本道德要求。在中国儒家道德伦理中，“仁爱”就是“亲亲而仁民，仁民而爱物”(《孟子·尽心上》)。“仁者人也，亲亲为大”，仁者首先是爱骨肉之亲；然后推己及人，“老吾老，以及人之老；幼吾幼，以及人之幼”(《孟子·梁惠王上》)；最后达到爱惜万物的最高境界。从孔子高呼“仁者爱人”，到墨子主张“兼爱、非攻”；从杜甫慨叹“朱门酒肉臭，路有冻死骨”，到郑板桥坦言“衙斋卧听萧萧竹，疑是民间疾苦声”，无不反映了中华民族仁民爱物的这一最基本的价值取向和道德品质。仁民爱物作为一种最基本的价值取向，早已渗透到民族文化的血液之中，始终是中华民族文明进步和谐的道德基础。孟子说：“仁，人之安宅也；义，人之正路也。”（《孟子·离娄上》）从天子到庶民，都应该“居仁由义”，即内怀仁爱之心、外行正义之路，只要这样就会“大人之事备矣”。可见，“仁”“义”是保障发展的道德基础。

2. 诚实守信

“诚”和“信”历来被中华民族视为重要的道德品质和行为规范。一般意义上，“诚”即“内诚于心”，主要指内在的真诚品德；“信”即“外信于人”，主要指“诚”的外化。许慎《说文解字》云：“诚，信也。”“信，诚也。”两者组合在一起，形成一个内外兼备、内涵丰富的道德范畴，基本含义指诚实无欺，讲求信用。中国古人对诚信的意义的认识非常深刻，认为诚信既是为人处世的基本要求，也是治国理政的崇高境界。首先，诚信是立身之本。孔子说：“人而无信，不知其可。”（《论语·为政》）认为人若不讲诚信，就没有办法立足。其次，诚信是交友之基。孔子说：“益者三友，损者三友。友直，友谅，友多闻，益矣。友便辟，友善柔，友便佞，损矣。”（《论语·季氏》）“益”和“损”的主要标准就是是否诚信。再次，诚信是治国之道。荀子指出：“古者禹汤本义务信而天下治，桀纣弃义背信而天下乱。故为人上者，必将慎礼义、务忠信然后可，此君人者之大本也。”（《荀子·强国》）圣王还是暴君，天下大治还是天下大乱，决定于是否诚信，这是作为人君治理国家的根本。《吕氏春秋》上说：“君臣不信，则百姓诽谤，社稷不宁。处官不信，则少不畏长，贵贱相轻。赏罚不信，则民易犯法，不可使令。交友不信，则离散郁怨，不能相亲。百工不信，则器械苦伪，丹漆染色不贞。”可见，不管是自我修养还是交友经商以至治国理政，诚信都是一种不可或缺的道德保障。

3. 克勤克俭

勤劳节俭是中华民族的传统美德，我国古人很早就认识到勤俭的重要性，不少思想家在总结历史和现实经验时都提出了勤俭的思想。《尚书》提出：“惟日孜孜，无敢逸豫。”《周易》提出：“君子以俭德辟难。”《左传》提出：“俭，德之共也；侈，恶之大也。”《墨子》提出：“俭节则昌，淫佚则亡。”《朱子家训》提出：“一粥一饭，当思来处不易；半丝半缕，恒念物力维艰。”这些至理名言深刻阐明，勤俭不仅是一种美德，更是实现发展的重要保障。没有辛勤的劳动，就没有丰厚的收获。这里可以以学习为例进行说明。荀子在《劝学》中就指出：“无惛惛之事者，无赫赫之功。”勤劳是学习有成的重要条件。中国有个成语叫“悬梁刺股”，说苏秦“读书欲睡，引锥自刺其股，血流至足”，孙敬“好学，晨夕不休。及至眠睡疲寝，以绳系头，悬屋梁”。另外，“囊萤映雪”“凿壁偷光”的故事，都能说明“勤”对于个人发展的重要意义。“骐骥一跃，不能十步；驽马十驾，功在不舍。锲而舍之，朽木不折；锲而不舍，金石可镂。”（《荀子·劝学》）只要勤而不辍，定能有所收获。“历览前朝国与家，成由勤俭败由奢。”在中国古代，勤俭的理念是有机统一的。只“俭”不“勤”，就不会发展进步，就会一直贫困落后；只“勤”不“俭”，即使创造了金山银山，也会被消耗一空。只有“勤”和“俭”结合起来，才能实现真正的发展。

除了上面列举的仁义、诚信、勤俭等道德资源，在中华优秀传统文化中，还蕴含着社会发展所需要的丰厚道德资源。

（五）发展动力：以“变”为先

中华民族是一个重视传统的民族，也是一个锐意革新的民族。《诗经》说：“周虽旧邦，其命维新。”《大学》说：“苟日新，日日新，又日新。”韩非子主张“世异则事异”，“事异则备变”。《淮南子》说：“苟利于民，不必法古；苟周于事，不必循旧。”顾炎武说：“因已变之势，而复创造之规。”魏源说：“师夷长技以制夷。”这些流传至今、不同时代的名言警句，充分说明了我们中华民族自古以来就有不断革故鼎新的发展理念。中国历史上的革新主要表现在“变法”和“革命”两种形式上。中国历史上，“变法”和“革命”交替出现，推动着历史的发展。

1. 变法图强

中国历史上的“变法”有许多次，最著名的有“商鞅变法”“胡服骑射”“王安石变法”和“戊戌变法”等。商鞅主张“治世不一道，便国不法古”，废除井田制，取消分封和世袭制度，建立县制，实行耕战政策，从而使秦国迅速崛起，奠定了统一六国的基础。王安石以“天变不足畏，祖宗不足法，人言不足恤”的大无畏精神推行变法，虽然最终失败，但他因此获得了“中国十一世纪改革家”的美誉，受到后人的赞赏和肯定。中国近代最著名的变法是“戊戌变法”，为了救亡图存，维新派推行了一系列新政，但最终还是失败了。在这次变法中，谭嗣同甘愿以身殉难：“各国变法，无不从流血而成。今中国未闻有因变法而流血者，此国之所以不昌也。有之，请自嗣同始。”这体现了其高尚的献身变法的精神。历史上的这些“变法”，有的成功，有的失败，但这些“变法”给陈旧僵化的旧体制带来了一些生机活力，或多或少地推动了社会的发展。

2. *汤武革命*

中国历史记载的第一个“革命”是商部落首领汤推翻夏王朝的“汤武革命”，《易经》称赞这次革命是“顺乎天而应乎人，革之时大矣哉”！汤推翻夏王朝后，建立商王朝，推动了商朝农业和手工业的繁荣发展，创造了灿烂的商文化。商朝末期，纣王荒淫无道。周部落的首领武王举兵伐纣，推翻了商王朝，建立了周王朝，从而极大促进了中国经济社会的发展。在这之后，中国历史上上演了一次又一次的改朝换代，发生了一次又一次的“革命”，不断推翻旧的王朝，建立新的王朝，先后出现了“文景之治”“贞观之治”“开元盛世”“康乾盛世”等中华民族历史上的极盛时代。可见，“革命”也是推动中国历史不断发展和中华民族不断进步的重要动力。

中华优秀传统文化中以“民”为本、以“农”为重、以“和”为贵、以“德”为基和以“变”为先的发展理念，是一个有机的整体。以“民”为本，就要解决好百姓的衣食冷暖问题。在生产力不发达的古代，只有以“农”为重，鼓励重点发展农业，才能最大限度地以“民”为本。农业生产不同于游牧和贸易，既要求风调雨顺促进农业，又要防止兵灾战祸破坏农业，因此以“农”为重内在地要求以“和”为贵的发展方式。以“和”为贵既追求内部的和谐，又追求外部的和平，要实现“和”必须以“德”为基，通过倡导和践行仁义、诚信、勤俭等道德规范来保障“和”的发展。要实现发展，就要以“变”为先，不断变革阻碍发展的制度和思想，实现持续发展。这些发展理念，是中华民族优秀传统文化的精华，几千年来推动和引领着中华民族不断发展壮大。

二、中国传统发展理念的历史启示

习近平总书记指出："要治理好今天的中国，需要对我国历史和传统文化有深入了解，也需要对我国古代治国理政的探索和智慧进行积极总结。"[①] 中国历史悠久，积累了丰富的历史经验，形成了鲜明的发展理念，产生了深刻的治国理政智慧，这其中的优秀部分至今仍具有巨大价值，能够为今天中国的发展提供有益的借鉴与启发。

（一）民惟邦本，本固邦宁

早在《尚书·五子之歌》中，古人就记载了夏禹"民惟邦本，本固邦宁"的民本思想，其可谓对"重民本"思想的精练概括。中国古人深刻认识到民心向背决定国家兴亡的道理。儒家思想家孟子认为："得道者多助，失道者寡助。寡助之至，亲戚畔之；多助之至，天下顺之。以天下之所顺，攻亲戚之所畔；故君子有不战，战必胜矣。"（《孟子·公孙丑下》）因此，孟子主张施行"仁政"："施仁政于民，省刑罚，薄税敛，深耕易耨。壮者以暇日修其孝悌忠信，入以事其父兄，出以事其长上，可使制梃以挞秦楚之坚甲利兵矣。"（《孟子·梁惠王上》）相反，如果施行"暴政"，到了"时日曷丧？予及汝偕亡"程度，就会像桀纣一样被视为独夫民贼而众叛亲离、身死国破。历史的史实反复证明了孟子的这种见解。

战国后期，秦国"以区区之地，致万乘之势，序八州而朝同列"，最终一统天下。然而，这个强大的帝国好景不长，短短15年就灰飞烟灭了。秦的兴亡给后人带来无限的思考，汉代贾谊写作三篇《过秦论》对此进行了深刻反思。他指出，秦二世"坏宗庙与民，更始作阿房之宫；繁刑严诛，吏治刻深；赏罚不当，赋敛无度"，导致民不聊生、民心丧失。"一夫作难而七庙隳，身死人手，为天下笑者"，其原因就在于"仁义不施而攻守之势异也"。唐代诗人杜牧在《阿房宫赋》中也对秦朝灭亡进行了深刻反思，他指出："灭六国者，六国也，非秦也。族秦者，秦也，非天下也。嗟乎！使六国各爱其人，则足以拒秦。使秦复爱六国之人，则递三世可至万世而为君，谁得而族灭也？"贾谊和杜牧时代不同，但他们都认为秦朝

---

① 习近平：《牢记历史经验历史教训历史警示 为国家治理能力现代化提供有益借鉴》，《人民日报》2014年10月14日，第1版。

灭亡的原因在于失去民心。秦朝之后，中国历史上演了无数次政权更迭，分分合合、一治一乱的原因都可归结为民心民意的向背。正是认识到这一点，中国历代思想家和统治者都非常注重赢得民心、顺应民意。

唐代名臣魏征多次劝谏唐太宗李世民“君者，舟也；庶人者，水也。水则载舟，水则覆舟”，使唐太宗充分认识到：“为君之道，必须先从百姓，若损百姓以奉其身，犹割股以啖腹，腹饱而身毙。”“人君赋敛不已，百姓既弊，其君亦亡。”正是有了这样的深刻认识，才有了历史上著名的“贞观之治”。和唐太宗一样，许多思想家和统治者的民本思想或许有着历史的局限性，历史上类似“贞观之治”的繁荣富强景象也不多有，但以“民”为本的发展理念能够得到认同，并在谋求国家发展当中处于指导思想的重要地位，不能不说是值得中华民族自豪的文化精髓。

“民惟邦本，本固邦宁”既是中华优秀传统文化的思想精华，也符合历史唯物主义的基本原理。当然，中国传统的民本思想还有很多局限，还是低层次且不全面的，在历史上很多时候只是一种“乌托邦”式的美好理想。今天，我们既要从中汲取思想精华，又要有所创新发展。这就要求我们，在治国理政实践中坚持以人民为中心的发展思想，不断推动经济社会持续健康发展，使人民过上殷实富足、幸福安康的生活；不断推进全面深化改革，促进社会公平正义，让改革发展成果更多更公平惠及全体人民，让人民群众有更多获得感；不断解决人民最关心最直接最现实的利益问题，多谋民生之利，多解民生之忧，消除贫困现象，实现共同富裕。

（二）德法合治，法古革新

在如何治理国家的问题上，中国古代长期存在“德”与“法”之争，这种争论在先秦儒家和法家之间表现得尤其激烈。儒家主张以“德”治国。孔子说：“为政以德，譬如北辰，居其所而众星共之。”（《论语・为政》）儒家把“德”作为治国理政的核心工具。他还说：“道之以政，齐之以刑，民免而无耻；道之以德，齐之以礼，有耻且格。”（《论语・为政》）两者比较，“德”比“法”更利于国家的治理。对此，法家持反对态度，主张以“法”治国。韩非子说：“国无常强，无常弱。奉法者强，则国强；奉法者弱，则国弱。”（《韩非子・有度》）他认为国家只有依“法”而治，才能变得强盛，因此主张“明王峭其法而严其刑”，“不务德而务法”。以“德”治国还是以“法”治国的争论在历史上深入而持久，但在历史实践中，德法合治实际上成为许多升平之世的治国原则。“文景之治”“贞观之治”都是“霸王道杂之”，既注重“德”治，又注重“法”治，“德”与“法”有效结合。

儒家和法家的“德”与“法”之争，也伴随着“古”与“新”之争。所谓“古”与“新”之争，就是在治国理政上的“法古”与“革新”之争。儒家主张“法古”，他们认为：“遵先王之法而过者，未之有也。”（《孟子·离娄上》）“利不百，不变法；功不十，不易器。”（《商君书·更法》）与此相反，法家主张“革新”，他们认为：“圣人不期修古，不法常可，论世之事，因为之备。”（《韩非子·五蠹》）在历史上，“古”与“新”之争不断发生，商鞅变法、胡服骑射、王安石变法、戊戌变法等历次变法都交织着这两种思想的斗争，深刻影响着历史的走向。在中华民族的漫长历史中，不光有辉煌灿烂的时候，也有衰弱黑暗的时候。每当国家的发展陷入僵滞，民族的进步受到阻碍时，中华民族总是选择“变”来增强国家和民族前进的动力，使中华民族重新屹立于世界民族之林。

今天看来，“德”治与“法”治都很重要，“法古”与“革新”都有道理。治国理政，既要以“法”治国，也要以“德”治国；既要继承传统，也要改革创新。它们是辩证统一的关系，偏执一端而忽略另一端是不可取的。当然，辩证统一也应有所侧重，着眼世界发展大势和中国现实国情，“德”与“法”、“古”与“新”的具体内涵都发生了巨大变化，我们在治国理政实践中要更加注重依法治国和改革创新。只是，在推进全面依法治国的同时，也应注重修身以德、为政以德，为全面依法治国打下坚实道德基础；在推进改革创新的同时，不忘坚守优良传统，并善于从优良传统中汲取改革创新的智慧和营养。

（三）以文化人，以文育人

“文化”一词在中国古代蕴含着“文明教化”，“以文化人，以文育人”的含义，体现着中国古人对文化的属性与功能的深刻而独特的理解。首先，文明教化是人区别于动物的主要标志。孟子说：“人之有道也，饱食、暖衣、逸居而无教，则近于禽兽。”（《孟子·滕文公上》）人之所以成为人，就是因为人有教化，因此人人都应该接受文明教化。其次，文明教化是“中华”的内在含义。元代王元亮指出：“中华者，中国也。亲被王教，自属中国，衣冠威仪，习俗孝悌，居身礼仪，故谓之中华。”中华民族正是用先进的中华文化不断融合成的民族，文化繁荣、文教昌明自古以来就是中华民族的重要标志。最后，文明教化是社会和谐稳定的重要支撑。《国语》上说："教不善则政不治。"汉代董仲舒也认为，"教化立而奸邪皆止"，"教化废而奸邪并出"。要想保持社会的和谐稳定，必须大兴文明教化，形成良好的社会道德风尚。另外，在"以文化人，以文育人"的方法上，中国古人主张"仓廪实则知礼节，衣食足则知荣辱"（《管子·牧民》），"教之"的同时必须"富之"；主张"谨庠序之教，申之以孝悌之义"（《孟子·梁惠王上》），学校应承担社会教化的主要职责；主张"君子之德风，小人之德草。草上之风，必偃"（《论语·颜渊》），在上位者必须以身作则，率先垂范，以引导教化普通民众。

历史表明，文化是民族生存和发展的重要力量。文化推动人类社会进步、促进人类文明升华的过程，也是先进文化"化人""育人"的过程。西方的文艺复兴、启蒙运动，中国的新文化运动、五四运动，都是先进文化通过"化人""育人"而推动社会进步的典范。中华优秀传统文化中的"以文化人，以文育人"思想，其"文"的含义还局限在伦理道德的狭窄范围，其"化"的方法也因科技的局限而有所限制。在中西文化交流日益深入、思想文化日益多元、科学技术日益发展的今天，实现文化"化人""育人"功能，不仅要拓宽"文"的外延，而且要创新"化"的方法，不断用中国特色社会主义先进文化解放思想、滋润心灵、净化风气、凝魂聚力，为中华民族的不断前进提供坚强的思想保证、强大的精神力量和坚实的道德支撑。

（四）协和万邦，义利兼顾

在国与国、民族与民族之间，"和"与"争"、"义"与"利"是两对紧密相连的重要关系。中华民族自古以来对这两对关系就有深刻的认识。"礼之用，和为贵。""和"，不仅是中华民族内部治理追求的崇高境界，也是中华民族对外交往秉持的重要理念。中华民族自古以来就是一个爱好和平的民族，追求"百姓昭明，协和万邦"理想。孔子主张："远人不服，则修文德以来之。"（《论语·季氏》）孟子主张："以力服人者，非心服也，力不赡也；以德服人者，中心悦而诚服也。"（《孟子·公孙丑上》）孔孟的这种"以德服人"思想代表了中华民族对"和"的认同和对"争"的否定。

为了追求和平，汉唐等朝代通过“和亲”增进与邻邦的友好关系。《史记·刘敬叔孙通列传》记载：“（高祖）取家人子名为长公主，妻单于。使刘敬往结和亲约。”从此时起，汉朝与匈奴之间开始了真正的“和亲”，后世或断或续地沿袭了这一政策，到清朝达到了顶峰。“和亲”效果较好、影响较大的有汉朝的昭君出塞和唐朝的文成公主远嫁吐蕃。汉元帝时期，汉宫宫女王昭君出塞，嫁给匈奴呼韩邪单于，使汉匈几十年时间里一直保持了友好和睦关系。唐太宗时期，文成公主远嫁吐蕃，在吐蕃生活了近40年。在她的影响下，汉族的碾磨、纺织、陶器、造纸、酿酒等工艺陆续传到吐蕃；她带去的诗文、农书、佛经、史书、医典、历法等典籍，促进了吐蕃经济、文化的发展，增进了唐朝和吐蕃的友好关系。值得注意的是，这两次“和亲”都发生在中国强盛、邻邦衰弱时期，充分说明了中国古代具有追求和平发展的愿望和理念。

“和”是中华民族的名片，在汉语中有大量有关“和”的美妙词汇：和谐、和睦、和气生财、和衷共济、政通人和、和而不同、和平共处、家和万事兴等。当今科学技术越来越发达，武器装备也越来越先进，而世界上一些国家和地区冲突不断、战火不息。中国的以“和”为贵的发展理念正是解决冲突、消弭战火的良方。

在处理“义”与“利”的关系上，中华民族主张义利兼顾。一是反对见利忘义。孔子说：“不义而富且贵，与我如浮云。”（《论语·述而》）荀子说：“先义而后利者荣，先利而后义者辱。”（《荀子·荣辱》）他们反对见利忘义，主张见利思义。二是主张以义为利。《左传》上说：“义，利之本也。”《大学》也指出：“国不以利为利，以义为利也。”把“义”看作最大的“利”、最根本的“利”。三是提倡义利兼顾。清代颜元批评“义”与“利”分裂对立的偏见，提出了“正其谊以谋其利，明其道而计其功”命题，将“义”与“利”有机统一起来。

开放是国家繁荣发展的必由之路。历史上，汉代张骞出使西域、唐代玄奘西行取经，中外的频繁交往给中国带来了发展的活力。明清闭关锁国，中外交流受阻，致使中国停滞不前。随着经济全球化的深入推进，对外开放的程度和效果越来越深刻地影响着国家的繁荣发展。中华民族“协和万邦，义利兼顾”的外交思想启示我们，要以和为贵，维护好、利用好我国发展的重要战略机遇期，构建以合作共赢为核心的新型国际关系，为我国营造良好的外部环境和国际市场；要以义为利，积极维护世界秩序的公平正义，为我国赢得更多的伙伴朋友和道义人心；要义利兼顾，坚决维护我国核心利益，始终把坚决维护国家主权、安全、发展利益作为外交工作的基本出发点和落脚点。

（五）天下虽安，忘战必危

“国之大事，在祀与戎。”（《左传·成公十三年》）中华民族是一个爱好和平的民族，但一直以来对军事有着清醒而深刻的认识，一些有识之士时刻提醒国人：“天下虽安，忘战必危。”“安”与“危”是一对矛盾，可以相互转化，因此要居“安”思“危”、居“安”思“战”。在这方面，中国古代丰富的军事思想和生动的军事实践给我们留下了宝贵的经验教训。首先，“战”是“安”的保障。《孙子兵法》上说：“兵者，国之大事，死生之地，存亡之道，不可不察也。”《史记》也指出：“文武并用，长久之术。”这些都表明军事是国家生死存亡、长治久安的保障。汉唐盛世的成就，无不有强大军事作为坚强后盾。其次，“忘战”必然带来危险。“忘战”之害，一方面表现在思想松懈、武备废弛。“兵不可废，废则招寇。”如果国家安全繁荣，就思想松懈、武备废弛，国家的安全和繁荣就得不到保障，面临很大的危险。“忘战”之害，另一方面表现在法纪不严、作风不良。“若法令不明，赏罚不信，金之不止，鼓之不进，虽有百万，何益于用？”在长期和平的环境中，军队容易变得贪图享乐、法纪不严、作风不良，直接导致战斗力下降。“忘战”之害，还表现在兵制僵化、武器落后。军队战斗力与实行的兵制和使用的武器有很大关系。战争期间，军队的兵制和武器经受战争的检验和调整，往往比较先进。但长期的和平安定，容易导致兵制僵化和武器落后，从而导致战斗力急剧下降。

“兵者百岁不一用，然不可一日忘也。”清代初期八旗铁骑所向披靡，但长期安逸“忘战”，武备废弛，到了晚清不仅法纪不严、作风不良，而且兵制僵化、武器落后，战斗力很弱，在与西方列强的抗衡中屡战屡败。殷鉴不远，足以为戒。“天下虽安，忘战必危”的古训警示我们：强国必须强军，只有巩固国防和强大军队，才能为国家生存发展和长治久安提供安全保障；强军必须改革，只有深化国防和军队改革，不断推进军队组织形态现代化，才能进一步解放和发展战斗力；治军必须从严，只有深入推进依法治军、从严治军，才能使军队始终保持优良作风，保持强大战斗力。总之，就是要牢牢把握党在新时代的强军目标，建设一支听党指挥、能打胜仗、作风优良的人民军队，为实现中华民族伟大复兴的中国梦提供坚强保障。

党的十八大以来，习近平总书记深刻总结国内外发展的经验教训，深刻分析国内外发展大势，提出了创新、协调、绿色、开放、共享的新发展理念。新发展理念的形成和提出，有着深厚的历史文化传统根基，是马克思主义基本原理同中华优秀传统文化相结合的产物。习近平总书记指出："在漫长的历史进程中，中华民族创造了独树一帜的灿烂文化，积累了丰富的治国理政经验，其中既包括升平之世社会发展进步的成功经验，也有衰乱之世社会动荡的深刻教训。我国古代主张民惟邦本、政得其民，礼法合治、德主刑辅，为政之要莫先于得人、治国先治吏，为政以德、正己修身，居安思危、改易更化，等等，这些都能给人们以重要启示。"① 我们要坚持马克思主义的方法，采取马克思主义的态度，坚持古为今用、推陈出新，善于从传统发展理念中汲取实现中国特色社会主义不断发展的经验和智慧。

---

① 习近平：《牢记历史经验历史教训历史警示 为国家治理能力现代化提供有益借鉴》，《人民日报》2014 年 10 月 14 日，第 1 版。

第三章　西方发展理念概述及启示

发展理念是对发展的理论性反映和认识，是发展思路、发展方向、发展着力点的集中体现，是发展行动的先导。发展理念是历史的，每一历史时期和历史阶段的发展理念都是对该时代经济、政治、文化、社会发展的综合反映，都表达了时代的声音，是历史发展的一面镜子，同时发展理念又深刻影响、引导和改变着发展实践。科学的发展理念深刻影响着人类社会的发展进程。西方发展理念尤其是近现代西方发展理念，在推动西方经济迅速发展、促进社会剧烈变革、指引西方领先于世界的过程中发挥了重要作用。西方发展理念中蕴含的关于发展的总体性、规律性、价值性、思想性和指导性的有益成分是人类思想的精华，在人类思想史上占据重要地位，深刻引领了人类社会的发展前进，也是我国新发展理念形成的重要理论借鉴资源。

一、西方发展理念概述

西方文明历史悠久，自诞生起其崇尚科学、理性、自由的思想就绵延不绝，一直以来在人类文明发展史上占有重要一席之地，尤其近代以来西方资本主义工业文明更是深刻地影响和改变了世界。西方资本主义工业文明和科技文明，发展了现代生产力，改革了旧的社会关系，摧毁了封建专制、等级特权和人身依附关系，提倡自由、民主、平等、博爱和人权，把人类从封建专制和宗教神学的禁锢中解放出来，促进了人的社会关系和能力的发展，因而，使人类的文明程度获得显著提高，世界面貌发生了一个大变化。西方近代以来的文明之所以能产生这么大的影响力，背后离不开先进发展理念的指导推动。纵观西方社会的发展历程，可以看到这样一个规律，什么时候西方社会发展理念走在实践的前面，什么时候其发展就大踏步前进，领先于世界；什么时候西方社会发展理念落后于实践，什么时候其发展就停滞不前，落后于世界。

（一）西方古代发展理念概述及评价

古希腊人的城邦理论是最早的有代表性的反映西方社会的发展理念。古希腊哲学家柏拉图在《理想国》中提出过构建新型的社会协调统一的社会政治生活的理想，晚年他在所写的《法律篇》等著作中，又提出所有公民都可参与国家管理，允许私有财产和个体家庭存在，并强调法治的重要性，对理想国的政治社会设计进行改善，但这一“理想国”忽视了人类个体自由，只能是一种无法实行的乌托邦式整体社会发展理念。另一位古希腊先贤亚里士多德对社会发展的看法改变了柏拉图理想主义的范式而更加倾向于经验主义。他的思想体现了一种温和的民主式、经验式的社会发展理念。他认为中产阶级是社会稳定和发展的基石，在他所倡导和设计的社会中，等级松散，中产阶级主政，实行法治，保留家庭和实现私有制，在政治生活中贯穿温和的民主风尚。他认为，社会管理应该具有社会自发机制所应有的包容性和多样性，应该从城邦现有的实际状况出发，选择和构想“可能”实行的社会制度，而不能盲目追求“至善”的理想制度。古希腊的城邦民主制度是现代西方民主制度的源头，虽然具体而言两者之间还存在明显差异，但其基本理念和精神是一脉相承的，它为近现代西方政治制度奠定了最初的基础。

卢克莱修是古罗马伟大的唯物主义思想家，他的思想可被称作自然进化发展理念。他反对神创世界说，认为人类社会的发展是自然进化的过程，自然是自己工作着，不受神灵控制的；人类文明发端于模仿自然，人们从自然中学会了农业技艺；社会和国家起源于人们满足基本需求的愿望以及对安定生活的向往；人的幸福在于摆脱对神和死亡的恐惧，得到精神的安宁和心情的恬静，从而坦然地去享受生活。卢克莱修的思想是针对当时古罗马政治危机进行的革新思考，他的无神论、唯物论、反天命论的思想被很多现代唯物主义思想家所推崇。

从公元 476 年西罗马帝国灭亡到 1640 年英国资产阶级革命爆发，是欧洲封建社会时期，也被称作西方文明史上发展比较缓慢的“黑暗时代”。这一时期实行封建制的庄园式自然经济，加上封建割据、频繁战争以及奉行从神出发的社会发展理论，造成科技和生产力发展停滞。这一时期基督教成为欧洲封建社会的宗教，宗教神学反对奴隶制度，对欧洲中世纪封建主阶级统治地位的建立和巩固起了重要作用；同时，中世纪宗教神学具有反科学、反人性、反自由、反世俗生活的性质，又具有阻碍社会发展的一面。其中，经院哲学是其发展的一个高峰，以托马斯·阿奎那为代表。阿奎那认为，“自然法”是超出人为之上的由神性支配的不变规律，人类的行为和社会都要服从它。他强调私有制的必要性，认为私有制不是自然所规定的，而是人的理性为人的生活而采用的办法，是出自上帝的意志。阿奎那提出，人生的最高目的不在于身体的快乐，而在于认识真善美的幸福观，并进一步认为国家对个人获得幸福和促进社会发展是必不可少的，但国家的产生和存在体现的是上帝的旨意。他认为，神授君权并由君主对人民实现统治，是上帝给人民的恩惠，是保障人民幸福的必然要求，地位较高的人必须依靠上帝所规定的权能来向地位较低的人贯彻自己的主张，低级的人必须按照自然法和神法所建立的秩序，服从地位比他们高的人。经院哲学只允许在基督教教义的范围内自由思维，为信仰找合理的根据，它反对离开教义而依靠理性和实践去认识和研究现实，因而其结论也经不住经验和实践的检验，它是一种唯心主义哲学，是一种从神出发的社会发展理论，其观点明显具有为封建等级制度和教皇至高无上的权力进行辩护的性质。

到了 13、14 世纪，宗教神学成了严重阻碍欧洲社会经济发展的落后意识形态。在与基督教神学的斗争中，以反对僧侣的剥削和压迫、同情劳动人民疾苦为特点的城市市民“异端”思想（它是正统教会加给反对派的泛称和罪名），以及主张取消私有制和一切等级差别、实行公有制的农民贫民“异端”思想开始出现，并随着农民运动的发展得到了广泛传播，它抨击了封建制度和教会说教，促使封建社会和经院哲学日益衰落。

纵观西方古代发展理念的演变，可以看到在古希腊和古罗马时期，西方社会发展理念是比较先进的，其思想精华部分至今仍对西方乃至整个人类社会产生着影响，具有历久弥新的思想启迪作用，从一定意义上讲，它奠定了整个西方文明的根基；而西方中世纪的黑暗则是由落后的生产力和严密的思想禁锢带来的，这一时期的西方社会发展理念是落后的、反人性的、不科学的，其自然不能对社会发展起到多大的促进作用，所以其必然会被反封建和反宗教压迫的先进发展理念所取代，当时社会上出现的“异端”思想便是对宗教神学从神出发的发展观的否定和抛弃，起到了思想先声的作用。

(二)西方近代发展理念概述及评价

随着近代产业革命的兴起，西方的经济、社会形态逐渐由农业经济过渡到工业经济、由农业社会过渡到工业社会。工业时代是资本主义在新的技术形态和产业结构下开创的新的经济时代，是商品经济形态占主导的时代；工业社会是现代工业生产力大发展、财富急剧增加和集聚，资产阶级“按照自己的面貌为自己创造出一个世界”的社会。当资产阶级开始走上历史舞台中央，人类社会进入资本的逻辑唱主角和资本进行统治的时代，经济社会发展的实践需要推动了西方近代发展理念繁荣发展，同时这些发展理念又深刻影响、引导和改变着整个西方社会的发展进程。

1. 西方近代政治发展理念

英国是资本主义民主革命的发源地和西方近代政治发展理念的重要发祥地。英国大宪章运动和光荣革命，开创了崇尚公民自由与社会民主发展的历史新纪元，开创了以非暴力的和妥协的方式解决政治、经济争端，谋求矛盾各方和谐共赢的新的政治发展理念。从此开始，资产阶级政治思想得到较大程度发展，并逐步确立了以自由、民主和代议制为主要内容的政治发展理论。其中，托马斯·霍布斯的利维坦国家理论主张通过理性的指导订立社会契约，建立利维坦国家和君主政体；约翰·洛克的天赋人权和公民自由理论、有限政府理论、民主政府思想成为后来英国的代议制民主的理论支持和经验基础；约翰·密尔创建的代议制民主新模式，超越了洛克君主立宪制，成为近代以来最普遍的政治发展理念和发展模式，使19世纪的欧洲和世界开始进入“议会主权”和“议会民主”的时代①。

近代法国思想家所提出的一系列政治发展理念也深刻影响了西方世界。孟德斯鸠在《论法的精神》中指出，法不仅仅是成文的法律，而是万事万物的规律，认为没有理性就没有法，主张法治；同时他提出三权制衡或三权分立以及君主立宪的思想。卢梭坚持社会契约论，主张建立资产阶级的“理性王国”；主张自由平等，反对大私有制及其压迫；提出“天赋人权说”“主权在民说”，反对专制、暴政，这些进一步丰富了西方政治发展理念。

美国是在西方近代政治发展理念指导下建立起来的民主国家，同时又在实践中赋予这一理念新的内容。在美国开国者的公开陈述和《独立宣

① 韩喜平：《中国理念》，辽宁人民出版社，2019，第40页。

言》《美利坚合众国宪法》等法规文献中，《独立宣言》提出了“人人生而平等”，“主权在民”的权利保障思想，明确地表达了对人的自然权利的重视和对自由的渴望，是美国人将信条变为行动的宣言。《美利坚合众国宪法》提出了“有限政府”“三权分立”的权力制衡思想，防止政府部门草率行动或大权独揽而导致可能危害个人和少数人的自由和权利的情况发生，建构了处理集权与自治、中央与地方关系的国家结构模式[①]。

2. 西方近代经济和社会发展理念

西方近代经济发展理念同样发端于英国。近代英国的经济增长思想开始于重商主义。重商主义强调财富的增长来自流通领域，而古典经济学则从流通领域进入生产领域，以其所创立的劳动价值理论，提出了社会财富的增长取决于生产性劳动这一革命性的结论。亚当·斯密和大卫·李嘉图是古典经济学的两位主要代表人物。亚当·斯密提出“劳动是衡量一切商品交换价值的真实尺度”的基本论断，在经济学说史上，明确提出任何生产部门的生产劳动都是国民财富的源泉，提出并形成了“经济人”假说和“看不见的手”思想；大卫·李嘉图在亚当·斯密经济理论的基础上，建立起以劳动价值论为基础、以分配为中心的理论体系，同时提出了比较优势贸易理论。古典经济学是资产阶级同封建制度斗争的理论武器，它提出“自由放任”“自由竞争”的口号，反对封建国家干预和中世纪行会残余妨碍自由竞争，在促进和巩固资本主义生产方式中发挥了重要作用，同时是马克思主义政治经济学的重要来源。

法国经济学家和社会学家特别强调公平竞争、和谐共存以及国家适度干预等对经济发展的重要性。以魁奈为代表的重农主义学派提出了财富的增长来源于农业部门的生产活动，第一次对社会再生产过程作出科学性分析，批评任何形式的垄断，并提出经济发展是螺旋式上升的理论；弗里德里克·巴师夏综合重农学派的自然主义思想和古典政治经济学的自由主义思想，试图建立一种自由竞争又彼此协调的总体经济体系，提出“和谐经济论”，强调缓和劳资矛盾，倡导社会和谐发展；让·西蒙·西斯蒙第对财富增长的目的进行反思，反对李嘉图的为生产而生产、为增长而增长的观点，认为经济增长是手段，社会每个成员的物质福利的改进才是目的，强调生产与消费、资本与收入平衡增长的重要性；奥古斯特·孔德根据他

① 韩喜平：《中国理念》，辽宁人民出版社，2019，第40页。

对社会的观察，认为社会意识的发展是人类社会历史发展的基础，人类社会的发展史就是一部思想认识的发展史，提出了坚持实现社会内部和谐状态的社会秩序理论①。

德国思想家主要从精神层面探讨了社会发展问题。黑格尔认为“绝对精神”是万物最初的原因和内在的本质，是自然界和人类未出现时就已经存在着的实在，人类社会的发展也只是其表现，他还认为最高、最完善的国家形式是君主立宪制，因为它使伦理精神得到了充分的发展，同时人的恶欲是社会发展的动力；康德认为历史的进步不仅是人性中善的方面驱动的结果，而且是大自然以人性中的恶作为攻击来加以实现的；德国近代的文学家歌德和席勒在自己的作品中，对人性的解放与完善、人与自然的和谐等思想也进行了表达②。

3. 近代西方发展理念评价

近代西方发展理念是资产阶级与封建制度进行斗争的理论武器，它在瓦解封建制度，巩固资本主义生产方式，以及解决资本主义社会发展过程中存在的问题等方面发挥了重要作用，其有些思想至今仍在产生重要影响。但我们同时也要看到近代西方发展理念存在的局限性，其根本缺陷表现为科学与价值的背离，两者成为不能相交的两条平行线。比如：古典经济学缺乏价值关怀，对人的发展问题束手无策；德国古典哲学缺乏科学基础而流于空谈。这一根本缺陷导致了近代西方社会发展理念研究社会发展问题出发点的非科学性、发展思维方式的片面性和社会发展价值取向的非人性③。

首先，体现为从理性出发研究社会发展问题的唯心主义社会发展观。近代资产阶级社会发展理念的实质仍是唯心主义社会发展观，它是代表资产阶级利益的发展理念，是近代资本主义生产关系产生的理论旗帜。资产阶级提出用人性代替神性、用人权代替神权，提倡自由、民主、平等和博爱，这在一定程度上推动了人类思想解放的进步和社会发展。但是，由于没有找到正确解释社会历史发展问题的钥匙，没有从社会历史本身出发考

① 韩喜平：《中国理念》，辽宁人民出版社，2019，第40页。

② 韩喜平：《中国理念》，辽宁人民出版社，2019，第40页。

③ 高丽萍：《从马克思社会发展观到科学发展观——社会主义发展理念的演变轨迹》，博士学位论文，南开大学马克思主义教育学院，2012，第30页。

察社会发展，导致西方近代社会发展理念所提倡的人性实际上还是一种抽象的人性。

其次，表现为将社会发展主客体极端对立的思维方式。马克思以前的社会发展观由于没有正确解决社会存在与社会意识的关系的问题，从而将社会发展主客体极端对立起来，形成了一种形而上的思维方式。这种思维方式或者只看到脱离现实的抽象主体，或者只看到缺失主体的直观客体。唯心主义从主观出发，将客体淹没在主体之中，其所谓的主体也是抽象的主体。这一主体是脱离社会实践的抽象存在物、是离开具体对象的抽象存在物。这种唯心主义思维方式不仅无益于改变外在对象，而且将主体和对象、主体和客体绝对对立起来。与唯心主义相反，旧唯物主义只关注纯粹的客体，而没有关注现实人的生存和发展，既没有将客体纳入人的存在和发展中，也没有将其纳入人的实践活动中。人这个活生生的主体被旧唯物主义遮蔽了，对于旧唯物主义者而言，人只不过是机器，这是一种典型的机械发展观。如：费尔巴哈把人的本质理解为一种内在的、无声的、把许多人纯粹自然地联系起来的共同性。费尔巴哈的抽象人表明他只是将外在客体当作纯粹客体，没有在主体与客体的关系中审视社会发展。这样的社会发展理念虽然对反对唯心主义等有一定思想启蒙作用，但是，由于理论本身的局限，费尔巴哈最终也陷入“爱的宗教”的泥潭中了。因此，费尔巴哈的社会发展观也不过是对现实制度的粉饰，无益于改变社会的面貌、促进社会发展。

最后，反映为以物为本的价值取向。随着近代资本主义生产关系的萌芽，反映新兴资产阶级利益的文艺复兴运动开始向传统势力发起挑战，宗教成为被攻击的重要目标，人道主义也就成为反封建、反宗教的重要理论基础。当资产阶级夺取政权之后，又将人的自由、平等、博爱等人道主义要求以法律的形式加以合法化。但是，由于资本主义制度维护的是资本主义私人占有制，是为资产阶级利益服务的，资产阶级追求剩余价值的本性最终还是导致了以物为本的发展价值取向。导致这种以物为本的价值取向的现实基础就是资本主义商品经济。在资本主义商品经济的竞争法则中追求剩余价值成为资本主义的本性，在剩余价值生产中人的生存状况不但没有改善，相反，在资产阶级贪婪地追求剩余价值的生产中人的价值被贬低了。正如马克思指出的，在资本主义社会“物的世界的增值同人的世界的贬值成正比”①。

（三）西方当代发展理念概述及评价

20世纪上半叶，经过第二次工业革命的洗礼，资本主义经济较以前有了突飞猛进的发展，资本主义完成了从自由竞争到垄断的过渡。面对机器大工业迅猛发展所带来的日益丰富的物质产品，人们似乎充满惊喜和期待，却完全想不到经济、政治和战争危机会随之而来。人们疑惑：为什么在科学技术进步、理性之光普照世界大地的时候，人类没有进入真正的人性完善状态，反而深深地陷入了野蛮状态？为什么作为主体的人沦为科学和理性的工具，丧失了目的价值，变成了异化了的人？“科学的野蛮”和“理性的暴政”使人们认识到，仅靠科学和理性不足以给人类带来幸福。20世纪上半叶，在思想社会领域，国内经济、政治领域和国际关系领域的思想家们展开了全面的反思。这些反思主要包括对科学理性的反思、对自由放任主义的反思、对战争的反思等几个方面，这一阶段可被看作西方发展理念的涅槃期。经过这一时期，西方社会发展理念迎来一个新的蓬勃发展期，这些理念影响广泛深远，有力推动了第二次世界大战后西方社会乃至整个世界的经济社会大发展、大变革。

1. 追求经济增长的传统发展理念

第二次世界大战后，随着世界殖民体系的土崩瓦解，亚、非、拉一大批民族国家获得独立，世界上涌现出许多发展中国家。为改变落后状况，这些传统的以农业为主的发展中国家纷纷走上了以实现工业化为目标的发展道路。美国经济学家威廉·阿瑟·刘易斯在1995年出版的《经济增长理论》一书中指出：“发展中国家经济落后的原因在于工业化程度不够，经济馅饼不大；而加快工业化的步伐，提高工业化的程度，把经济馅饼做大，就会导致经济增长和社会进步。”②这一发展理念在20世纪50—60年代广为流行，它把发展等同于经济增长，十分突出国内生产总值（GDP）的导向作用。其特点是只强调经济数量的增长和规模的扩大，而忽视经济的发展质量和结构上的优化，也忽视社会进步、环境保护和人的发展。其主要表现是：单纯追求国民生产总值（GNP）、国内生产总值（GDP）、经

---

① 中共中央马克思恩格斯列宁斯大林编译局编译《马克思恩格斯文集》第1卷，人民出版社，2009，第156页。

② 庞元正、丁冬红主编《当代西方社会发展理论新词典》，吉林人民出版社，2001，第2页。

济增长率和物质财富的增加等，全部活动的最终目标是获取利润。“凡是能带来利润的就干，凡是减少利润或造成亏损的就避免。”[①]利润的高低成了衡量一切活动得失成败的唯一尺度。

追求经济增长的传统发展理念的缺陷主要是具有单一性、物本性、短视性，在理论上主要是混淆了“增长”与“发展”两个概念，把经济增长等同于发展[②]。其结果就是，许多发展中国家虽然实现了经济增长的目标，但是大多数人的生活水平并没有发生根本性变化，而且伴随着经济增长而来的是越来越广泛的绝对贫困、越来越严重的收入分配不公和越来越多的失业问题，经济结构畸形，资源过度消耗、环境污染严重、生态平衡遭到破坏。单纯对经济增长的追求造成了“有增长无发展”甚至“有增长负发展”的局面。所以，这一发展理念很快受到质疑与批判，并被其他发展理念所取代。

2. 可持续发展理念

20 世纪 50—70 年代，人类在经济增长、人口增加、资源紧缺、环境恶化等问题的压力下，对发展是否可以持续产生怀疑并展开了讨论。1962 年，美国女生物学家切尔·卡逊撰写了《寂静的春天》一书，论述了由于农药污染导致的对鸟类和生态环境造成的毁灭性危害，并描绘了由此带来的可怕景象，告诫人们如此下去将会失去“春光明媚的春天”。该书在世界范围内引起轰动，引发了对发展理念的争论。1972 年，英国学者巴巴拉·沃德和美国学者雷内·杜博斯撰写的《只有一个地球》面世，该书分析了经济发展和环境污染对不同国家产生的影响，呼吁各国人民重视维护人类赖以生存的地球。1972 年，罗马俱乐部发表了研究报告《增长的极限》，认为生态约束对 21 世纪的全球发展产生重要影响。1980 年 3 月，联合国大会第一次使用了可持续发展的概念。1987 年，世界环境与发展委员会发表《我们共同的未来》研究报告，明确指出：“可持续发展是既满足当代的需求，又不能对满足后代需求能力构成危害的发展。”1992 年在巴西里约热内卢召开的联合国环境与发展大会，最终公布了《里约环境与发展宣言》和《21 世纪行动议程》，标志着可持续发展理念被更多的国家普

---

① E.F. 舒马赫：《小的是美好的》，虞鸿钧、郑关林 译，商务印书馆，1984，第 178-179 页。

② 苏振锋：《论现代发展观的演进与科学发展观的内涵》，《西北大学学报》（哲学社会科学版）2009 年第 39 卷第 2 期，第 125 页。

遍认同。

可持续发展理念主张发展既满足当前需要，又不削弱子孙后代满足其需要的能力。其突出的特点是强调发展的持续性，包括以下主要内容。①主张发展是一种权利。可持续发展理念承认各国都拥有发展的权利，不能剥夺每一个国家的发展权。②认为生态环境是重要指标。经济发展离不开环境和资源的支持，发展的可持续性取决于环境和资源的可持续性。良好的生态是发展的重要内涵和发展的必要条件。③提出发展要注重公平。可持续发展观揭示了代际公平和代内公平与可持续发展的关系，强调代际公平和代内公平是实现可持续发展的条件。④发展循环经济。循环经济即由传统依赖资源消耗实现增长的经济，转变为依靠生态型资源循环来发展的经济，即由“资源—产品—废弃物”的生产过程向“资源—产品—再生资源”的生产过程转化，强调“减量，再用，循环”（3R）原则[①]。

可持续发展理念的形成，是人类对传统发展模式反思的成果。它揭示了发展与环境、资源的辩证关系，是对发展规律的认识的深化；它从公平的角度看待发展问题，提出代际公平和代内公平，强调要把人类的眼前利益和长远利益结合起来，既满足当代需求，又为后代需求创造条件；强调要把得到的成就与肩负的责任结合起来，发达国家要更多承担环境保护的重任。它提出资源循环利用，倡导适度消费、绿色消费的新观念，体现了人类新的价值观。

3. 综合发展理念

20 世纪 70 年代以后，西方社会发展问题的研究范围不断扩大，把发展的各种不同因素综合起来进行研究成为更多人的共识，逐渐形成了综合发展理念。

综合发展理念的代表人物是法国经济学家弗朗索瓦·佩鲁。1983 年，佩鲁出版了《新发展观》一书，该书系统表达了他关于综合发展的理念。①提出发展是一个综合过程。发展是以民族、历史、文化、环境、资源等内在条件为基础，包括经济增长、政治民主、科技水平、文化观念、社会转型、自然协调、生态平衡等各种因素在内的综合发展过程。发展应该是整体的、综合的和内生的。所谓“整体的”，就是发展要考虑人类整体的

---

① 颜晓峰主编，吴晓宇、赵坤副主编《五大发展理念干部读本》，人民日报出版社，2016，第 54-57 页。

各个方面，同时承认和兼顾各个方面的不一致性；所谓“综合的”，就是要把发展的各个方面和各种因素综合在一起，形成相互联系、紧密依存的结构；所谓“内生的”，就是发展要突出国家内部力量的整合，自身资源的合理开发和利用。综合发展理念认为，真正的发展绝不是单纯的经济增长，而必须是经济、社会、人、自然之间的全面协调共进，强调人与人、人与环境、人与组织、组织与经济的协调发展。②认为影响发展的因素是多重的。发展是一个综合的过程，并不仅仅是一个单纯的经济现象，除经济因素之外，文化、社会网络、人际关系等社会因素，都是影响发展的重要因素。③主张发展应以人为中心。为了人的发展应是各国发展的中心目标，这也是一个社会能够正常运行和保持稳定的关键。发展应以人的价值、人的需要和人的潜力的发挥为中心，满足人的基本需要，促进生活质量的提高和共同体每位成员的全面发展[①]。

综合发展理念注重发展的整体性因素，突出强调发展的综合性，突破了单纯注重经济增长的传统发展理念的束缚，对推进社会全面发展具有重要意义；它把人作为发展的中心，实现了发展理念由物向人的转变，由客体中心论向主体中心论的转变，是发展观的一大进步。但综合发展理念对经济发展在人类社会发展过程中的基础性地位重视不够，虽然强调综合发展，但对中心突出不够，对具体实现发展的方式方法研究不多；虽然强调以人为发展的中心，但对人的理解过于抽象，不能从社会关系的角度进行全面把握。

4. 自由选择发展理念

20 世纪 90 年代前后，一些西方经济学家把发展与自由联系起来进行研究，提出了自由选择发展理念。

该发展理念认为，发展是一个与个人自由和社会承诺紧密联系的过程，也是一种扩大人们所真正享有的经济自由和各种权利的过程，经济发展的目的是人类福利的改善和人在社会中主体地位的提升。它打破了传统发展观的狭隘视野，将经济学的研究中心转向对人的自由的关注，认为人的实质自由是发展的最终目的和重要手段，建立了以人为着眼点、以自由为导向、以制度为依托的全新理论框架。诺贝尔经济学奖得主、著名经济

---

① 颜晓峰主编，吴晓宇、赵坤副主编《五大发展理念干部读本》，人民日报出版社，2016，第 54-57 页。

学家阿马蒂亚·森是自由选择发展理念的代表人物，他在《以自由看待发展》一书中系统阐发了自己的观点，包括以下主要内容。①发展是一个涉及经济、政治、文化、社会、价值观念等众多方面的综合过程，发展就是要消除那些限制人们自由的主要因素，让人们可以更多地按照自己的意愿来自由地选择生活，发展的过程就是扩大人类自由的过程。②主张自由是促进发展的手段。扩大自由既是发展的首要目的，又是发展的主要手段。自由的扩大意味着人们可以有更多的选择权利，能够更多地参与民主的进程，自主地进行决策，个人的潜能得到更好的发挥，从而促进发展。森提出了五种工具性自由：政治自由、经济自由、社会机会、透明性保证和防护性保障。这五种工具性自由能帮助人们更自由地生活并直接扩展他们的可行能力，同时它们也相互联系和补充。③高度重视个体参与发展。发展的目的是实现个人的自由，在发展的过程中必须有个人的积极参与，注重发挥个人的主动性。个人在发展中有基础作用，必须创造自由的环境来激发个人的参与热情[①]。

自由选择发展理念把对人的理解推进到一个新的高度。虽然也有发展理念重视人在发展中的作用，但人还只是一个被动的受益者，而自由选择发展理念却把人从被动的状态下解放出来，让人参与发展的过程，成为发展的真正主角。当然，自由是一个相对的概念，任何自由都是与生产力的发展相适应的，脱离生产力发展实际的自由是不可能实现的，自由选择发展理念在实行的过程中必须与具体的国情相结合，不同国家在自由的范围、程度、内涵上必然会有差别，千篇一律的普世自由是不存在的。

5. 创新发展理念

在研究解决发展的过程中，有的西方经济学家把创新与发展联系起来进行分析，提出了创新发展理念。

1912 年，美籍奥地利经济学家约瑟夫·阿诺伊斯·熊彼特的《经济发展理论》发表，书中首次提出创新理论，标志着西方创新理论的诞生，熊彼特成为创新发展理念的奠基人物。20 世纪 50 年代之后，创新发展理念不断得到发展，当前，以技术变革和技术推广为对象的技术创新经济学，以制度变革和制度形成为对象的制度创新经济学，成为创新发展理念的重

① 颜晓峰主编，吴晓宇、赵坤副主编《五大发展理念干部读本》，人民日报出版社，2016，第 59-61 页。

要组成部分，包括以下主要内容。①创新是经济发展的原因和实质。该理念认为，经济发展的推动力量是创新。创新促进技术进步或社会关系变革，引起生产要素的重新组合，从而推动了经济发展，创新是经济发展的根本现象。技术创新是经济增长的基本因素，技术创新需要与制度创新相结合，制度创新是技术创新的保证。②主张通过国家和政府力量推动创新和构建国家、区域创新体系。该理念认为国家和政府对创新的支持推动作用显著。同时认为，随着经济全球化的迅速推进，靠单个企业或部门自身的创新已无法适应形势的变化，其开始从系统论的角度研究发展进程，提出构建国家和区域创新体系。在国家创新体系中，创新不再仅仅是企业家的孤立行为，而是企业和其他组织等创新主体通过国家制度的安排及相互作用，推动知识的创新、引进、扩散和应用，整个国家的创新有序进行。区域创新体系，是由地理上相对集中的企业或组织共同组织成立的创新系统，有利于推动本地区资源的集中与共享，促进创新快速发展。③主张创新发展范式的多元化。随着经济全球化、社会信息化、科技跨国化的加速推进，创新发展理念不断充实，创新从内部创新转向创新主体与外部环境的联系和互动，新的创新发展范式不断涌现，开放式创新和生态式创新应运而生，极大地丰富了创新发展理念[①]。

创新发展理念极大推进了科技进步和制度完善，促进了人类社会的发展进步，反映了人类文明的成果。但也要注意，创新发展理念在重视科技作用的同时，其所蕴含的“科技本位”的价值观或会产生负面影响，容易造成新的社会的畸形发展和人的异化，学习借鉴该理念时应注重科技所具有的为人类服务的作用，强调科技以人为本，而不是为了创新而创新。

在以上主要的发展理念之外，当代西方还有多种发展理念。每一种发展理念都从不同的视角出发对发展进行了解读，各有特色，都是人类文明成果的结晶，不同的理念在实践中不断发展，在交流中相互融合，对我国形成符合自身实践的发展理念有一定的借鉴作用。当然，也要看到西方当代发展理念的最大的问题就在于缺乏对理论彻底性和实践现实性的反省与

---

① 颜晓峰主编，吴晓宇、赵坤副主编《五大发展理念干部读本》，人民日报出版社，2016，第63-64页。

批判，并没有形成具有科学内在逻辑和鲜明实践指向的新发展观[①]。

二、西方发展理念演变的启示

纵观西方发展理念的演变历程，可以看到其大致经历了由从理想范式出发到从经验主义出发、由从神出发到从人出发、由重视单一的经济增长到综合的社会发展、由重物到重人、由对社会和人的单向关注到人与自然和谐共生的深刻转变，这种演变折射出西方发展理念从片面到系统、从表层到深层、从不科学到相对科学的递进发展过程。西方发展理念的演变过程，同时也是人们对发展的认知和探索的过程。人类社会的发展实践不止步，人们对发展理念和发展观的研究和探索也必定不会止步。

（一）西方发展理念的演变启示我们人类发展理念有一个螺旋上升、不断深化的过程，必须坚持对发展理念的不断创新

人类发展理念是历史具体的和不断运动发展的。不同历史时期西方发展理念是不尽相同的，它随着时代变迁和经济社会实践发展而不断演变，它是历史发展的产物，是阶段性和连续性的统一，有一个螺旋上升、不断深化的过程。发展理念上的先进是最大的先进，发展理念上的僵化则会严重制约经济社会的发展进步。发展问题归根结底是理念问题，发展战略竞争透射的也是发展理念之争。当今世界，许多国家都积极创新发展理念、完善发展战略，力争赢得发展主动。美国出台《先进制造业国家战略计划》《重振美国制造业框架》，旨在占领高端制造的制高点；欧盟制定《欧洲 2020 战略》，提出实现以发展知识经济为主的智能增长、以发展绿色经济为主的可持续增长、以提高就业和消除贫困为主的全面增长；日本制定《日本再兴战略》，提出发展“社会 5.0”，目标是创造一个“更加以人为本的超智慧社会”；俄罗斯确定 2024 年前俄发展目标和战略任务，德国制定《国家工业战略 2030》，英国推出《工业 2050 战略》，瞄准的都是科技创新的制高点。中国共产党提出创新、协调、绿色、开放、共享的新发展理念，顺应时代发展要求，汲取各国发展的经验教训，是借鉴更是超越，有共性更有自己的特色。树立和贯彻新发展理念，是我国发展占据时代制高点，维护和用好重要战略机遇期，在国际竞争中赢得优势、赢得主动的重

① 张静：《中国共产党新发展理念研究》，硕士学位论文，西安科技大学马克思主义学院，2019 年，第 2 页。

要法宝[①]。

（二）西方发展理念的演变启示我们人类发展理念是一定历史条件下综合实践发展的产物，必须立足自身实际确立发展理念

发展理念是一定时期经济、政治、文化、社会发展的综合反映，它来源于实践同时又深刻影响着实践。近代以来西方发展理念（发展理论）经历了由重视单一的经济增长到综合的社会发展、由重物到重人、由对社会和人的单向关注到人与自然和谐共生的深刻转变，这对引领、推动西方社会转型发展发挥了积极的作用。这些理念为中国共产党的发展理念（理论）提供了借鉴，但是我们不能忽视西方发展理念（理论）固有的局限和弊端。第一，这些理论否认资本主义社会存在无法克服的顽疾，把经济社会的发展寄希望于对局部或细节问题的解决。第二，西方发展理论的背后都有“西方中心主义”的价值取向，即把西方资本主义国家作为发展中国家、落后国家发展的参照系，把西方工业化道路作为世界各国现代化道路的唯一范式，不能正确对待中国等新兴国家的发展历史和成就。第三，尽管西方发展理论已经开始重视“人—社会—自然”的综合发展，并重视吸收中国等东方文明特有的“天人合一”思想，但是基督教文明的二元对立思维——人类是最接近神的存在的，所以理所当然地要征服其他生物和自然，使其为人类服务——的消极影响依然存在[②]。这启示我们，不能简单套用西方发展理念来指导发展，而应该从自身出发来确立符合国情的发展理念。中国共产党提出新发展理念，是立足自身、符合国内外发展大势的实事求是的产物，实现了对西方发展理论的扬弃和超越。

（三）西方发展理念的演变启示我们人类发展理念关系发展全局、方向和成果，必须慎之又慎选择发展理念

第二次世界大战结束后，发展经济的任务重新提上日程，“经济增长论”再次出场，主张发展即增长，增长即发展。在这样的观念主导下，许多国家尤其是发展中国家把经济增长作为头等大事，把工业化作为首要目标，把 GDP 增长作为唯一标准。尽管一些发展中国家在经济增长方面取得了一些成就，但经济增长本身并未带来社会的全面进步和国民福利水平

---

① 中共中央党校（国家行政学院）：《习近平新时代中国特色社会主义思想基本问题》，人民出版社、中共中央党校出版社，2020，第 129 页。

② 贾凯：《论“五大发展理念”的世界意蕴》，《党政研究》2016 年第 5 期，第 38 页。

的提高，收入不均、贫富悬殊、阶级分化的现象愈演愈烈，进而导致政局不稳甚至动乱。从20世纪60—70年代开始，人们对“经济增长等同于发展”的传统发展理念发生怀疑，新的发展理念提出发展的三重价值标准，这就是维持生存、自我尊重和自由。发展除了必须满足食物、住房、卫生保健和安全保护等基本生活需求外，还必须提供就业机会、教育条件，对文化和人的自尊给予更多的关注，特别是要使个人和国家摆脱对其他民族的屈从和依附，摆脱对愚昧和使人类痛苦的力量的屈从和依附，扩大个人和国家在经济和社会方面选择的范围①。这启示我们一个国家发展理念的选择确立关系整个国家的发展全局、方向等，任何一个国家对发展理念的选择都必须量体裁衣、慎之又慎，发展理念正确则发展方向明、事业成功概率高。

（四）西方发展理念演变启示我们因循守旧的路子行不通，发展必须依靠创新引领

创新是历史进步的动力、时代发展的关键。地理大发现特别是工业革命以来，世界发展浪潮风起云涌，无不以理念变革、科技进步为先导。马克思、恩格斯在《共产党宣言》中曾谈道：“资产阶级在它的不到一百年的阶级统治中所创造的生产力，比过去一切世代创造的全部生产力还要多，还要大。”②如此巨大的生产力历史性发展，是与文艺复兴和科学革命打破长期束缚人们的思想禁锢分不开的。科技革命和产业变革，带来发展的脱胎换骨、生产力的突飞猛进。许多西方国家抓住科技革命和产业革命机遇，实现群体性崛起，深刻改变了国际力量的格局。然而，一些曾长期处于领先地位的国家和地区，却由于思想禁锢、闭关锁国等原因未能抓住科技革命和产业革命机遇，发展由盛转衰，逐渐落后于时代，甚至沦落到一蹶不振的地步。这启示我们，创新是世界发展的潮流，是发展的第一动力。创新兴则国家兴，创新强则国家强，创新久则国家持续强盛。面对今日之世界，只有把创新发展放在我国发展全局的核心位置，才能避免历史重演，才能适应和引领时代发展大势，从后发到先发、从跟跑到领跑，实现国家长治久安、民族永续发展。

---

① 程伟礼：《科学发展观若干问题研究》，《毛泽东邓小平理论研究》2006年第6期，第14页。

② 马克思、恩格斯：《共产党宣言》，人民出版社，2014，第32页。

（五）西方发展理念演变启示我们有增长无发展的路子行不通，发展必须是协调发展

协调与失衡相对立。历史上，失衡的发展、失衡的体制使一些国家落入“陷阱”、陷入灾难。第二次世界大战后，“经济增长论”虽促进了一些国家的经济腾飞，但也带来了经济结构失调、收入分配不公、农业农村凋敝、资源过度消耗等严重问题。严峻的现实迫使人们反思片面追求经济增长的问题，重新认识“增长与发展”的关系。今天，一些发达国家过度推崇金融业及其衍生产品，虚拟经济与实体经济严重脱节，导致金融危机爆发，给全球经济带来深重灾难，教训十分深刻。这启示我们，发展不等于经济增长，不等于 GDP 的提高；发展是一个整体、一个系统，需要各方面、各环节、各因素协调联动。发展均衡与否、协调与否，成为衡量世界各国能否可持续发展的一把尺子、一道杠杠。树立协调发展理念，坚持协调发展，是我国跨越“中等收入陷阱”的一大法宝。有了它，就能补短板、强整体、破制约，增强发展的平衡性、包容性、可持续性，促进各区域各领域各方面协调配合、均衡一体发展，为实现“两个一百年”奋斗目标和中华民族伟大复兴的中国梦铺路架桥。

（六）西方发展理念演变启示我们“先污染后治理”的路子行不通，发展必须是可持续的

自然、环境与生态系统是人类永续发展的前提条件。人类与自然休戚相关、荣衰与共，人类应当敬畏自然、善待自然、保护自然、合理调节人与自然之间的物质交换。在《自然辩证法》中，恩格斯告诫我们：人作为主体，可以通过人类活动使自然界为自己服务。“但是我们不要过分陶醉于我们人类对自然界的胜利。对于每一次这样的胜利，自然界都对我们进行报复。”① 然而，恩格斯的警告并未改变资本剥夺自然的欲望，也未能阻止人类践踏自然的脚步，西方国家“先污染后治理”的理念依然大行其道。环境污染特别是 20 世纪 30 年代以来发生的“八大公害事件”，70 年代后出现的臭氧层损害、全球气候变暖、生物多样性锐减以及空气、水质、土壤污染问题，使人们认识到绿色、低碳、循环、可持续发展的生产

---

① 中共中央马克思恩格斯列宁斯大林编译局编译《马克思恩格斯文集》第 9 卷，人民出版社，2009，第 559-560 页。

生活方式的重要性[①]。这启示我们，必须处理好发展与保护的关系，要深刻认识到保护生态环境就是保护生产力，改善生态环境就是发展生产力。绿色低碳循环发展是当今时代科技革命和产业变革的方向，是我国走新型工业化道路、调整优化经济结构、转变经济发展方式的重要动力和推动我国走向富强的有力支撑。

（七）西方发展理念演变启示我们封闭发展的路子行不通，发展必须向世界开放

伴随全球化的历史洪流，人类在开放和封闭中不断进行艰难抉择。1929—1939年，面对世界经济危机，各国纷纷采取以邻为壑的经济政策，货币竞相贬值、提高关税、组建排他性经济集团，这是人类社会滑向第二次世界大战深渊的一个重要原因。第二次世界大战结束后，《关税和贸易总协定》确定了国际贸易基本规则，各国相互减让关税，推进自由贸易，世界迎来了全球化新一轮高峰，经济发展呈现良好态势。20世纪下半叶，全世界成功从中等收入进入高收入的经济体，无一不奉行开放发展理念。进入21世纪，人类再次站在全球化的十字路口。受美国金融危机和欧洲债务危机等影响，保护主义、民粹主义、孤立主义在一些国家抬头，美国高举"美国优先""美国第一"的旗帜，全球化发展曲折。尽管如此，经济全球化依然是大势所趋，开放合作依然是各国发展的强大动力[②]。这启示我们要站在历史正确的一边，坚持开放发展，支持多边主义，以开放、合作、共赢的精神同世界各国共谋发展。

（八）西方发展理念的演变启示我们畸形发展、两极分化的路子行不通，发展成果应由社会共享

西方传统发展观，本质上是"见物不见人"的发展观。这种发展观认为，发展是一个经济过程，资本增值和扩张是经济增长的唯一目的。在市场法则主宰一切的社会，物质财富的增长以贫富两极分化为代价，人往往成为资本增值的手段。"见物不见人"的发展大行其道，直接后果就是社会畸形发展、财富两极分化。这既是一些国家发生"颜色革命"、政治社会动荡的重要根源，也是目前一些国家民粹主义泛起、逆全球化思潮抬头

---

① 中共中央党校（国家行政学院）：《习近平新时代中国特色社会主义思想基本问题》，人民出版社、中共中央党校出版社，2020，第128页。

② 同上，第128页。

的重要原因。历史和现实反复证明，发展如果不以共享为前提，不以人为目的，不仅缺乏社会公平正义，更违背社会发展规律，是不可持续的[①]。这启示我们应该坚持“以人民为中心”的发展思想，坚持发展成果由人民共享，把增进人民福祉、促进人的全面发展作为发展的出发点和落脚点，这是衡量改革开放成功与否的根本标准，也是中国特色社会主义的本质要求。

① 中共中央党校（国家行政学院）:《习近平新时代中国特色社会主义思想基本问题》，人民出版社、中共中央党校出版社，2020，第 128-129 页。

第四章　贯彻新发展理念明确了我国现代化建设的指导原则

中国共产党团结带领中国人民经过百年的艰苦探索，成功开辟了一条从“中国工业化道路”“中国式的现代化”再到“社会主义现代化强国”的现代化新路。这条道路适合中国国情、合乎时代要求、顺应人民需要，既克服了西方资本主义现代化模式的内在缺陷，又超越了苏联社会主义现代化模式的历史局限，为人类发展提供了现代化道路的新选择，是被实践证明了的谋求人民幸福和中华民族伟大复兴的正确选择。党的十九大对实现第二个百年奋斗目标作出分两个阶段推进的战略安排，即到二〇三五年基本实现社会主义现代化，到本世纪中叶把我国建成富强民主文明和谐美丽的社会主义现代化强国。在现代化建设开启新征程之际，新发展理念作为现代化理论的中国诠释，深刻总结了中国现代化建设的历史经验，彰显了中国现代化的本质特征，引领着中国现代化的现实进程，为我国全面走向现代化明确了指导原则。

一、新发展理念是中国现代化实践经验的理论升华

现代化是世界历史发展的潮流，是各国社会进步的必由之路。正如著名学者罗兹曼所指出的：“现代化是人类历史上最剧烈、最深远并且显然是无可避免的一场社会变革。是福是祸暂且不论，这些变革终究会波及与业已拥有现代化各种模式的国家有所接触的一切民族。”

（一）中国现代化建设道路的伟大探索

从现代化进程来看，19 世纪是以工业化和资本主义生产方式为特征的世界现代化运动的开端。面对近代以来席卷全球的现代化浪潮，在西方列强的炮舰政策下，长期以天朝上国自居的古老中国被迫打开国门，卷入了现代化的巨大变革。在战乱频仍、山河破碎、民不聊生的深重苦难中，为了救亡图存，再造中华辉煌，无数仁人志士不屈不挠、前仆后继，进行了

可歌可泣的斗争，进行了各式各样的尝试。正是在这一系列尝试中，中国开启并不断地推进着自身现代化的艰难探索。从洋务运动到戊戌维新，从立宪改良到辛亥革命，从民国建立到国民革命，种种尝试的失败充分证明西方资本主义现代化模式并不适用于中国，只能使中国在半殖民地半封建社会的悲惨境地中越陷越深。

1949年，中华人民共和国的成立，实现了国家统一和民族独立，为中国通向现代化创造了根本的政治前提和制度根基，中国现代化道路的探索从此由被动应变转为主动求变，独立自主的现代化进程真正开启。“国家的社会主义工业化”是新中国成立之初现代化建设的基本方略，目标是“使中国稳步地由农业国转变为工业国，把中国建设成一个伟大的社会主义国家”。在冷战的大背景下，中国现代化建设的起步受苏联的影响极深。1953年，党中央参照苏联工业化模式，提出了国家工业化目标并开始实行以发展重工业为核心的第一个五年计划，奠定了国家工业化的初步基础。1956年，党的八大确立的《党章》中首次提出了“四个现代化”目标，即建设强大的现代化的工业、现代化的农业、现代化的交通运输业和现代化的国防。同时，针对苏联模式所暴露的弊端，毛泽东在《论十大关系》中提出以苏为鉴，走适合中国情况的社会主义建设道路。此后，尽管遭受了“大跃进”和“文化大革命”的严重挫折，到20世纪70年代末，中国不仅建立了独立的比较完整的工业体系和国民经济体系，而且教育、医疗等各项现代化指标较旧中国都有了极大的提高。

新中国前30年的现代化探索是在冷战的大背景下，在旧中国“一穷二白”的基础上进行的。总的来看，这30年为新中国的现代化事业奠定了制度和物质基础，积累了宝贵经验，为找到现代化正确道路做了充分准备。《中国共产党中央委员会关于建国以来党的若干历史问题的决议》指出：“三中全会以来，我们党已经逐步确立了一条适合我国情况的社会主义现代化建设的正确道路。这条道路还将在实践中不断充实和发展，但是它的主要点，已经可以从建国以来正反两方面的经验、特别是‘文化大革命’的教训中得到基本的总结。”十一届三中全会后，我们党把工作重心转到经济建设和实现现代化上来，从中国具体国情出发开创了现代化事业发展的新时期。改革开放初期，邓小平同志提出“小康”这一“中国式”的现代化表达，并明确了“三步走”实现小康的发展战略。1982年，党的十二大将实现“四个现代化”写入《党章》。1987 年，党的十三大提出我国经济建设战略部署“三步走”的设想，以达到中等发达国家水平为追赶目标，以基本实现现代化为核心目标。1997 年，党的十五大提出了“新三步走”战略，提出了 21 世纪初“两个十年”计划和到新中国成立 100 年时，基本实现现代化，建成富强民主文明的社会主义国家。2012 年，党的十八大明确提出，在中国共产党成立一百年时全面建成小康社会，在新中国成立一百年时建成富强民主文明和谐的社会主义现代化国家。2013 年 1 月 29 日，习近平总书记在中央政治局集体学习时将这两个时间段奋斗目标的表述进行科学概括，明确提出了“两个一百年”奋斗目标的概念。党的十九大报告在此基础上提出了建成社会主义现代化强国的“两步走”战略，中国社会主义现代化建设的路线图更加科学清晰地呈现出来。至此，中国特色社会主义现代化道路，经过改革开放以来 40 多年的接续奋斗，“迎来了从创立、发展到完善的伟大飞跃”。

新中国成立以来的现代化进程，是马克思主义与中国实际第二次结合、进行社会主义革命和建设探索的过程。从工业化到提出“四个现代化”，从“中国式的现代化”和“小康社会”，到基本实现现代化和建成社会主义现代化强国，中国共产党团结带领全国人民发挥社会主义制度的优越性，持续制定中长期发展规划，坚持不懈地推进社会主义现代化建设，在实现中华民族伟大复兴的征程上砥砺前行。经过了 70 余年的现代化建设，中国的经济社会发生了巨大的变迁，从一个贫穷落后的农业国发展为世界工业强国和现代化基础设施大国；从世界最大的传统农村社会发展为世界最大的现代城市社会，人民生活水平显著改善，经济建设、社会建设和国家治理日益现代化。正如现代世界史教授乔・科尔顿和劳埃德・克莱默所言：中国为 20 世纪最后几十年以来的世界树立了经济大发展和现代化的光辉典范。中国已经毫无疑问地成为我们所讨论的“现代世界历史”中的一个主要影响力量。

（二）新发展理念对现代化建设规律的科学把握

现代化的理念是现代化实践的核心引领。理论源于实践，又用于指导实践，理论指引往往决定了一种现代化道路的生命力与走向。历史已经证明，西方的现代化模式并不具有普适性。习近平总书记指出：“一些发展中国家照搬西方政治制度和政党制度模式，结果如何呢？很多国家陷入政治动荡、社会动荡，人民流离失所。”中国现代化建设的成功实践不仅是对“历史终结论”和“社会主义失败论”的有力驳斥，而且为广大发展中国家实现现代化提供了可供借鉴的中国方案和中国经验。中国社会主义现代化进程的稳步推进的关键正在于不盲从某种模式，而是依据科学社会主义的基本原则，将世界现代化的一般规律与中国具体国情结合起来，把走自己的路与走人类文明发展之路、把中国的发展同世界的发展结合起来的结果。正如习近平总书记所强调的，实现中国梦必须走中国道路。这就是中国特色社会主义道路。这条道路来之不易，它是在改革开放40多年的伟大实践中走出来的，是在中华人民共和国成立70多年的持续探索中走出来的，是在对近代以来180多年中华民族发展历程的深刻总结中走出来的。

中国现代化建设的发展历程，是一个不断开拓、不断创新的实践过程，也是一个在实践中不断总结经验、摸索规律、形成理念的认识过程。中国的现代化建设的指导理念并不是一蹴而就的，而是在70余年来中国现代化探索的历程中，特别是在改革开放以来现代化建设的实践中逐渐形成、深化和完善的。改革开放以来，我们党及时总结现代化的生动实践，从唯物史观的基本原理出发，不断推进理论创新，在现代化建设的指导理念上形成了一系列“体现时代性、把握规律性、富于创造性”的理论成果，不仅正确指引了我国现代化建设实践，而且开拓了马克思主义发展理论新境界。改革开放伊始，邓小平同志充分考虑到我国存在的主要矛盾与基本国情，科学回答了“什么是社会主义，怎样建设社会主义”这个根本性的问题，及时将中心工作由“以阶级斗争为纲”转移到经济建设上来，形成了“以经济建设为中心”，“发展才是硬道理”的中国社会主义现代化发展理念。党的十三届四中全会以后，江泽民同志突出“发展是党执政兴国的第一要务”，强调要协调发展物质文明、政治文明、精神文明。党的十六大以后，胡锦涛同志提出科学发展观，进一步强化了发展是首要任务，核心思想是坚持以人为本的发展理念。党的十八大以后，以习近平同志为核心的党中央基于新的发展实践所提出的“新发展理念”，是党对新发展实践感性认识的凝练升华，也是“改革开放三十多年来我国发展经验的集中体现，反映出我们党对我国发展规律的新认识”。

在党的十八大以来成功指导我国现代化建设实践基础上凝练而来的新

发展理念，是习近平新时代中国特色社会主义思想的重大理论创新和实践创新成果，是习近平治国理政思想在发展理念上的总体概括与体现，是顺利开启全面建设社会主义现代化国家新征程的科学指引和重要保证，充分表明了中国共产党对中国特色社会主义建设更加成熟的认识。正如习近平总书记所强调的，新发展理念是“在深刻总结国内外发展经验教训、深入分析国内外发展大势的基础上提出的，集中反映了我们党对我国经济社会发展规律的新认识。按照新发展理念推动我国经济社会发展，是当前和今后一个时期我国发展的总要求和大趋势。”党的十九大报告将“坚持新发展理念”列入新时代坚持和发展中国特色社会主义的十四条基本方略之中，成为党和国家事业发展必须长期坚持和全面贯彻的基本方略。党的十九届六中全会审议通过的《中共中央关于党的百年奋斗重大成就和历史经验的决议》指出：“党中央强调，贯彻新发展理念是关系我国发展全局的一场深刻变革，不能简单以生产总值增长率论英雄，必须实现创新成为第一动力、协调成为内生特点、绿色成为普遍形态、开放成为必由之路、共享成为根本目的的高质量发展，推动经济发展质量变革、效率变革、动力变革。”

进入历史发展的新阶段，中国的现代化建设不再是救亡图存的需要，也不仅仅是自强和赶超的追求，而是以马克思主义为指导，承续五千年中华文明悠久历史，立足中国现代生活的不断拓展，在社会主义制度框架和社会运行结构的不断改革创新中去探索和创造新的现代文明。在开启全面建设社会主义现代化国家新征程之后，“建设什么样的社会主义现代化”，“怎样建设社会主义现代化”将是一个重要的理论和实践课题，这既表达了新时代提出的新要求，又明确了新时代面临的新使命。因此，新发展理念的提出，不仅是为了解决当前中国现代化建设中的主要矛盾和突出问题，同时也是在深刻洞察国内外发展形势和汲取国内外发展经验教训后得出的科学结论，表明中国共产党人对现代化建设规律的认识逐步深化，对全面建设现代化进程将要面临的一系列现实问题有了更深刻的把握，对解决经济、政治、文化、社会、生态等方面问题给出了系统性思路，深刻揭示了实现更高质量、更有效率、更加公平、更可持续发展的必由之路，彰显了科学社会主义的本质要求，必将开辟中国特色社会主义现代化建设的新篇章。

二、新发展理念是中国现代化建设新征程的思想指南

新发展理念是一个逻辑严密的统一整体，是习近平新时代中国特色社会主义思想的重要组成部分，是中国现代化建设新征程的思想指南。新发展理念综合、科学、全面论述了新时代“实现什么样的发展、怎样实现发展”的重大时代命题，理论内涵丰富，思想意蕴深邃，逻辑结构紧密，着眼于新时代的发展动力、方法、路径、机制以及目的等问题，是新时代条件下完成新阶段任务的制胜理论武器。

（一）新发展理念是习近平新时代中国特色社会主义思想的有机组成

新发展理念是习近平新时代中国特色社会主义思想的有机组成，贯穿于习近平新时代中国特色社会主义思想的理论主题、核心内容和基本方略之中，是新阶段实现现代化建设的思想指南。

新发展理念贯穿于习近平新时代中国特色社会主义思想的理论主题。进入新时代，党提出了新的时代主题：坚持和发展怎样的中国特色社会主义，怎样坚持和发展中国特色社会主义。围绕这个主题，对坚持和发展中国特色社会主义的总目标、总任务、总体布局、战略布局、发展方向、发展方式、发展动力、战略步骤、外部条件、政治保证等基本问题进行理论创新，形成了习近平新时代中国特色社会主义思想。新时代坚持和发展中国特色社会主义最根本的要求和任务就是发展，没有发展就没有中国特色社会主义。以习近平同志为核心的党中央深入、系统思考了中国特色社会主义发展过程中存在的风险挑战。为了全面推进社会主义现代化建设，党中央坚持科学规律（人类社会发展规律、社会主义建设规律以及共产党执政规律），结合新时代中国特色社会主义实践，对国家现代化新的征程中的各个方面进行科学统筹，提出了“创新、协调、绿色、开放、共享”的新发展理念。新发展理念具有统一的内在逻辑性，它们之间相辅相成、密不可分，对中国特色社会主义在新时代下的发展起到了战略引导作用。

新发展理念是坚持和发展中国特色社会主义的基本方法。新发展理念适应新时代对党和国家工作的新要求，从方法论的高度对我国社会主义在今后发展的着力点、方向与基本思路进行集中阐述。从 1949 年新中国成立，经过改革开放之后的全力发展，我国的现代化建设已经取得了巨大的

成果。但是，伴随发展而来的问题也不断显现。在新时代条件下，问题的不确定性、叠加性以及关联性不断涌现，既要提高发展效率又要实现社会公正公平；既要对社会的经济体制进行完善，又要促进生态、社会、文化、政治之间的协调合作；既要对内生动力加以增强，又要解决对外开放水平进一步提高的问题；既要将长时间攒积的老旧问题进行解决，又要解决发展中不断涌现的新问题。在诸多问题纷繁复杂、交错纵横的大背景下，中国的发展若想稳定前进，没有科学理论的指引是不可能的。新发展理念，是以发展进程中出现的问题与矛盾为中心提出的基本思路与解决措施，是操作性与战略性的和谐统一；新发展理念是基于“五位一体”的宏观布局作出的决策，又同时集中处理发展中的突出短板与薄弱之处，是全面指导与重点突出的和谐统一；新发展理念是对经济发展新常态的主动适应与引领，并且鉴于全球发展大背景，参照其他国家成功的发展经验，体现了发展共性与自身的特性，是全球眼光与国内状况的和谐统一。新发展理念对当今世界与中国的观察视野非常广阔，对全球形势作出了科学的判断，对发展要求进行了精准把握，制定了一套系统、完整的发展战略，覆盖了发展目标、发展关系、发展动力以及发展要求等多个方面，确定了科学性更高的发展方式促进发展，为我国社会主义建设取得更好的发展成果提供了指导。

新发展理念是基本方略的重要组成部分。新发展理念作为具体的实践要求，在基本方略中处于核心位置。习近平新时代中国特色社会主义基本方略中明确提出，坚持新发展理念。发展是解决我国一切问题的基础和关键，发展必须是科学发展，必须坚定不移贯彻创新、协调、绿色、开放、共享的发展理念。缺失新发展理念，基本方略就失去了灵魂；离开新发展理念的指导，坚持和发展中国特色社会主义就会落空。着力为发展提供强劲动力，是创新的切入点，对发展机制进行创新，对我国的发展进行引领；发展不平衡的问题是协调中的主要着眼点，将发展矛盾通过协调来进行处理，维持发展的健康与稳定；人与自然的和谐问题是绿色发展的使命所在，发展要是绿色的，要具备可持续性；而发展过程中的内外联动问题是开放的核心，通过开放对发展格局进行优化，发展空间得以增大；社会的公平正义问题是共享发展要完成的任务，将发展成果进行共享，从而获得更多的支持来促进发展。

（二）新发展理念是相互贯通、相互促进的完整严密的集合体

新发展理念涵盖广泛、意蕴深刻，马克思主义的立场、看法及方法始终贯彻于其中，是一个系统完整、逻辑严密的科学体系，是一个互相贯彻的、协助支持的、契合度较高的发展理念集合体。想要发展必然要做到创新，而要实现可持续的稳定发展就要做到协调，且要想获得永久的发展就需要做到绿色，绿色同时也展现了人民追求美好生活的希望，要想国家获得繁荣发展，就需要施行开放。新发展理念的整体性及关联性，主要表现在下述的四个方面：第一，问题指向的一致性。新发展理念直指重大问题，主要着眼于国家的整体、根本及长远利益，时刻关注中国发展进程中的突出问题、难点问题，深刻回答与当代中国经济社会发展命运相关的关键问题。第二，共同的目标指向性。新发展理念的五个方面的地位各别，但是它们的落脚点和归宿都是指向为人民服务、满足人民美好生活需要。新发展理念的关键导向是人民群众的诉求及期望，较好地展现了党的宗旨及价值。其中前四个方面是方法，服从且服务于共享，共享是目标，共同展现了发展以人民为中心的思想。第三，思维方法关联性。每个发展理念看起来是各自独立的，但是其方法论是有关联的。新发展理念从本体论、方法论及价值论三个层面，呈现了发展哲学价值内在结构的关联性。第四，功能逻辑的整体性。从逻辑角度上来看，五个方面代表的是发展难题，每个都独具针对性，依次回答了发展的革命性、系统性、永续性、联动性及公平性五个方面的问题，其逻辑非常清楚、层层推进。五个方面既有一致的出发点，即始终坚持发展中国特色社会主义事业，尽全力推动全面建成小康社会的完成，也有一致的落脚点，全力解决发展难题，提高发展动力。从功能方面来说，五个方面有较精准的定位，依次与动能、基调、底色、大势及目标密切联系，交相辉映。

（三）新发展理念是中国现代化建设新征程的方向引领

党的十九大报告明确指出，到2020年全面建成小康社会之后，国家将开启全面建设社会主义现代化强国的新征程。“建设什么样的社会主义现代化”“怎样建设社会主义现代化”将是一个重要的理论和实践课题，这既表达了新时代提出的新要求，又明确了新时代面临的新使命；这既是一项艰巨的实践任务，又是一个重大的理论命题。

实现现代化是中国共产党人的不懈追求，为此党领导广大人民进行了

艰辛探索。中国特色社会主义新时代的现代化建设需要在此前的基础上持续推进，不断打牢坚实的基础，助力更高现代化发展水平的实现。新时代中国特色社会主义现代化具有鲜明的历史承接性和脉络延续性，是在新的历史起点上开启现代化建设新阶段的必然选择。长期以来，中国共产党对现代化的探索体现出阶段递进性和继承性，这是中国近现代发展的理论逻辑和实践逻辑的统一。新发展理念是在深刻研判世界现代化发展新趋势后，应答当今中国和世界现代化新情况的思想。从人类进入近代以来，传统现代化的发展理念和发展模式偏重于把经济增长作为首要和根本目标，把物质的积累作为重中之重，而忽视了社会公平、生态环境、人的发展等，造成了社会不公、两极分化，资源枯竭、环境恶化，生态失衡、社会动荡的沉痛代价。在当今的世界现代化阶段，传统现代化发展模式潜能已经消退，需要新的机制和动力，各国都在寻找新的增长点，寻找现代化发展的新动能。如何克服面临的问题，克服国际金融危机的深层影响，提高现代化发展质量和效益，许多国家都积极创新现代化发展理念，提出现代化发展战略，完善现代化发展计划，力争以新的现代化理念和战略赢得发展主动。党的新发展理念是洞悉中国现代化规律，推进新时代建设社会主义现代化强国的指导思想。应答我国现代化发展新形势，实现现代化强国建设，需要开辟现代化建设和发展的新境界。中国要尽快实现现代化建设和发展，就面临在时空压缩的情境下落后国家如何赶超的问题，中国要在发达资本主义国家现代化发展三百多年所走的历程，中国要在几十年内走完，在发达资本主义国家现代化历程中几百年所经历的一系列社会矛盾、生态矛盾等，在中国现代化建设几十年就聚集性凸显，因此如何避免这些不足，利用现代化的文明成果，更快地促进中国发展，使中国赶超发达国家，成为当代我们亟须解决的根本问题。自改革开放以来，我国用几十年时间走完了西方发达国家现代化几百年走过的现代化发展历程，中国现代化在全面建成小康社会的基础上，开启了由基本实现现代化到全面建成社会主义现代化强国的新的伟大征程。

我国现代化建设和发展取得非凡成就，但我国处于并将长期处于社会主义初级阶段的基本国情没有变，世界最大发展中国家的国际地位没有变。然而，我国社会的主要矛盾的内容、承载和方向均已发生变化，从人民日益增长的物质文化需要同落后的社会生产之间的矛盾转化为人民日益增长的美好生活需要和不平衡不充分的发展之间的矛盾。我国业已由全面建成小康社会到基本实现现代化，再到全面建成社会主义现代化强国的阶段。因此，我国现代化建设和发展呈现出动能需要转化、发展质量需要提高、结构需要优化、补齐短板需要突破等新特点和新特征。我们还要清醒地看到我国现代化还存在着发展方式粗放、发展不平衡不充分、发展质量效益不高、创新不强、民生短板较多、区域发展收入分配差距较大、社会矛盾和问题交织叠加等问题。回答和解答这些问题，需要坚持新发展理念，需要坚持问题导向，立足现实基础和实践需要，倾听时代强音，以当下主要工作为中心，推进中国社会主义现代化强国建设。

三、新发展理念是中国现代化本质特征的集中彰显

中国现代化的本质是社会主义现代化道路，社会主义制度赋予中国现代化特有属性，决定了中国现代化道路是一条不同于西方现代化之路的新式现代化道路。中国现代化价值目标的集中体现就是新发展理念。可以说，新发展理念是基于中国国情、扎根中国大地、符合中国国情的发展理念，是超越资本主义现代化模式的新理念。

（一）以人本逻辑超越资本逻辑

所谓资本逻辑，即资本本性的逻辑展开，是资本在价值增值活动中展现出来的内在联系、运行规律和发展趋势。资本逻辑的一般特征就是资本本身对价值增值的不懈追求，在追求过程中，展现了理性和非理性的双重特征，即个体追求利润最大化理性和整个社会陷入无序非理性的统一，最终导致资本主义社会陷入经济危机无法自拔。新发展理念是社会主义的发展理念，其发展立场、发展目标等都具有强烈的社会属性。首先，新发展理念强调要突出资本的手段工具性。资本主义生产关系决定了其生产目的是实现价值的增值，也就是获得更多利润，并转化为资本。从这一逻辑中，我们清楚发现资本主义生产关系始于资本、终于资本，资本既是手段、更是目的。在资本主义生产关系中，劳动异化日益成为社会普遍现象，劳动者从属于资本家，人民被资本统治，资本权利高于人民权利，社会被资本奴役、社会贫富分化日益严重。而在新发展理念中发展的立场是为了广大人民，发展目标是实现共享发展，让人人拥有人生出彩的机会，

共同享受社会发展成果。在这里资本是手段、不是目的，资本在与劳动者权益相悖之时，通过有效措施制度制约资本的野蛮无序发展，实现全社会的和谐有序。其次，新发展理念强调对资本保持警惕性。我国初级阶段的基本国情决定了我们党必须要把经济建设作为中心工作，资本是经济建设的血液，具有调配、刺激和推动社会生产的重要作用，是实现经济快速增长的倍增器，新发展理念是指导我国经济社会发展的思想理念，“创新、协调、绿色、开放、共享”等原则，都只有在充分利用资本的基础上方能实现。同时，我们看到，我国特有的发展历史、意识形态、民族心理决定了我国政府在当前社会发展中始终会对资本保持高度警惕，这种警惕体现在各种社会活动中。我国各项制度虽然承认资本的合法性，但是特有的意识形态让各级政府和群众对资本的发展保持高度警惕，防止其脱缰、失去控制、危害社会。最后，新发展理念强调对资本的驾驭控制性。资本是现代化建设必不可少的生产要素，但是资本的负面效应还不可避免地带来一些负面影响。比如说激烈竞争形成的贫富分化和发展不平衡、拜金主义社会思潮、垄断集团的产生、现代环境污染等影响。这些问题在当今资本主义国家都十分凸显。我国是社会主义国家，通过协调发展理念破解发展资本带来的发展不平衡的弊端，通过绿色发展解决公共污染问题，通过共享发展破解贫富差距问题，等等，从而限制资本的盲目性、侵蚀性和扩张性，避免经济危机、社会危机、生态危机的爆发。总的来看，新发展理念强调发展要以民为本，推进现代化、发展经济的根本目的在于不断满足人民对美好生活的向往，从而超越西方社会发展中存在的资本逻辑。

（二）以人类命运共同体的理念超越扩张攫取的丛林法则

构建人类命运共同体是我们党致力于全球治理的中国方案和中国智慧，这一理念处处闪耀着新发展理念的光芒。比如从创新发展的角度来看，人类命运共同体理念的提出本身就是一个重大创新，其具体的构建需要依托科技创新、人才创新以及方方面面的政策制度创新才能实施。从协调发展的角度来看，人类命运共同体理念要求加强南南合作、促进南北对话，缩小发展中国家和发达国家的差距。从绿色发展角度来看，人类命运共同体理念要求各国加强全球生态治理，维护全球生态安全。从开放发展角度来看，人类命运共同体理念要求克服全球化恐惧症，勇于做经济全球化的积极倡导者和自觉推动者。从共享发展角度来看，人类命运共同体理念要求所有国家和人民在发展中拥有获得感和幸福感。总之，人类命运共同体理念是新发展理念的重要体现，也是新发展理念的题中之义。现有现代化国家都实行资本主义制度，以市场经济为体制，奉行以平等、主权为基础的国际关系准则。这一准则之下，很容易陷入霍布斯意义上的“丛林假定”，即物竞天择、优胜劣汰、弱肉强食、赢者通吃。资本主义国家各个经济组织以大欺小、恃强凌弱，总是妄想通吃天下。以美国为例，近年来其在世界市场坚持“零和思维”的单边主义，弱肉强食，采取贸易霸凌，损人利己。资本主义“丛林法则”使得资本之间陷入恶性竞争，企业只着眼于短期利益，忽视长期发展，整个国家陷入无序发展状态并最终走向萧条、陷入经济危机。2008年世界金融危机后，以美国为代表的西方国家经济社会发展缓慢、贫富差距拉大、社会矛盾突出、社会日益分化就是一个典型例子。我国是社会主义国家，在国际发展问题上奉行相互尊重、平等合作、互利共赢的理念，旗帜鲜明反对以邻为壑、损人利己。这一理念落实到具体行动，就是奉行以人类命运共同体的理念、以更加阳光的合作心态促进人类文明进步，瓦解“所有人反对所有人”的“黑暗森林”，构建“所有人需要所有人”的“阳光花园”，走出一条“以合作取代对抗，以共赢取代独占”的发展之路。

（三）以社会全面进步取代片面追求经济增长

马克思主义认为，任何一个社会形态，都是一定的经济的、政治的和思想文化的统一体。在现代社会中，政治建设、经济建设、文化建设、社会建设、生态文明建设更是一个有机整体，它们之间相互包含、相互融合、相互作用、相互促进，缺一不可。我们在发展中要坚持这一有机整体的全面推进、协调发展，才能形成经济富裕、政治民主、文化繁荣、社会公平、生态良好的发展格局，最终实现社会全面进步。很长一段时间以来，我们没有把发展和增长两个概念严格区分开来，错误地以为发展就是要实现单纯的经济增长问题，这一思想的最大危害就在于用经济增长代替社会全面发展的尺度，忽视政治上层建筑对于经济社会发展的强大反作用，背离了人的全面发展要求，忽视了发展的永续性。在这一理念的影响下，不可避免带来各地过分追求“GDP”的问题，造成了在华跨国企业“把利润拿走，把GDP留给中国”的现实，以及“经济高速增长、人民收入增长缓慢”的现象。新发展理念是社会全面进步的发展，是我们党在新发展阶段对“实现什么样的发展、怎样实现发展”这一重大问题的全新认识，是一种区别传统发展理念、区别西方发展学说的全新发展理论，是党的发展理论与时俱进变化与调整的新体系。创新、协调、绿色、开放、共享的新发展理念，回答了关于新时代中国发展的一系列理论与实践问题。新时代中国发展的目的，就是通过创新发展、协调发展、绿色发展、开放发展、共享发展满足人民群众日益增长的美好生活需要。新时代中国发展的动力，就是作为第一动力的创新以及蕴含于协调发展、绿色发展、开放发展、共享发展的各种动力的合力。新时代中国发展的方式，就是建基于创新发展、协调发展、绿色发展、开放发展、共享发展的高质量发展方式。新时代中国的发展路径，就是以高质量发展为支撑的内涵集约高效可持续的发展道路。从领域上看，新发展理念覆盖政治建设、经济建设、文化建设、社会建设、生态文明建设、外交建设、国防和军队建设、党的建设等，是致力全领域全行业的共同发展，绝不是单单局限于追求经济的高速增长。新发展理念，把整个社会发展看作一个整体，从全局上把握发展方向、调整发展布局、开拓发展思路、聚焦发展目标，是中国现代化之路优势的体现。

第五章　新发展理念的魂和根——以人民为中心

新发展理念是一个系统的理论体系，回答了关于发展的目的、动力、方式、路径等一系列理论和实践问题，阐明了我们党关于发展的政治立场、价值导向、发展模式、发展道路等重大政治问题。“十四五”规划和2035年远景目标纲要将“坚持新发展理念”作为“十四五”时期经济社会发展必须遵循的一条原则。

新发展理念是以人民为中心的发展思想。党的十八大以来，习近平总书记多次强调“人民对美好生活的向往就是我们的奋斗目标”，这一目标也是我们党谋划发展、贯彻新发展理念的出发点和落脚点。坚持以人民为中心的新发展理念也是党的十九大确立的新时代坚持和发展中国特色社会主义的基本方略之一，是全面践行党的根本宗旨的必然要求，也是新时代坚持中国特色社会主义的制胜法宝。中国共产党从成立之初的50多名党员，到现在的9 670多万党员，最根本的宗旨是一切为了人民。习近平总书记在2019年的新年贺词中指出：“人民是共和国的坚实根基，人民是我们执政的最大底气。”①

坚持以人民为中心的新发展理念，不断实现好、维护好、发展好最广大人民根本利益，落脚点就是人民是否得到实惠，人民的生活是否得到改善。党的十八大以来，坚持党要管党，坚持全面从严治党取得重大成果，就是着力解决了人民利益得到保障的问题。

坚持以人民为中心的新发展理念，还体现在党的十九大上习近平总书记的“不忘初心，牢记使命”的号召，要坚持人民主体地位，顺应人民群众对美好生活的向往，做到发展为了人民、发展依靠人民、发展成果由人民共享。党的一切工作都要以最广大人民的根本利益为出发点，正如党的十九大报告指出的：“必须坚持人民主体地位，坚持立党为公、执政为民，

---

① 《国家主席习近平发表二〇一九年新年贺词》，《人民日报》2019年1月1日，第1版。

践行全心全意为人民服务的根本宗旨。”① 要在不断加强和改进民生、切实提高执政为民的能力水平、有效维护社会公平正义的前提下，确保“幼有所育、学有所教、劳有所得、病有所医、老有所养、住有所居、弱有所扶”②，不断增强人民群众的获得感和幸福感，从而推进人类社会不断前进。

一、创新发展理念中“以人民为中心”的思想

将创新上升为发展理念，并置于新发展理念之首，是党在新时代的一项重要理论发展，提出“创新是引领发展的第一动力”论断，为新时代全面深化改革，增进人民福祉提供了科学的世界观和方法论指导，具有重大理论和现实意义。

创新发展注重的是解决发展动力问题。我国创新能力不强，科技发展水平总体不高，科技对经济社会发展的支撑能力不足，科技对经济增长的贡献率远低于发达国家水平，这是我国这个经济大个头的“阿喀琉斯之踵”。新一轮科技革命带来的是更加激烈的科技竞争，如果科技创新搞不上去，发展动力就不可能实现转换，我们在全球经济竞争中就会处于下风。为此，我们必须把创新作为引领发展的第一动力，把人才作为支撑发展的第一资源，把创新摆在国家发展全局的核心位置，不断推进理论创新、制度创新、科技创新、文化创新等各方面创新，让创新贯穿党和国家一切工作，让创新在全社会蔚然成风。

（一）注重发挥人民首创精神

首创精神是一种积极主动的突破陈旧观点，创造性进行思想和实践的精神，深刻地体现在社会、科学、思想、理论等各个方面，其核心要素是人。党的十八大报告指出：“中国特色社会主义是亿万人民自己的事业。要发挥人民主人翁精神，坚持依法治国这个党领导人民治理国家的基本方略，最广泛地动员和组织人民依法管理国家事务和社会事务、管理经济和文化事业、积极投身社会主义现代化建设，更好保障人民权益，更好保证

① 习近平：《决胜全面建成小康社会 夺取新时代中国特色社会主义伟大胜利——在中国共产党第十九次全国代表大会上的报告》，《人民日报》2017 年 10 月 19 日，第 1 版。

② 同上。

人民当家作主。”[①] 人民群众是真正的英雄，人民群众中蕴藏着巨大的智慧和创造力。坚定不移地沿着中国特色社会主义道路前进，就必须坚定不移地贯彻党的群众路线，最大限度地调动和发挥人民群众的主动性、积极性和创造性，高度凝聚民智民力。充分尊重群众的首创精神，善于总结群众创造的新鲜经验，用以指导实践工作。实践证明，凡是成功的政策，都来自群众的创造，来自群众经验的提升。当今世界，科学发展日新月异，思想文化交流相互激荡，综合国力竞争日趋激烈。我国的改革和发展的任务更加紧迫和繁重，面对前进中的新情况、新问题，要不断探索新思路、新举措、新方法。坚持问政于民、问需于民、问计于民，从人民伟大实践中汲取智慧和力量。坚持实干富民、实干兴邦，敢于开拓、勇于担当，多干让人民满意的好事实事。只有这样，我们才能战胜和解决前进中的一切困难和问题，把我们伟大的事业推向前进。

（二）坚持以人民为中心的宗旨意识

“十三五”规划期间，我国的经济发展进入新常态，经济发展模式的形态更高级、分工更优化、结构更合理，呈现出动力转换等重要特点。新发展理念将创新置于首位，突出强调了创新在新常态下经济发展中的核心位置，适应了当前经济发展的高水平要求。而要保障创新的健康有效发展，就必须坚持以人民为中心，做到创新依靠人民、创新来自人民，使人民成为创新活动的推动力量。在此基础上坚持创新为了人民，以提高人民生活幸福指数、增进人民福祉为目标。

以人民为中心的发展思想，不是一个抽象的、玄奥的概念，不能只停留在口头上、止步于思想环节，而要体现在经济社会发展各个环节。要坚持人民主体地位，顺应人民群众对美好生活的向往，不断实现好、维护好、发展好最广大人民根本利益，做到发展为了人民、发展依靠人民、发展成果由人民共享。要通过深化改革、创新驱动，提高经济发展质量和效益，生产出更多更好的物质精神产品，不断满足人民日益增长的物质文化需要。要全面调动人的积极性、主动性、创造性，为各行业各方面的劳动者、企业家、创新人才、各级干部创造发挥作用的舞台和环境。要坚持社会主义基本经济制度和分配制度，调整收入分配格局，完善以税收、社会

---

① 《坚定不移沿着中国特色社会主义道路前进 为全面建成小康社会而奋斗》，《人民日报》2012年11月18日，第1版。

保障、转移支付等为主要手段的再分配调节机制，维护社会公平正义，解决好收入差距问题，使发展成果更多更公平惠及全体人民[①]。

（三）始终坚持科技创新为民

习近平总书记强调，“科技创新是提高社会生产力和综合国力的战略支撑，必须把科技创新摆在国家发展全局的核心位置”[②]，“要把满足人民对美好生活的向往作为科技创新的落脚点，把惠民、利民、富民、改善民生作为科技创新的重要方向”[③]。

科技创新最终是为了人民。从某种程度上说，科学技术是一把“双刃剑”，因为它既能通过促进经济和社会发展造福人类，同时也可能在一定条件下给人类的生存和发展带来消极后果。若科技发展长期仅仅聚焦于推动经济增长、升级产业结构、创造个人财富，以市场、效率等为驱动的技术变革就有可能会越来越强烈地冲击人类社会的价值体系，甚至脱离伦理、道德的约束，造成人的价值观被不断扭曲、弱势群体的基本权益被不断蚕食的危险局面。因此，确立科技服务人民的目标，坚持科技惠民，坚持科技发展始终维护最广大人民的根本利益，使科技成果更多更公平惠及全体人民，是确保科技事业始终服务于人的全面发展以及人类社会可持续发展的前提。

科技创新的根本动力来自人民。习近平总书记深刻指出：“中国人民是具有伟大创造精神的人民。”在几千年历史长河中，中国人民始终辛勤劳作、发明创造。我国发明了造纸术、火药、印刷术、指南针等深刻影响人类文明进程的伟大科技成果。今天，中国人民的创造精神正在前所未有地迸发出来，推动我国日新月异向前发展。如果人民的创新智慧、能力和潜力得不到挖掘，科技创新就将成为无源之水。紧紧依靠人民，充分发挥人民在科技事业中的主体作用，尊重人民首创精神，为了人民干事创业，依靠人民干事创业，是科技创新坚持以人民为中心的重要体现[④]。

---

① 习近平：《在省部级主要领导干部学习贯彻党的十八届五中全会精神专题研讨班上的讲话》，人民出版社，2016，第24-25页。

② 《坚持走中国特色自主创新道路 不断在攻坚克难中追求卓越》，《人民日报》2014年1月7日，第1版。

③ 《瞄准世界科技前沿引领科技发展方向 抢占先机迎难而上建设世界科技强国》，《人民日报》2018年5月29日，第1版。

④ 北京市习近平新时代中国特色社会主义思想研究中心：《科技创新要坚持以人民为中心》，《经济日报》2019年5月28日，第16版。

二、协调发展理念中“以人民为中心”的思想

协调发展注重的是解决发展不平衡问题。我国发展不平衡是一个长期存在的问题，突出表现在区域、城乡、经济和社会、物质文明和精神文明、经济建设和国防建设等关系上。在经济发展水平落后的情况下，一段时间的主要任务是要跑得快，但跑过一定路程后，就要注意调整关系，注重发展的整体效能，否则“木桶效应”就会愈加显现，一系列社会矛盾会不断加深。为此，我们必须牢牢把握中国特色社会主义事业总体布局，正确处理发展中的重大关系，不断增强发展整体性。

坚持协调发展，是为了正确认识和处理我国在改革过程中存在的一系列复杂的多方互动关系。现如今，我国在经济社会发展速度、方式等方面作出了战略性的调整，一些发展上的不协调现象不断出现。

实现城乡、区域的协调发展成为全面建成小康社会战略目标的中心任务。因此，贯彻协调发展理念，将其作为实现平衡发展、充分发展、全面发展的总抓手，对于解决新时代新矛盾具有重要意义。

（一）促进各区域协同发展

协同发展理念是为了解决发展不平衡、不充分、不全面的问题提出的方法论。“十三五”规划提出了能够促进各地区协调发展的相关政策。“一带一路”倡议的实施，能够使我国区域协同发展战略与对外开放政策形成更加紧密的联系，使得国内沿线城市具备了更大的发展潜力；京津冀协同发展战略的实施，能够发挥城市群的联动作用，以实现资源的整合及优化；依托黄金水道形成的长江经济带，能够使经济增长空间不平衡的问题得到改善，缩小地区间发展差距。区域协调发展三大战略紧扣“人”这一核心，坚持以人民为中心，以人民生活水平大体相当为基本标准，推动各地区依靠主体优势实现准确的定位发展，促进人口及资源相对均衡，进而实现各区域协同发展。

（二）推进以人为核心的新型城镇化

习近平总书记提出“以人的城镇化为核心”“坚持人民城市为人民”等理念，体现了以人民为中心的发展思想。以人为核心的新型城镇化，是党的十八大以来党中央提出的城镇化战略新理念，既有高屋建瓴的理论高

度，也更适应我国的现实国情。

推进以人为核心的新型城镇化建设，要在更深层次上认识城镇化的规律以及城镇化与其他经济社会发展领域的关系，其关键就在于是否立足于以人民为中心。只有以人民为中心、顺应发展规律的城镇化，才能提高发展的共享性和可持续性。

推进以人为核心的新型城镇化建设，应当通过深化户籍制度等关键领域的改革，推动以基本公共服务均等化为中心内容的农民工市民化。一方面，要推进城乡基本公共服务均等化，继续把新增公共资源向农村倾斜，提高农村居民享受基本公共服务的水平，让进城农民工及其家庭真正融入城市，享受同等的社会保障、义务教育、保障性住房等基本公共服务。另一方面，要着力提高户籍人口城镇化率，通过户籍制度改革实现农民工市民化，这是推进基本公共服务均等化的最有效手段和最终体现。

（三）推动城乡同步平衡发展

习近平总书记指出："推进城乡发展一体化，是工业化、城镇化、农业现代化发展到一定阶段的必然要求，是国家现代化的重要标志。"① 这深刻揭示了城市与农村发展的本质和必然联系。推进城乡发展一体化，就是把城市和农村作为一个有机整体，促进城乡生产要素平等交换和公共资源均衡配置，推动城乡统筹协调和共同发展的过程，它不是权宜之计，而是战略之举。

习近平总书记强调："当前，我国经济实力和综合国力显著增强，具备了支撑城乡发展一体化物质技术条件，到了工业反哺农业、城市支持农村的发展阶段。"② 在经济发展新常态下，推进城乡发展一体化，既是增长的动力，又是发展的机遇。

推进城乡发展一体化符合保持经济持续健康发展的政策取向。当前，世界经济复苏乏力，外需很难有大的改善，国内经济面临下行压力。在这种情况下，必须进一步扩大国内需求，发挥消费的基础作用和投资的关键作用。投资的重点、消费的热点在哪里？增加农村投资、拉动农村消费，无疑是经济新常态下稳增长、调结构、转方式的必然选择，将极大激发农

---

① 习近平：《健全城乡发展一体化体制机制 让广大农民共享改革发展成果》，《人民日报》2015年5月2日，第1版。

② 同上。

村投资潜力，开拓农村市场空间，带动产业升级换代，进而推动我国保持经济中高速增长。

推进城乡发展一体化符合高效配置利用资源的改革导向。着眼于城乡一体的更大空间来高效配置资源、整合资源和利用资源，既是发展的要求，又是改革的导向。长期以来，城乡二元结构妨碍了城乡资源平等交换和优化配置。这既是城乡发展面临的一个突出问题，又是深化改革必须突破的一个关键环节。推进城乡发展一体化，已成为突破制约我国发展的体制机制障碍的重要着力点。改革既为城乡发展一体化提供动力，又为城乡发展一体化创造机遇。当前面临的城乡二元结构瓶颈、政策制约和发展难题，都将随着改革的推进而逐步破解。

推进城乡发展一体化符合经济结构调整升级的发展走向。在经济发展新常态下，投资与消费结构、内外需结构、区域结构、收入分配结构以及经济发展动力结构都需要进行深入调整。推进城乡发展一体化，不仅可以为这些方面的结构调整提供更大回旋空间、强大动力支持，而且可以健全相关体制机制。可以说，推进城乡发展一体化，既是经济结构调整升级的基础支撑，也是引领经济结构调整升级的重要举措，将有力推动我国经济转型升级。

三、绿色发展理念中“以人民为中心”的思想

绿色发展注重的是解决人与自然和谐问题。绿色循环低碳发展，是当今时代科技革命和产业变革的方向，是最有前途的发展领域，我国在这方面的潜力相当大，可以形成很多新的经济增长点。我国资源约束趋紧、环境污染严重、生态系统退化的问题十分严峻，人民群众对清新空气、干净饮水、安全食品、优美环境的要求越来越强烈。为此，我们必须坚持节约资源和保护环境的基本国策，坚定走生产发展、生活富裕、生态良好的文明发展道路，加快建设资源节约型、环境友好型社会，推进美丽中国建设，为全球生态安全作出新贡献。

（一）绿色发展是建设社会主义现代化强国的必然要求

“两个一百年”奋斗目标作出了新的战略部署，把建成富强民主文明和谐美丽的社会主义现代化强国作为全党全国人民的奋斗目标。我们党首

次将“美丽”纳入了建成社会主义现代化强国的目标内容，对于提高我国生态文明水平，推进人与自然和谐共生的现代化建设，具有重要意义。“绿水青山就是金山银山”[①]“像对待生命一样对待生态环境”[②]等重要论断，也深刻地体现着生态文明与物质文明之间统一、协调、共生的关系。

（二）绿色发展能够满足人民日益增长的美好生态环境需求

随着物质生活水平的提高，人们期待享受更好的生态红利。供给侧结构性改革的实施在一定程度上满足了人民更高水平的生态需求，增加了优质生态产品和生态质量的有效供给，使绿色消费向具有资源节约、环境改善作用的商品和服务方向拓展。从供给侧的视角来看，物质供给具备了更环保、更低碳、更循环、更绿色、更便利的特点。当前，绿色发展理念已经深入人心，这样的生态观已经形成了一定范围内的价值共识和价值追求，这是功在当代、利在千秋的战略，深刻体现了中国共产党以人民为中心的坚定立场，体现了为人民谋幸福、为民族谋发展的初心和使命。

（三）良好生态环境是最普惠的民生福祉

“环境就是民生，青山就是美丽，蓝天也是幸福”[③]。发展经济是为了民生，保护生态环境同样也是为了民生。党的十八大以来，习近平总书记在众多场合多次强调环境保护在民生事业中不可或缺的地位，充分体现了以习近平同志为核心的党中央的人民情怀。

良好生态环境是最公平的公共产品，是最普惠的民生福祉。这一理念源自我们党全心全意为人民服务的根本宗旨。在我们党100年的奋斗历程中，改善民生、造福人民始终是目标追求。习近平总书记强调，生态环境是关系党的使命宗旨的重大政治问题，也是关系民生的重大社会问题。坚定走生产发展、生活富裕、生态良好的文明发展道路，建设美丽中国，提供更多优质生态产品以满足人民日益增长的优美生态环境需要，是新时代我们党始终把人民放在心中最高位置，始终全心全意为人民服务，始终为人民利益和幸福而不懈奋斗的必然选择。

“民之所好好之，民之所恶恶之。”重视生态环境保护，还源自广大人

---

① 时任浙江省委书记习近平于2005年8月在浙江湖州安吉考察时提出的科学论断。

② 《习近平出席二〇一九年中国北京世界园艺博览会开幕式并发表重要讲话》，《人民日报》2019年4月29日，第1版。

③ 习近平：《推动我国生态文明建设迈上新台阶》，《求是》2019年第3期。

民群众对改善生态环境质量的热切期盼。改革开放以来，我国经济社会发展和人民生活水平不断提高，人民群众总体幸福指数得到大幅提升，但生态环境等问题也开始凸显。特别是中国特色社会主义进入新时代，人民美好生活需要日益广泛，老百姓过去“盼温饱”，现在“盼环保”，过去“求生存”，现在“求生态”。当前，生态环境问题已经成为全面建成小康社会的突出短板，扭转环境恶化、提高环境质量是广大人民群众的热切期盼。大力推进生态文明建设，提供更多优质生态产品，就是在积极回应人民群众的所想、所盼和所急。

有利于百姓的事再小也要做，危害百姓的事再小也要除。加强生态文明建设，必须把解决突出生态环境问题作为民生优先领域。习近平总书记在参加十三届全国人大二次会议内蒙古代表团审议时强调：“解决好人民群众反映强烈的突出环境问题，既是改善环境民生的迫切需要，也是加强生态文明建设的当务之急。”① 当前，重污染天气、黑臭水体、垃圾围城、农村环境等问题已成为民心之痛，严重影响人民群众生产生活，必须下大气力解决好这些问题。我们要严格管控生态保护红线，推进城镇留白增绿，使老百姓享有惬意生活休闲空间；集中优势兵力，动员各方力量，一个战役一个战役打，打一场污染防治攻坚的人民战争。

习近平总书记指出：“每个人都是生态环境的保护者、建设者、受益者，没有哪个人是旁观者、局外人、批评家，谁也不能只说不做、置身事外。”② 加强生态文明建设，就要把建设美丽中国转化为全体人民自觉行动。目前，一些人的思想观念仍然停留在传统工业文明时代，在对待人与自然的关系上，把自然作为人认识、作用、改造甚至征服的对象。对此，我们要尽快建立生态意识教育和宣传两大体系，全面提高公众生态意识，在全社会牢固树立生态文明观念；开展全民绿色行动，动员全社会都以实际行动减少能源资源消耗和污染排放，为生态环境保护作出贡献。

四、开放发展理念中“以人民为中心”的思想

开放发展注重的是解决发展内外联动问题。国际经济合作和竞争局面

---

① 保持加强生态文明建设的战略定力 守护好祖国北疆这道亮丽风景线，《人民日报》2019 年 3 月 6 日，第 1 版。

② 习近平：《推动我国生态文明建设迈上新台阶》，《求是》2019 年第 3 期。

正在发生深刻变化，全球经济治理体系和规则正在面临重大调整，引进来、走出去在深度、广度、节奏上都是过去所不可比拟的，应对外部经济风险、维护国家经济安全的压力也是过去所不能比拟的。

现在的问题不是要不要对外开放，而是如何提高对外开放的质量和发展的内外联动性。我国对外开放水平总体上还不够高，用好国际国内两个市场、两种资源的能力还不够强，应对国际经贸摩擦、争取国际经济话语权的能力还比较弱，运用国际经贸规则的本领也不够强，需要加快弥补。为此，我们必须坚持对外开放的基本国策，奉行互利共赢的开放战略，深化人文交流，完善对外开放区域布局、对外贸易布局、投资布局，形成对外开放新体制，发展更高层次的开放型经济，以扩大开放带动创新、推动改革、促进发展。"一带一路"建设是扩大开放的重大战略举措和经济外交的顶层设计，要找准突破口，以点带面、串点成线，步步为营、久久为功。要推动全球经济治理体系改革完善，引导全球经济议程，维护多边贸易体制，加快实施自由贸易区战略，积极承担与我国能力和地位相适应的国际责任和义务。

（一）坚持全方位深层次的开放

"改革开放40年的实践启示我们：开放带来进步，封闭必然落后。"①在庆祝改革开放40周年大会上，习近平总书记再次强调坚持对外开放的基本国策。站在新的历史起点上，中国坚定顺应经济全球化潮流，将对外开放向更高标准、更深层次、更宽领域推进。

从国际范围来看，没有哪个国家是关起门来搞现代化建设的。发展离不开人力、资本和技术等生产要素；但是，当今世界没有任何一个国家能够掌握自己经济发展所需要的全部资源和技术，也不可能不讲效率地生产自己所需要的一切。通过开放，取天下之长，补一己之短，对任何国家都不是权宜之计。正如马克思所说："过去那种地方的和民族的自给自足和闭关自守状态，被各民族的各方面的互相往来和各方面的互相依赖所代替了。"②

正是由于坚持打开国门搞建设，坚持放眼世界来发展中国，40年来我

① 习近平：《在庆祝改革开放40周年大会上的讲话》，《人民日报》2018年12月19日，第2版。

② 中共中央马克思恩格斯列宁斯大林编译局编译《马克思恩格斯文集》第2卷，北京：人民出版社，2009，第35页。

国持续快速发展才有了强劲动力。今天，中国成为世界经济增长的重要引擎，中国国内生产总值占世界生产总值的比重由改革开放之初的 1.8% 上升到 15.2%，多年来对世界经济增长贡献率超过 30%。中国更成为多边贸易体系的坚定支持者，成为国际公共产品的提供者。中国正以负责任大国的担当，积极为国际秩序更加公正、完善而努力，向全世界展现了具有中国特色对外开放之路的魅力。

中国的对外开放，具有鲜明的特色，既是中国的主动作为，更是在与世界各国共同分享发展机遇。从设立经济特区、加入世界贸易组织，到"一带一路"倡议、持续放宽市场准入，再到举办首届中国国际进口博览会、建设自由贸易港，都是主动而为，目的是在实现自身发展的同时，让世界各国搭乘中国发展的快车，正如习近平总书记强调的："我们要坚持对外开放的基本国策不动摇，不封闭、不僵化，打开大门搞建设、办事业。""我们要坚持从我国实际出发，坚定不移走自己的路，同时我们要树立世界眼光，更好把国内发展与对外开放统一起来，把中国发展与世界发展联系起来。"①

当今世界正经历新一轮大发展、大变革、大调整，存在增长动能不足、治理滞后、发展失衡、公平赤字、保护主义等日益突出的问题，国际经济规则也面临重构，国际经济治理体系亟待完善。中国经济发展进入增速换挡、结构优化、动力转换的新常态，调整经济结构、转变经济发展方式的任务更为迫切，这些都对中国对外开放提出了更高的要求。为此，中国作出了推动形成全面开放新格局的部署。在国际上，中国力推"一带一路"倡议和贸易投资自由化便利化；在国内，中国主动推出了一系列扩大开放的举措，包括全面取消非行政许可审批、全面改革工商登记、大幅度放宽市场准入等。中国的开放，也日益由商品和要素流动型开放向规则等制度型开放转变。

"中国开放的大门不会关闭，只会越开越大！"可以期待，中国必将以更高标准、更深层次、更宽领域的对外开放，推动构建公正、合理、透明的国际经贸规则体系，与各国共享机遇、共同发展，开创更加美好的发展前景。

① 《习近平总书记谈开放》，《人民日报》，2016 年 3 月 3 日第 13 版。

（二）开放发展理念体现中国智慧

经济全球化如今已是不可阻挡的历史潮流，中国坚持开放发展理念，为经济全球化深入发展作出了巨大贡献，中国声音、中国方案、中国智慧正在成为国际共识。亚投行等新型多边金融机构的成立，为世界经济注入了新鲜血液；在经济全球化的背景下，人类命运共同体的提出将联合国宪章宗旨和当代全球治理相结合，为实现人类和平与发展作出中国贡献；顺应经济全球化趋势而提出的“一带一路”倡议，为发展开放型世界经济注入了中国力量。

在倡议中基础设施的共建共享、互联互通，能够让中国制造、中国标准走向世界；通过广泛开展教育、科技、文化、旅游等领域合作，共享各国资源优势，打造出了更加丰富的合作平台；完善的合作机制，能够推进同沿线国家和地区在多领域中的互联互通、互利共赢、同向同行、务实合作。推进“一带一路”建设，能够为世界经济的可持续发展提供源源不断的动力；坚持以人为本、造福于民的核心理念，能够给沿线各国人民带去福祉。通过“一带一路”倡议，能够实现沿线各国文化以及世界上的各种文明在比较中发展进步，在交流中贯通融合，从而推动中华文化与世界各国文化交相辉映、各放异彩。从而，有助于增强文化自信；有助于提升我国人民对中华文明的高度自觉；有助于我国人民更加清醒地认识到中国文化历史的独立性、优秀性；有助于对中国文化的未来发展抱有坚定的信心。

（三）在更加开放的条件下实现更高质量的发展

习近平总书记在博鳌亚洲论坛 2018 年年会开幕式上指出：“中国 40 年改革开放给人们提供了许多弥足珍贵的启示，其中最重要的一条就是，一个国家、一个民族要振兴，就必须在历史前进的逻辑中前进、在时代发展的潮流中发展。”① 当前，世界正经历百年未有之大变局，新冠疫情全球大流行使这个大变局加速演变，单边主义、保护主义上升，国际格局深刻调整，不稳定不确定因素明显增多。应当看到，经济全球化遇到一些回头浪，但世界决不会退回到相互封闭、彼此分割的状态，开放合作仍然是历史潮流，互利共赢依然是人心所向。当今时代，任何关起门来搞建设的想法，任何拒人于千里之外的做法，任何搞唯我独尊、赢者通吃的企图，都

① 习近平：《开放共创繁荣 创新引领未来》，《人民日报》2018 年 4 月 11 日，第 3 版。

是逆历史潮流而动的！世界经济是一片大海，世界大海大洋都是相通的，任何人企图人为阻碍世界大海大洋相通，都只能是一种不自量力的幻想！我们决不能被逆风和回头浪所阻，要站在历史正确的一边，坚定不移全面扩大开放，推动建设开放型世界经济，推动构建人类命运共同体。

从现在起到本世纪中叶，是我国全面建成社会主义现代化强国的30年，今后一个时期我们将面对更为复杂多变的外部环境。党的十九届五中全会深入分析国际国内形势，准确把握世界大势，对“十四五”时期我国发展作出全面规划，适应新形势新要求提出构建以国内大循环为主体、国内国际双循环相互促进的新发展格局。以国内大循环为主体，绝不是关起门来封闭运行，而是通过发挥内需潜力，使国内市场和国际市场更好联通，更好利用国际国内两个市场、两种资源，更好争取开放发展中的战略主动。面向未来，中国将坚定不移奉行互利共赢的开放战略，全面提高对外开放水平，建设更高水平开放型经济新体制，实施更大范围、更宽领域、更深层次的对外开放，更有效率地实现内外市场联通、要素资源共享，形成国际合作和竞争新优势，既从世界汲取发展动力，也让中国发展更好惠及世界。

五、共享发展理念中“以人民为中心”的思想

共享发展注重的是解决社会公平正义问题。“治天下也，必先公，公则天下平矣。”让广大人民群众共享改革发展成果，是社会主义的本质要求，是社会主义制度优越性的集中体现，是我们党坚持全心全意为人民服务根本宗旨的重要体现。这方面问题解决好了，全体人民推动发展的积极性、主动性、创造性就能充分调动起来，国家发展也才能具有最深厚的伟力。我国经济发展的“蛋糕”不断做大，但分配不公问题比较突出，收入差距、城乡区域公共服务水平差距较大。在共享改革发展成果上，无论是实际情况还是制度设计，都还有不完善的地方。“坚持共享发展，就是要坚持发展为了人民、发展依靠人民、发展成果由人民共享，使全体人民在共建共享发展中有更多获得感，朝着共同富裕方向稳步前进。”① 为此，我们要作出更有效的制度安排，使全体人民朝着共同富裕方向稳步前进，绝

① 习近平：《深化合作伙伴关系 共建亚洲美好家园》，《人民日报》2015年11月8日，第1版。

不能出现“富者累巨万，而贫者食糟糠”的现象。

新发展理念在发展过程中，“共享”发展作为出发点和落脚点明确了科学发展的方向，把握了科学发展的规律，适应了新时代的发展趋势，对于维护社会主义公平正义也具有重要意义。要坚持共享发展，前提是顶层设计，制定更有效的制度安排，真正使共享发展惠及全体人民，增加人民在实现共享发展过程中的参与感、获得感、满足感，从而凝聚成新的发展动力，推动发展向着共同富裕的目标稳步前进。对共享发展，习近平总书记指出要“维护社会公平正义，解决好收入差距问题，使发展成果更多更公平惠及全体人民”。

（一）维护社会公平正义

我们有一千八百万左右的城镇低保人口，对他们而言，要通过完善各项保障制度来保障其基本生活；对一亿三千多万 65 岁以上的老年人，要增加养老服务供给、增强医疗服务的便利性；对二亿多在城镇务工的农民工，要让他们逐步公平享受当地基本公共服务；对上千万在特大城市就业的大学毕业生等其他常住人口，要让他们有适宜的居住条件；对九百多万城镇登记失业人员，要让他们有一门专业技能，实现稳定就业和稳定收入；等等。总之，我们要坚持以人民为中心的发展思想，针对特定人群面临的特定困难，想方设法帮助他们解决实际问题。

（二）解决好收入差距问题

落实共享发展理念，“十四五”时期的任务和措施有很多，归结起来就是两个层面的事。一是充分调动人民群众的积极性、主动性、创造性，举全民之力推进中国特色社会主义事业，不断把“蛋糕”做大。二是把不断做大的“蛋糕”分好，让社会主义制度的优越性得到更充分体现，让人民群众有更多获得感。要扩大中等收入群体，逐步形成橄榄型分配格局。特别要加大对困难群众的帮扶力度，坚决打赢农村贫困人口脱贫攻坚战。落实共享发展是一门大学问，要做好从顶层设计到“最后一公里”落地的工作，在实践中不断取得新成效。

（三）发展成果惠及全体人民

党的十八届五中全会提出的共享发展理念，其内涵主要有四个方面。一是共享是全民共享。这是就共享的覆盖面而言的。共享发展是人人享有、各得其所，不是少数人共享、一部分人共享。二是共享是全面共享。

这是就共享的内容而言的。共享发展就要共享国家经济、政治、文化、社会、生态各方面建设成果，全面保障人民在各方面的合法权益。三是共享是共建共享。这是就共享的实现途径而言的。共建才能共享，共建的过程也是共享的过程。要充分发扬民主，广泛汇聚民智，最大激发民力，形成人人参与、人人尽力、人人都有成就感的生动局面。四是共享是渐进共享。这是就共享发展的推进进程而言的。一口吃不成胖子，共享发展必将有一个从低级到高级、从不均衡到均衡的过程，即使达到很高的水平也会有差别。我们要立足国情、立足经济社会发展水平来思考设计共享政策，既不裹足不前、铢施两较、该花的钱也不花，也不好高骛远、寅吃卯粮、口惠而实不至。这四个方面是相互贯通的，要整体理解和把握。

六、结语

全面建成小康社会，不是一个“数字游戏”或“速度游戏”，而是一个实实在在的目标。在保持经济增长的同时，更重要的是落实以人民为中心的发展思想，想群众之所想、急群众之所急、解群众之所困，在学有所教、劳有所得、病有所医、老有所养、住有所居上持续取得新进展。人民群众关心的问题是什么？是食品安不安全、暖气热不热、雾霾能不能少一点、河湖能不能清一点、垃圾焚烧能不能不有损健康、养老服务顺不顺心、能不能租得起或买得起住房等。相对于增长速度高一点还是低一点，这些问题更受人民群众关注。

未来五年，中国将按照创新、协调、绿色、开放、共享的新发展理念，着力实施创新驱动发展战略，增强经济发展新动力，坚持新型工业化、信息化、城镇化、农业现代化同步发展；加快制造大国向制造强国转变，推动移动互联网、云计算、大数据等技术创新和应用；坚持绿色低碳发展，改善环境质量，建设天蓝、地绿、水清的美丽中国；坚持深度融入全球经济，落实“一带一路”倡议，以服务业为重点放宽外资准入领域，探索推行准入前国民待遇加负面清单的外资管理模式，营造高标准国际营商环境，打造利益共同体；坚持全面保障和改善民生，构建公平公正、共建共享的包容性发展新机制，使发展成果更多更公平惠及全体人民。所有这些，将为中国经济增长提供强大动力，也为世界经济释放出巨大需求，成为新的增长源。近年来，从复兴号高铁到港珠澳大桥，从京津冀协同发展到长江经济带发展，从“一带一路”到自贸区建设，人民生活不断实现新的便利，地区发展差距不断缩小，各项民生指标持续改善，“水清了”“天蓝了”“雾霾少了”日益成为许多民众的切身感受。从根本宗旨把握新发展理念，就是要把握好发展的目的。只有坚持发展为了人民、发展依靠人民、发展成果由人民共享，才会有正确的发展观、现代化观。

在习近平新时代中国特色社会主义思想的指引下、坚持“以人民为中心”的思想，贯彻落实新发展理念，通过一系列政治、经济、社会、文化、生态等发展方略，让人民群众共享改革成果，不断提升人民群众获得感、幸福感，增强人民群众信心、信任、信念、信仰，进一步赢得人民更广泛的信赖与支持，在进行伟大斗争、建设伟大工程、推进伟大事业、实现伟大梦想过程中实现中华民族“强身、塑体、铸魂”，把四个自信转化为推动社会主义事业从一个胜利走向另一个胜利的磅礴伟力，最终胜利建成富强民主文明和谐美丽的社会主义现代化强国，胜利实现中华民族伟大复兴的中国梦。

第六章　改革开放以来社会发展观的发展历程和展望

发展是党执政兴国的第一要务、治国理政的首要问题，也是中国特色社会主义的实践主题。改革开放40多年来，伴随我国社会实践的发展，中国共产党对发展形势的感知更加敏锐，对发展思想的思考更加深入，对发展理念的提炼更加科学，对发展战略的选择更加有效，对发展着力点的把握更加精准。系统梳理和总结这一历史时期我们党关于发展的思考、思想、观点、观念、理论等认识成果，具有重要理论价值和现实意义。

一、改革开放40多年来我国社会发展观的演进

社会发展观是对社会发展道路、发展动力、发展机制、发展前景的规律性认识。改革开放40多年来，我们党在继承传统发展观的基础上，植根于改革开放的伟大实践，实现了中国特色社会主义发展观的重大创新。

（一）改革发展观

改革开放以来，我们党坚持把社会基本矛盾学说作为探索中国特色社会主义的理论依据，紧紧抓住解放和发展生产力这一社会主义的本质要求，否定通过阶级斗争推动社会发展的发展思路，创造性提出了改革是社会主义发展直接动力的思想，实现了社会发展观的重大创新。改革发展观是以邓小平为主要代表的中国共产党人对社会发展认识的最新成果。改革发展的前提是思想解放。邓小平指出："只有思想解放了，我们才能正确地以马列主义、毛泽东思想为指导，解决过去遗留的问题，解决新出现的一系列问题。"[①] 始于1978年5月的真理标准大讨论，对长期桎梏人们思想的旧观念和旧思维方式进行反思，实现了人们行为规范、生活方式、精神状态、价值观念的重大转变，揭开了思想大解放的序幕，为十一届三中全会的胜利召开提供了理论准备，为改革开放新的伟大革命确立了思想起

① 《邓小平文选》（第二卷），人民出版社，1994，第141页。

点。改革发展的方法是“摸着石头过河”。邓小平多次强调要“一步步走，一步步地总结经验”“对的就坚持，不对的赶快改，新问题出来抓紧解决”[①]。改革方法的重点是体制转换和制度建设。邓小平多次指出,“我们所有的改革都是为了一个目的，就是扫除发展社会生产力的障碍”[②]。在实践中，我们党把改革上升到革命的深度和高度，通过彻底的、全面的、艰巨的改革举措推动经济体制转换，积极推进政治体制改革。改革发展的评价标准是“三个有利于”。邓小平在1992年的南方谈话中指出，改革开放“判断的标准，应该主要看是否有利于发展社会主义社会的生产力，是否有利于增强社会主义国家的综合国力，是否有利于提高人民的生活水平。”[③]“三个有利于”标准的提出，丰富和深化了实践标准、生产力标准，对正确把握经济体制和经济效率之间关系提供了遵循。应该说，改革发展观对于摆脱“文革”“左”的思想、激发改革发展意识、促进经济增长具有强大推动作用。

（二）科学发展观

党的十六大以来，中国共产党在领导社会主义建设的历史进程中，在继承唯物史观基本理论的基础上，提出了以人为本、全面协调可持续发展的科学发展观。科学发展观是我们党对21世纪我国社会发展的科学勾画，集中反映了经济发展与社会发展、与人的协调发展、与自然的协调发展的客观要求，体现了我们党对坚持和发展中国特色社会主义的新认识。科学发展观首先强调了社会的发展应当是全面的发展，是经济、政治、文化、社会诸方面的综合协调发展。科学发展观的本质和核心是坚持以人为本，一切发展都必须以人为出发点，发展的目的是促进人的全面发展。科学发展观明确社会发展的基础是可持续发展，必须把控制人口、节约资源、保护环境放到重要位置，使人口增长与社会生产力的发展相适应，使经济建设与资源、环境相协调，使经济发展与社会发展相统一，使当前利益和长远利益相协调。科学发展观的方法论是“五个统筹”，即统筹城乡发展、统筹区域发展、统筹经济社会发展、统筹人与自然和谐发展、统筹国内发展和对外开放。科学发展观对于新世纪协调经济社会发展各类矛盾、实现

---

① 《邓小平文选》（第三卷），人民出版社，1994，第372页。

② 同上书，第134页。

③ 同上书，第372页。

又好又快发展提供了理论指导。

（三）系统发展观

党的十八大以来，以习近平同志为核心的党中央，积极研判发展形势，直面发展问题，创新发展思路，寻求发展路径，提出了一系列有关社会发展的新思想新理念新方略。在宏观层面，党的十九大报告提出了“以人民为中心”的发展思想，要求必须把实现人民幸福作为发展的目的和归宿，做到发展为了人民、发展依靠人民、发展成果由人民共享。“以人民为中心”发展思想指明了发展的根本立场、发展的依靠力量、发展的成果分配这些根本原则，是新时代实现社会快速发展的一条红线，也是推动新的历史进军的力量来源。在中观层面，在“以人民为中心”发展思想的指导下，党中央结合国内发展形势，根据社会主要矛盾的变化，提出了创新、协调、绿色、开放、共享等五大新发展理念。创新指明了新时代发展的动力源泉，协调指明了新时代发展矛盾的破解之策，绿色指明了新时代发展的生态环境，开放指明了新时代发展的格局，共享指明了新时代发展成果的分配原则。新发展理念作为一个整体，相互联系、相互贯通、相互促进，是“以人民为中心”发展思想的深化具化，抓住了新时代中国发展的核心之点，反映出我们党对我国发展规律的新认识。在微观层面，为了更好贯彻“以人民为中心”发展思想和新发展理念，党的十九大报告提出了深化供给侧结构性改革、加快建设创新型国家、实施乡村振兴战略、实施区域协调发展战略、加快完善社会主义市场经济体制、推动形成全面开放新格局等六大发展战略。可以说，党的十八大以来，党中央在宏观、中观、微观层面都提出了关于社会发展的新思想，体现了我们党对发展观的深化、对传统发展理念的突破、对新时代发展规律的把握，这些思想理念构成了严密的发展体系和发展逻辑。

二、改革开放 40 多年来社会发展观演进的鲜明特色

发展观是对发展认识的结晶，是把握发展规律的精髓。改革开放 40 多年来，我们党的发展观在历史变迁中呈现出一些新变化，体现了发展观的时代性、民族性和政治性，表明对发展规律的认识达到了抓住核心、把握本质的新高度。

（一）发展重心：从阶级斗争到经济建设

中国共产党自诞生以来，一直站在时代前列，为解放和发展生产力而奋斗。在不同历史时期，阻碍生产力发展的主要矛盾是不同的。新中国成立后，我国社会的主要矛盾已经由阶级矛盾转化为人民日益增长的物质文化需求同落后的社会生产之间的矛盾，我们党的任务已经从消除造成贫穷落后的制度根源转变为消除贫穷落后本身。然而，由于理论准备与实践经验的不足，在认识层面，我们党在政治与经济、革命与生产之间关系的认识上出现扭曲，错把前者的反作用当作决定作用。在实践层面，我们党曾经忽视经济建设，夸大政治、革命、意识等上层建筑诸因素的作用。邓小平在总结这些教训时指出，长期以来，“主要的精力放到政治运动上去了，建设的本领没有学好，建设没有上去，政治也发生了严重的曲折。”① 在全面深刻总结我国社会建设经验教训的基础上，邓小平首先提出了要从理论上正本清源、拨乱反正，反复重申不能违背解放和发展生产力这一基本原则。党的十一届三中全会成功实现了从“以阶级斗争为纲”向“以经济建设为中心”转移，由此开启了改革开放的大幕。

（二）发展价值取向：从以物为本到以人为本

改革开放初期，为了尽快改变国民经济面临崩溃的社会现实，党和政府把经济增长视为发展的关键，突出强调物质财富的高增长。从深层次上看，这体现了物本主义的发展价值取向。从现实上看，改革发展重心放在对上层建筑不适应社会生产力发展的部分进行调整，在改革发展评价上突出 GDP 增长，在发展策略上强调追求市场效率。物本主义的发展价值取向，在改革开放初期，对于调动广大劳动者工作积极性起到重要作用。但是，随着社会发展，物本主义的发展观造成了人与自然的对立、经济发展与社会发展的对立、物质发展与精神发展的对立。进入新世纪，党中央开始提出了“以人为本”的发展观，要求在发展中更加强化人在发展中主体作用，把增进人的利益作为评价发展政策的终极标准，在发展中更加突出尊重人、解放人、依靠人和塑造人，在发展中重建“人与人的联盟、人与社会的联盟、人与自然的联盟、人与终极价值的联盟”。以人为本的发展观是针对我国经济社会发展实际提出来的，体现了我们党对发展价值的与时俱进和回归深化。

---

① 《邓小平文选》（第二卷），人民出版社，1994，第 153 页。

（三）发展着力点：从高速度到高质量

改革开放以来，我国经济社会持续发展，创造了同期世界上大国最快的经济增长速度、最快的对外贸易增长速度、最快的外汇储备增长速度、最快且人数最多的脱贫致富速度、最大规模的社会保障体系，经济总量稳居世界第二。可以说40多年来，我们书写了“中国故事”，走出了“中国特色”，创造了“中国奇迹”，传播了“中国声音”，打造了“中国名片”，开启了“中国时代”。近年来，随着国内外经济形势的深刻变化，我国劳动力成本不断攀升，人口红利迅速消失，供给结构与需求结构严重失衡，资源重新配置的空间缩小，推动经济增长的传统动力逐步消失。面对这一经济新常态，唯有培育经济增长新动能，推动我国经济实现高质量发展才能引领新常态，满足人民日益增长的美好生活需要，跨越中等收入陷阱。党的十九大报告指出我国经济已由高速增长阶段转向高质量发展阶段。从注重数量到提升质量，标志着我国发展着力点的重大转变。

（四）发展战略：从差距发展到共享发展

改革开放初期，我国社会上出现了“干好干坏一个样、干多干少一个样”的现象。为了调动广大劳动者的劳动积极性，邓小平提出了要贯彻按劳分配的社会主义原则，通过鼓励一部分人、一部分地区先富起来，先富带动后富，最终达到共同富裕。在实践中，差距发展的战略有效调动了地区和个人的工作积极性，给社会主义经济发展增添了生机和活力。但是，近年来差距发展的负面效应也开始显现。我国在地区发展、行业发展、城乡发展、个人发展出现了两极分化现象，这一问题越来越成为社会关注的热点问题。如何在发展中更多彰显公平正义、体现社会主义制度优越性成为党和政府需要深入思考的问题。2015年，第十三个五年规划纲要指出要贯彻新发展理念，并把共享发展作为新发展理念的重要组成。习近平总书记在十八届五中全会上深刻指出，共享发展注重的是解决社会公平正义问题。共享发展就是要通过有效的制度安排，增强发展动力，增进人民团结，使全体人民在共同建设中共享改革发展的所有成果，逐步实现共同富裕。共享发展是以人为本思想在发展理念中集中体现，体现了马克思主义的发展价值观，对引领未来发展方向提供了航标。

（五）发展格局：从封闭到开放

改革开放之前，由于国际环境的制约和国内“左”的指导思想的影响，我国的发展总体上来看是关起门来搞建设。这一发展战略致使国家发展速度缓慢，使原本生机盎然的社会主义经济变得死气沉沉。邓小平对近现代中国社会发展的经验教训进行了深刻总结，指出“长期闭关自守，把中国搞得贫穷落后，愚昧无知”①。党的十一届三中全会后，党中央把对外开放作为发展的基本国策。这一政策的出台标志着中国对于外部世界态度变得更加积极和主动，标志着中国与世界的关系从对立走向合作。在国际格局认识上，我国实现了把国际战略力量划分为帝国主义反民主阵营和社会主义民主阵营向国际格局多极化的转变。在发展战略上，根据我国社会主义初级阶段的基本国情，客观地理性提出韬光养晦、有所作为的对外战略。在对外经济关系上，我国积极参与经济全球化进程，加入世界贸易组织（WTO），积极融入世界发展进程。从封闭到开放，让我国发展融入世界发展大潮，是改革开放 40 多年来中国特色社会主义的重要经验。

（六）发展内容：从片面到全面

马克思认为，生产力在社会发展中能够起到最终的决定作用，但是同时承认这种最终决定作用必须是在其他各种社会要素的交互作用下才能实现的。改革开放初期，我国在发展内容方面侧重于经济发展，这对于当时历史条件下恢复国民经济建设、改善群众生活条件起到了重要作用。改革开放 40 多年来，我国经济总量跃居世界第二，跨入中等收入国家行列。然而，在经济发展突飞猛进的同时，政治、文化、生态等方面建设还存在短板。在政治建设上，部分领导干部两个责任落实不到位，管党治党不严，四风问题突出；部分地区政治生态持续恶化，廉洁纪律缺失，跑官买官时有发生。在文化建设上，社会风气不断恶化，“宁可坐在宝马车里哭，也不坐在自行车上笑”的拜金主义，“比露”“比丑”博出位的现象不断出现。在生态建设上，一些地区资源开采无序无度，严重污染了当地生态环境。在党的建设上，一些党员干部共产主义理想信念缺失，官僚主义、形式主义、享乐主义问题突出。面对这些存在的突出问题，党的十八大以来以习近平同志为核心的党中央全面从严治党，大力反腐，在深化经济改革的同时，抓住适当时机，有计划、有步骤地展开其他领域改革，使得政治建设、经济建设、文化建设、社会建设、生态文明建设五位一体协同发展，体现了发展内容的全面性、发展受益对象的全面性、发展衡量指标的

---

① 《邓小平文选》（第三卷），人民出版社，1994，第 90 页。

全面性、发展举措的全面性。全面发展是对历史唯物主义关于社会有机体理论的继承和发展，也是全面建成小康社会的应有之意。

三、在全面建设社会主义现代化国家新征程中加快发展

党的十九大报告提出了建设社会主义现代化国家的宏伟蓝图。社会主义现代化是全方位的现代化，既包含物质文明的现代化，也包含精神文明的现代化。进入新时代，我们党要在习近平新时代中国特色社会主义思想的指导下，立足于社会主要矛盾的新变化，以新的发展理念，不断推进社会发展水平提升。

发展动力创新化。党的十九大报告指出，创新是引领发展的第一动力。从经济发展的历史过程看，发展动力一般要经历资源驱动、要素驱动、创新驱动的不同阶段。准确把握创新在当今世界的经济社会功能，是对发展动力认识的深化。进入新时代，国际国内发展环境深刻变化，世界主要国家和地区加快经济结构调整、加大产业升级、抢占创新制高点，科技、人才竞争日趋激烈。从国内看，稳增长、促改革、调结构、惠民生、防风险任务艰巨繁重。原有依靠要素投入和低成本劳动力的发展模式已经呈现衰势，难以为继。我国人均国内生产总值达到 1 万多美元，正处在跨越“中等收入陷阱”的关键阶段。面对国内外新形势新任务，我们必须把创新摆在发展的核心位置，以创新引领发展、以创新破解难题、以创新抵御风险，最终实现经济社会持续健康发展。从实践层面来看，一是要加强应用基础研究，突出关键共性技术、前沿引领技术、现代工程技术、颠覆性技术创新，为建设创新型社会提供技术支撑。二是要构建国家创新体系，不断优化商业环境、规制环境和创新环境，为实现科技强国提供体系支撑。三是倡导创新文化，通过营造崇尚科学、敢于质疑、尊重个性、保护知识产权的文化氛围，把全社会智慧和力量凝聚到创新发展上来，并将创新活动真正持续下去。

发展方式法治化。法治是一个国家文明进步的象征。党的十九大报告指出，全面依法治国是中国特色社会主义的本质要求和重要保障。用法治方式推进经济社会全面发展，就是要使“中国特色社会主义制度更加完善，国家治理体系和治理能力现代化水平明显提高”。依靠法治推动发展，

既是贯彻落实全面依法治国的具体部署，也是推动社会主义现代化的现实要求。一方面，要科学立法，在全面深化改革的历史进程中把一些好的经验和做法上升为法律法规，为经济社会全方位的发展提供法理依据，做到不让合时合理的发展政策置于违法境地。在政治建设中，把全面加强党的领导、人民当家作主、全面依法治国中好的经验制度化。在经济建设中，把供给侧改革、对外开放中的经验制度化，逐步优化经济体制和经济政策。在文化建设中，把凝聚中国精神、弘扬社会主义核心价值观中好的做法制度化。在社会建设中，把构建和谐社会中好的经验做法制度化。在生态建设中，把改善生态环境中的好的做法制度化。总而言之，我们需要通过政治、经济、文化、社会、生态文明建设成果的制度化推进国家治理体系和治理能力现代化，为社会主义法治建设提供制度支撑。另一方面，要依法行政，让法律法规切实成为社会行为准绳。第一，要职权法定，推行各级政府工作部门权力清单制度，让政府机构、职能、权限、程序和责任法定化，厘清权力的边界，做到法无授权不可为。第二，要严格执法，重点打击关系群众切身利益、群众反映强烈的违法犯罪问题，充分体现了执法为民的宗旨理念。第三，要规范文明执法，充分考虑执法对象的切身感受，规范执法言行，推行人性化执法、柔性执法、阳光执法。第四，要推进政务公开，强化对权力监督，有效约束政府权力运行。

发展理念包容化。包容性发展是包括 GDP 增长指数、人类发展指数、社会发展指数、社会福利指数、幸福指数在内的全面发展。党的十九大报告指出，我国社会主要矛盾已经转化为人民日益增长的美好生活需要和不平衡不充分的发展之间的矛盾。在这一新的主要矛盾中，从需求侧方来看，人民对美好生活需要日益广泛，不仅对物质文化生活提出了更高要求，而且在民主、法治、公平、正义、安全、环境等方面的要求日益增长。从供给侧来看，“不平衡”开始超越“不充分”成为我们党需要解决的首要矛盾，这就要求我们在发展中不能单纯追求经济的增长，而应贯彻落实“包容增长”的发展理念，让更多群众充分参与经济发展，从而公平合理地分享经济增长成果。从当今最迫切的现实任务来看，如何让弱势群体在改革发展中多受益是贯彻“包容增长”理念的重中之重。习近平总书记指出，“对各类困难群众，我们要格外关注、格外关爱、格外关心”①。当

① 习近平：《习近平谈治国理政》，外文出版社，2014，第 189 页。

前，弱势群体作为一个社会阶层，呈现结构复杂、规模庞大、分布广泛的特点：在经济方面，高失业率以及各类保障工作的分配状况，都影响到弱势群体的生活状况。在教育方面，弱势群体的文化素质整体处于较低水平，这就决定了其走出困境的难度较大。在道德方面，弱势群体在社会生活中常常受人冷眼相看，社会地位不高，人格有时得不到应有尊重。

发展格局开放化。历史经验反复证明，开放带来进步，封闭必然落后。2018 年是改革开放 40 周年，习近平总书记在 2018 年博鳌亚洲论坛讲话中指出："实践证明，过去 40 年中国经济发展是在开放条件下取得的，未来中国经济实现高质量发展也必须在更加开放条件下进行。"① 今后，"中国开放的大门不会关闭，只会越开越大"。从国际形势来看，世界经济在深度调整中曲折复苏，各国相互联系和依存日益加深，新一轮科技革命和产业变革蓄势待发，全球治理体系深刻变革，国际发展环境深刻影响中国发展。从行业发展形势来看，各行疾速瞬变、深度融合，寻找发展新机遇、形成发展新动力成为世界大势。从构建人类命运共同体来看，在国际贸易保护主义、单边主义抬头的情况下，我国要做世界和平的建设者、全球发展的贡献者、国际秩序的维护者，从开放的受益者转变为开放的引领者，加速开放、提升层次、拓展领域，为世界贡献中国力量、中国智慧与中国方案。面对新形势，我国只有顺应世界发展大势，把中国发展和世界发展联系起来，统筹国内国际两个大局，积极推进互联互通，以更宽广的视野、更高的目标要求、更有力的举措推动全面开放，实现在相互学习、互融互通、共商共享的世界历史进程中保持持续繁荣。

---

① 《习近平出席博鳌亚洲论坛 2018 年年会开幕式并发表主旨演讲》，《人民日报》2018 年 4 月 11 日，第 1 版。

第七章　党的十八大以来新发展理念引导我国经济发展取得历史性成就、发生历史性变革

党的十八大以来，我国经济社会在新发展理念的引领下取得新的历史性成就、发生历史性变革。这期间，经济运行总体平稳，经济结构持续优化，国内生产总值从不到70万亿元增加到120余万亿元。创新型国家建设成果丰硕，在载人航天、探月工程、深海工程、超级计算、量子信息等领域取得一批重大科技成果。城乡协调发展继续推进，在谋划京津冀、长三角、粤港澳大湾区城市一体化建设的同时，紧盯“共同富裕”这一核心任务，有条不紊推进乡村振兴战略。在此期间，脱贫攻坚、扶贫奔小康及进一步建设社会主义现代化国家取得了举世瞩目的成就，摆脱了“一方水土难养一方人”的困境，区域性整体贫困得到解决，完成了消除绝对贫困的艰巨任务。按照“绿水青山就是金山银山”的绿色发展理念，推进生态文明的建设与发展，在环境保护方面取得可喜成绩，污染防治力度加大，资源能源利用效率显著提升。秉承“世界离不开中国，中国离不开世界”的经济全球化大局，摆脱“闭关锁国”的思维范式，逐步融入世界并引领世界，在此基础上我国对外开放持续扩大，提出“一带一路”倡议并不断推广，使我国不断走向世界舞台中央。依据“发展成果由人民共享”的人民立场，推进民生建设，人民生活水平不断改善，人民获得感显著提高，人民满意度不断提升，人民认同感空前高涨，在此基础上，我国建成了世界上规模最大的社会保障体系。教育、卫生、文化等领域发展取得新成就，教育公平和质量获得较大提升，医疗卫生事业加快发展，文化事业和文化产业繁荣发展。

一、创新驱动发展成效明显

创新是社会发展的第一动力。自党的十八大以来，我们党重新认识中

国特色社会主义的发展问题，提出了新发展理念，迎来了社会主义现代化建设全面创新发展的新趋势、新征程。在“十三五”规划中我们党明确提出深入实施创新驱动发展战略，创新伴随中国特色社会主义事业的始终。创新驱动发展是一项系统工程，需要多方面、多维度考量。这就要求必须坚持“破立结合”，破除一切制约创新发展的思想障碍、制度障碍，建立创新发展的新体制、新机制，释放创新的活力，建立国家创新体系，处理好政府与市场的关系，推动科学技术与经济社会发展深度融合，以此来实现国家科技、产业、经济强力发展。

在充满“成长的烦恼”的发展特殊时期，我国经济发展呈现粗犷式的发展路径，创新性不足的缺点愈发明显，还存在科技创新能力不强、制约科技发展的体制机制障碍较多等问题。基于此，党的十八大作出了“实施创新驱动发展战略”的重大决策和部署，强调科技创新是提高社会生产力和综合国力的战略支撑，必须摆在国家发展全局的核心位置。党的十八大以来，以习近平同志为核心的党中央对加强科技创新、加快实施创新驱动发展战略作出了一系列重要论述、具体部署和计划安排。2013 年 3 月，习近平总书记在参加全国政协十二届一次会议科协、科技界联组讨论时指出：“我们必须加快从要素驱动发展为主向创新驱动发展转变，发挥科技创新的支撑引领作用。这是立足全局、面向未来的重大战略，对实现到二〇二〇年全面建成小康社会目标具有十分重要的意义。”[①]2013 年 9 月，习近平总书记以实施创新驱动发展战略为主题，主持十八届中共中央政治局第九次集体学习，首次提出了创新驱动发展的战略，指出了创新发展的目标，指明了创新发展的路径。2014 年 6 月、2016 年 5 月、2018 年 5 月，习近平总书记连续出席中国科学院、中国工程院两院院士大会和全国科技创新大会并发表重要讲话，反复强调创新的作用、意义、地位和功能，进一步诠释了创新发展的思维。2020 年 9 月，习近平总书记主持召开科学家座谈会，听取对加快中国科技创新步伐的意见和建议并发表重要讲话。习近平总书记的系列重要讲话，突出强调创新是摆脱西方大国对我们“卡脖子”战略的唯一钥匙与密码，对全党全国人民统一思想认识、加快实施这一发展战略、实现跨越式发展起到了重要指导作用。

---

① 中共中央文献研究室编《习近平关于社会主义经济建设论述摘编》，中央文献出版社，2017，第 125 页。

创新驱动发展成为我国在新发展阶段的战略任务和基本目标，是以习近平同志为核心的党中央作出的重大部署、重大决策。为此，中共中央、国务院根据这一战略，相继作出推动科技创新的一系列部署、举措和安排。2014 年 8 月，中央财经领导小组在北京召开第七次会议，听取了科学技术部与国家发展和改革委员会的汇报，会议主要围绕创新发展展开了充分研究，明确了实施创新驱动发展战略的基本要求。2015 年 3 月，中共中央、国务院发布了《关于深化体制机制改革加快实施创新驱动发展战略的若干意见》，作出了“加快实施创新驱动发展战略，就是要使市场在资源配置中起决定性作用和更好发挥政府作用，破除一切制约创新的思想障碍和制度藩篱，激发全社会创新活力和创造潜能，提升劳动、信息、知识、技术、管理、资本的效率和效益，强化科技同经济对接、创新成果同产业对接、创新项目同现实生产力对接、研发人员创新劳动同其利益收入对接，增强科技进步对经济发展的贡献度，营造大众创业、万众创新的政策环境和制度环境”① 的战略部署。2015 年 8 月，中共中央办公厅、国务院办公厅印发《深化科技体制改革实施方案》，从 10 个方面部署了深化科技体制改革到 2020 年要完成的 32 项改革举措和 143 项政策措施。2016 年 5 月，中共中央、国务院印发《国家创新驱动发展战略纲要》，明确实施创新驱动发展战略的战略背景、战略要求、战略部署、战略任务和战略保障，其基本内容为：到 2020 年进入创新型国家行列，基本建成中国特色国家创新体系；到 2030 年跻身创新型国家前列，发展驱动力实现根本转换；到 2050 年建成世界科技创新强国，成为世界主要科学中心和创新高地。

2017 年 7 月，国务院发布《关于强化实施创新驱动发展战略进一步推进大众创业万众创新深入发展的意见》，指出大众创业、万众创新蓬勃兴起，催生了数量众多的市场新生力量，促进了观念更新、制度创新和生产经营管理方式的深刻变革，有效提高了创新效率、缩短了创新路径，已成为稳定和扩大就业的重要支撑、推动新旧动能转换和结构转型升级的重要力量，正在成为中国经济行稳致远的活力之源。为进一步系统性优化创新创业生态环境，应强化政策供给，突破发展瓶颈，充分释放全社会创新创

① 《中共中央 国务院关于深化体制机制改革加快实施创新驱动发展战略的若干意见》，《光明日报》2015 年 3 月 24 日，第 1 版。

业潜能，在更大范围、更高层次、更深程度上推进大众创业、万众创新。

国家始终把创新作为推动社会进步的灵魂，把创业作为推进经济社会发展、改善民生的重要途径，大力贯彻创新的思维观念。创新和创业是有机相连的统一整体，共生共存、相辅相成。因此，按照中共中央、国务院的部署和要求，国家不断加大对科技创新的投入，科技创新成果频出，为我国引领新一轮的科技革命奠定了坚实基础。2019 年，全国研究与试验发展经费支出由 2010 年的 6 980 亿元增加到 21 737 亿元，为 2010 年的 3.11 倍，与国内生产总值之比由 2010 年的 1.75% 提升到 2.19%。其中基础研究经费由 2010 年的 328 亿元增加到 1 209 亿元，为 2010 年的 3.69 倍。2019 年，国家科技重大专项共安排 234 个课题，国家自然科学基金共资助 45 192 个项目。截至 2019 年底，正在运行的国家重点实验室 515 个，累计建设国家工程研究中心 133 个，国家工程实验室 217 个，国家企业技术中心 1 540 家。国家科技成果转化引导基金累计设立 21 只子基金，资金总规模 313 亿元。国家级科技企业孵化器 1 177 家，国家备案众创空间 1 888 家。全年共签订技术合同 48.4 万项，技术合同成交金额 22 398 亿元，比上年增长 26.6%。2019 年，国家科技进步贡献率达到 59.5%，创新正在成为引领发展的第一动力。据世界知识产权组织发布的 2020 年全球创新指数，中国位居世界第 14 位，创新型国家建设取得重要进展，整体创新能力大幅度提升。

自创新发展提出以来，我国经济社会发展呈现出崭新的气象。创新的理念已经深入人心，创新发展有了一系列突破性进展，并取得了不俗的创新发展成效。我国科技实力和创新能力得到了增强，重大科技创新成果缤彩纷呈。“天宫”、“蛟龙”、“天眼”、“悟空”、“墨子”、大飞机等重大科技成果相继问世，创新型国家建设成果丰硕。科技创新融入了经济社会，科技对经济增长的贡献率显著提升，供给侧结构性改革也取得了一定进展。科技创新的体制机制逐步建立，创新驱动发展战略深入实施，我国的科技创新国际地位也不断提升。

二、协调推进发展成效显著

中国是一个幅员辽阔、资源丰富、人口众多、历史悠久、地理复杂的古老大国，由于地理位置、自然环境、发展历史等多方面原因，发展的不充分、不平衡的问题长期存在，并成为新时代我国社会发展的主要矛盾，不协调是问题的内在和本质。这也成为新发展理念重点关注和重在解决的突出问题，成为建设社会主义现代化国家的核心问题和关键命题。

一方面城乡协调有条不紊进行。党的十八大以来，以习近平同志为核心的党中央立足新时代，着眼“实现怎样的发展，如何发展”的问题，在深刻总结国内外发展经验，准确洞悉国内外发展大势，深入分析国内外发展背景的基础上，针对中国的具体实际，提出了新发展理念，把坚持协调发展作为解决发展不平衡、不充分问题的重要一环、关键一环。坚持协调发展，必须正确处理发展中的一系列重大关系，重点是促进城乡区域协调发展，不断增强发展整体性，提高发展整体质量，更好满足人民日益增长的美好生活需要。

2012 年 12 月，习近平总书记在河北阜平考察扶贫开发工作时指出：“全面建成小康社会，最艰巨最繁重的任务在农村，特别是在贫困地区。没有农村的小康，特别是没有贫困地区的小康，就没有全面建成小康社会。”① 在积极推进精准扶贫、精准脱贫工作的基础上，2015 年 10 月召开的十八届五中全会在全面建成小康社会的目标要求中提出：到 2020 年，国家现行标准下农村贫困人口实现脱贫，贫困县全部摘帽，解决区域性整体贫困②。2015 年 11 月，中共中央召开扶贫开发工作会议，中共中央、国务院作出《关于打赢脱贫攻坚战的决定》，对加快贫困地区、贫困人口精准脱贫作出动员和部署。自 2015 年以来，以习近平同志为核心的党中央对于“打赢脱贫攻坚战”这一主题，集中召开了 7 次专题会议，每次会议围绕一个主题，同时也提出总体上和具体上的工作要求。2018 年 6 月，中共中央、国务院按照党的十九大关于打赢三大攻坚战之一的脱贫攻坚战的要求，制定了《关于打赢脱贫攻坚战三年行动计划的指导意见》，指出：党的十八大以来我们党采取超常规举措，以前所未有的力度推进脱贫攻坚，农村贫困人口显著减少，贫困发生率持续下降，解决区域性整体贫困迈出坚实步伐，贫困地区农民生产生活条件显著改善，贫困群众获得感显

① 中共中央文献研究室编《习近平关于社会主义经济建设论述摘编》，中央文献出版社，2017，第 209 页。

② 《中共十八届五中全会在京举行》，《人民日报》2015 年 10 月 30 日，第 1 版。

著增强，脱贫攻坚取得决定性进展，创造了我国减贫史上的最好成绩。党的十八大以来，我们充分发挥政治优势和制度优势，构筑了全社会扶贫的强大合力，建立了中国特色的脱贫攻坚制度体系，为全球减贫事业贡献了中国智慧和中国方案，谱写了人类反贫困史上的辉煌篇章。

在以习近平同志为核心的党中央坚强领导下，经过9年精准扶贫、6年脱贫攻坚战，到2020年底，农村贫困人口从2012年底的9 899万人实现全部脱贫，全国832个贫困县全部摘帽，贫困发生率由10.2%降至0，第一个百年“全面建成小康社会”的目标业已实现。与此同时，党和国家为了巩固此项成果，向着共同富裕目标迈进，进而提出了乡村振兴的伟大战略，积极推进城乡融合发展，加快了农业农村现代化步伐。

另一方面，区域协调稳步发展。在推进区域协调发展方面，党的十八大以来主要决策和谋划了京津冀协同发展、推动长江经济带发展、粤港澳大湾区建设、长江三角洲区域一体化发展等区域发展战略，大力促进了跨行政区划、跨地理空间的整体发展。

2015年4月，经过一年多的酝酿，中共中央政治局会议审议通过《京津冀协同发展规划纲要》，确定以有序疏解北京非首都功能为核心，调整经济结构和空间结构，推动要素市场一体化，促进京津冀协同发展，高质量高标准建设雄安新区，形成新的增长极。2016年1月，习近平总书记在重庆主持召开推动长江经济带发展座谈会，提出要把修复长江生态环境摆在压倒性位置，走生态优先、绿色发展之路。2016年3月，中共中央政治局审议通过了《长江经济带发展规划纲要》，明确了2020年和2030年两个最为重要的时间节点，把长江经济带建设成为生态文明建设的先行示范带、引领全国转型发展的创新驱动带、具有全球影响力的内河经济带、东中西互动合作的协调发展带。2017年7月，习近平总书记出席在香港举行的《深化粤港澳合作推进大湾区建设框架协议》签署仪式，《协议》的目的在于：充分发挥粤港澳地区的综合优势，深化粤港澳合作，推进粤港澳大湾区建设，高水平参与国际合作，提升在国家经济发展和全方位开放中的引领作用，为港澳发展注入新动能，保持港澳长期繁荣稳定。2019年2月，中共中央、国务院印发《粤港澳大湾区发展规划纲要》，提出更加深入广泛推进粤港澳合作，以2022年和2035年为两个建设发展的目标节点，基本形成和全面建成发展活力充沛、创新能力突出、产业结构优化、要素流动顺畅、生态环境优美的国际一流湾区和世界级城市群①。2018 年 11 月，习近平总书记在首届中国国际进口博览会上宣布，支持长江三角洲区域一体化发展。2019 年 12 月，中共中央、国务院印发《长江三角洲区域一体化发展规划纲要》，全面谋划了长三角区域一体化发展的指导思想、基本原则、战略定位和发展目标。在此期间，中共中央、国务院陆续出台了西部大开发、东北全面振兴、中部地区崛起、东部率先发展等区域发展战略，有力推动了区域创新能力和发展质量的整体提升。

另外，中共中央、国务院也提出了两个文明协调和军民融合等方面的协调。在两个文明协调中，党的十八大以来，我国物质文明和精神文明的协调发展有了新的实践和跨越，我国国际经济地位有了显著提高，经济结构也得到优化。在培育和践行社会主义核心价值观方面取得了系列成就，我国文化改革发展不断推进，现代文化市场体系日益完善，居民的文化消费水平不断提高，文化“走出去”初显成效。在推动军民融合的深入发展上，自党的十八大以来，强调努力构建军民融合的新格局、新制度体系，并且在推进过程中提高军民融合的发展质量。军民融合发展已经上升为我国的国家战略，必须最大程度地凝聚军民融合的发展共识，形成发展合力。

三、绿色引领发展走上舞台

绿色发展理念是把生态环境容量和资源承载力作为基本前提条件，创新绿色的经济发展模式，建立新型、可持续发展、生态系统平衡的发展方式。党的十七大报告首次提出生态文明的命题，继而在党的十八大报告中，以一个独立章节突出强调了“大力推进生态文明建设”，并将其提升到更高的战略层面，与经济建设、政治建设、文化建设、社会建设并列，确立了中国特色社会主义事业“五位一体”总体布局。党的十九大报告中提出要将我国建设成为富强民主文明和谐美丽的社会主义现代化强国，美丽就是对应着生态文明建设，也就是对应着绿色发展。我们党对人类文明发展经验教训作历史总结后越来越重视生态文明的发展，从生态文明建设到绿色发展理念，表明了我们党对环境保护、生态文明建设以及绿色发展

① 《中共中央 国务院印发〈粤港澳大湾区发展规划纲要〉》，《人民日报》2019 年 2 月 19 日，第 1 版。

方式的重视，这是从未有过的高度。

习近平总书记指出："建设生态文明，关系人民福祉，关乎民族未来。十八大把生态文明建设纳入中国特色社会主义事业五位一体总体布局，明确提出大力推进生态文明建设，努力建设美丽中国，实现中华民族永续发展。这标志着我们对中国特色社会主义规律认识的进一步深化，表明了我们加强生态文明建设的坚定意志和坚强决心。"① 全国上下按照绿色发展理念，坚持节约资源和保护环境的基本国策，努力开创社会主义生态文明新时代。

加强生态文明建设，必须转变发展理念和经济发展方式。习近平总书记指出："在现有基础上不转变经济发展方式实现经济总量增加一倍，产能继续过剩，那将是一种什么样的生态环境？经济上去了，老百姓的幸福感大打折扣，甚至强烈的不满情绪上来了，那是什么形势？所以，我们不能把加强生态文明建设、加强生态环境保护、提倡绿色低碳生活方式等仅仅作为经济问题。这里面有很大的政治。"② 全国各地区各行业以调整经济结构和能源结构为重点，加快形成绿色发展方式，全国各族人民牢固树立生态文明理念，加快形成绿色生活方式。"绿水青山就是金山银山"的理念愈益深入人心，建设美丽中国成为全体人民的自觉行动。坚持绿色生产消费，向着资源节约、环境友好、生态保育的绿色生态理念转型，秉持理性、适度、文明的理念。绿色发展理念提出后，我国绿色发展初现成效。一直以来被视为环境污染重要来源之一的"煤炭的消费量在 2015 年实现首次下降，比 2014 年下降 3.7%"。水电、风电、核电、天然气等清洁能源消费量占能源消费总量的比例稳步上升，从 2011 年的 13.0% 提高到 2015 年的 17.9%。中国正处于经济社会快速发展的进程中，广大人民群众收入普遍得到提高，因此消费增长也是必然的。

加强生态文明建设，必须建立保护生态环境的制度体系。2015 年 4 月，中共中央、国务院发布《关于加快推进生态文明建设的意见》，部署了与全面建成小康社会目标相适应的生态文明建设目标和任务，强调要加快建立系统完整的生态文明制度体系，用制度保护生态环境。2015 年 9

---

① 中共中央文献研究室编《习近平关于社会主义生态文明建设论述摘编》，中央文献出版社，2017，第 5 页。

② 同上。

月，中共中央、国务院印发《生态文明体制改革总体方案》，明确提出了到2020年构筑起由8个方面制度构成的、系统完整的生态文明制度体系，完善生态文明绩效评价考核和责任追究制度，推进生态文明领域国家治理体系和治理能力现代化。为压实生态环境保护责任，中共中央办公厅、国务院办公厅印发了《中央生态环境保护督察工作规定》，强化督察问责，形成警示震慑，推进工作落实。

党的十九大根据生态环境治理面临的形势和任务，明确提出要坚决打好污染防治攻坚战。2018年5月，全国生态环境保护大会在北京召开，习近平总书记出席会议并发表重要讲话，要求各级党委和政府“以壮士断腕的决心、背水一战的勇气、攻城拔寨的拼劲，坚决打好污染防治攻坚战”①，进一步明确了绿色发展的总要求。2018年6月，中共中央、国务院出台《关于全面加强生态环境保护坚决打好污染防治攻坚战的意见》，进一步作出具体部署，要求坚决打赢蓝天、碧水、净土保卫战，实现人与自然和谐共生。2019年，北京 $PM_{2.5}$ 年均浓度创下2013年监测以来的最低值，全国重点城市 $PM_{2.5}$ 平均浓度比2013年下降43%。全国有110万建档立卡贫困人口，依托森林旅游实现户年均增收3 500元，全国通过发展旅游实现脱贫的人数占脱贫总人数的17%~20%，越来越多的贫困群众端起绿水青山这个“金饭碗”。

四、开放提升发展渐入佳境

以开放促改革、促发展是中国经济不断取得新成就的重要法宝。党的十八大以来，党和国家更加积极主动实行开放战略，在更大范围、更宽领域、更高层次上扩大对外开放，构建互利共赢、多元平衡、安全高效的开放型经济体系。习近平总书记指出：“我国改革开放的成就充分证明，对外开放是推动我国经济社会发展的重要动力。随着我国经济总量跃居世界第二，随着我国经济发展进入新常态，我们要保持经济持续健康发展，就必须树立全球视野，更加自觉地统筹国内国际两个大局，全面谋划全方位对外开放大战略，以更加积极主动的姿态走向世界。”

2013年9月，习近平总书记在哈萨克斯坦发表演讲时提出：“用创新

① 习近平：《推动我国生态文明建设迈上新台阶》，《求是》2019年第3期。

的合作模式，共同建设‘丝绸之路经济带’。”[①]2013年10月，习近平总书记在印度尼西亚国会演讲时提出：中国愿同东盟国家“共同建设21世纪‘海上丝绸之路’”[②]。2013年11月，十八届三中全会决定:“推进丝绸之路经济带、海上丝绸之路建设，形成全方位开放新格局。”[③]习近平总书记指出：“建设丝绸之路经济带、21世纪海上丝绸之路，是党中央统揽政治、外交、经济社会发展全局作出的重大战略决策，是实施新一轮扩大开放的重要举措，也是营造有利周边环境的重要举措。”[④]2015年3月，中国政府发布《推动共建丝绸之路经济带和21世纪海上丝绸之路的愿景与行动》，系统提出了“一带一路”的共建原则、框架思路、合作重点、合作机制等主张，得到国际上的热烈响应。截至2020年10月，中国已同138个国家和30个国际组织签署200份共建“一带一路”合作文件，共同开展超过2 000个合作项目，合作内容不断走深走实。[⑤]

党的十八大即确定了“加快实施自由贸易区战略”。2013年9月，中国（上海）自由贸易试验区经国务院批准正式挂牌，总面积28.78平方千米，包括上海市东外滩保税区、东外滩保税物流园区、洋山保税港区和上海浦东机场综合保税区4个海关特殊监管区域[⑥]。在取得试点经验的基础上，广东、天津、福建于2015年4月获准设立第二批自由贸易试验区。2017年3月，辽宁、浙江、河南、湖北、重庆、四川、陕西的自由贸易试验区获准成立。2018年10月，海南自由贸易试验区成立，并于2020年6月以自由贸易港启动运作。2019年8月，江苏、河北、黑龙江、广西、山东、云南的自由贸易试验区挂牌。2020年9月，北京、安徽、湖南自由贸易试验区获准成立。至此，全国自由贸易试验区数量增至21个。据不完全统计，在中央层面，自由贸易试验区已累计向全国或特定区域复制推广260项制度创新成果；在地方层面，18个自由贸易试验区已在省级范围内推广了中共中央文献研究室编1 151项制度创新成果。

① 习近平：《弘扬人民友谊 共创美好未来》，《人民日报》2013年9月8日，第2版。

② 习近平：《携手建设中国—东盟命运共同体》，《人民日报》2013年10月4日，第2版。

③ 《十八大以来重要文献选编》上，中央文献出版社，2016，第526页。

④ 中共中央文献研究室编《习近平关于社会主义经济建设论述摘编》，中央文献出版社，2017，第246-247页。

⑤ 《伟大旗帜引领历史巨变》，《人民日报》2020年10月29日，第1版。

⑥ 《上海自贸区29日挂牌》，《人民日报》2013年9月29日，第1版。

面对世界百年未有之大变局，美国对我国实行步步紧逼、强硬遏制的战略。面对美国在特朗普时期的反全球化浪潮，以及对我国及其他国家发动的贸易战，习近平总书记在博鳌亚洲论坛2018年年会开幕式上发表主旨演讲，坚定表示："中国开放的大门不会关闭，只会越开越大！""过去40年中国经济发展是在开放条件下取得的，未来中国经济实现高质量发展也必须在更加开放条件下进行。这是中国基于发展需要作出的战略抉择，同时也是在以实际行动推动经济全球化造福世界各国人民。"①2018年11月，由商务部、上海市人民政府主办的首届中国国际进口博览会在上海举行，习近平总书记出席开幕式并发表题为《共建创新包容的开放型世界经济》的主旨演讲，提出：中国坚持打开国门搞建设，实现了从封闭半封闭到全方位开放的伟大历史转折。开放已经成为当代中国的鲜明标识。中国不断扩大对外开放，不仅发展了自己，也造福了世界。2019年11月，第二届中国国际进口博览会累计意向成交711.3亿美元，比首届增长23%。2020年11月举办的第三届中国国际进口博览会累计意向成交726.2亿美元，比上届增长2.1%。中国国际进口博览会是世界上第一个以进口为主题的大型国家级展会，是中国政府坚定支持贸易自由化和经济全球化、主动向世界开放市场的重大举措，有利于促进全球贸易和世界经济增长，推动开放型世界经济的发展。

习近平总书记多次提到"人类命运共同体"的理念，彰显中国开放的思想引领和实践作为，人类命运共同体强调世界各国联系紧密、利益交融，要互通有无、优势互补，在追求本国利益时兼顾他国合理关切，在谋求自身发展中促进各国共同发展，不断扩大共同利益汇合点。可见，开放发展新理念强调的"互利共赢"理念不仅是中国对外开放的指导思想，也是中国为构建全球公正合理国际经济治理新秩序作出的贡献。

五、共享理念发展惠及大众

习近平总书记在党的十八大闭幕后首次公开亮相时指出："我们的人民热爱生活，期盼有更好的教育、更稳定的工作、更满意的收入、更可靠的社会保障、更高水平的医疗卫生服务、更舒适的居住条件、更优美的环

---

① 习近平：《习近平谈治国理政》第3卷，外文出版社，2020，第194页。

境，期盼孩子们能成长得更好、工作得更好、生活得更好。人民对美好生活的向往，就是我们的奋斗目标。”党的十八大以来，党和国家坚持以人民为中心，把“共享发展”作为新发展理念的重要内容。习近平总书记强调：“广大人民群众共享改革发展成果，是社会主义的本质要求，是我们党坚持全心全意为人民服务根本宗旨的重要体现。我们追求的发展是造福人民的发展，我们追求的富裕是全体人民共同富裕。改革发展搞得成功不成功，最终的判断标准是人民是不是共同享受到了改革发展成果。”①

中国是一个人口大国，总人口数量已达 14.1 亿，保障人民充分就业创业是民生之本、收入之源问题任重道远。党的十八大以来，全国城镇每年新增就业人数均在 1 300 万人以上。2019 年，全国城镇新增就业 1 352 万人，全国就业人员总数达到 77 471 万人。全年全国居民人均可支配收入达到 30 733 元，首次突破 3 万元大关，比上年增长 8.9%，扣除价格因素实际增长 5.8%。全国居民人均可支配收入中位数 26 523 元，比上年增长 9.0%。城镇居民人均可支配收入 42 359 元，比上年增长 7.9%，扣除价格因素实际增长 5.0%，为 2010 年 19 109 元的 2.22 倍；农村居民人均可支配收入 16 021 元，比上年增长 9.6%，扣除价格因素实际增长 6.2%，为 2010 年 5 919 元的 2.70 倍。②党的十八大以来，党和国家把人民健康放在优先发展的战略地位，加快推进健康中国建设，努力为人民群众提供更加全面和更高水平的卫生与健康服务。2016 年 8 月，习近平总书记出席全国卫生与健康大会并发表讲话，强调“没有全民健康，就没有全面小康。要把人民健康放在优先发展的战略地位”，“将健康融入所有政策，人民共建共享”③。2016 年 10 月，中共中央、国务院印发《“健康中国 2030”规划纲要》，提出“普及健康生活、优化健康服务、完善健康保障、建设健康环境、发展健康产业”五方面的战略任务。党的十九大报告进一步将“实施健康中国战略”纳入国家战略。全国医疗卫生机构由 2010 年的 93.9 万个增加到 2019 年的 101.4 万个，其中医院 3.4 万个，基层医疗卫生机构 96.0 万个，专业公共卫生机构 1.7 万个，卫生技术人员由 2010 年的 584 万人增加

① 习近平：《我们追求的富裕是全体人民共同富裕》，《人民日报》2015 年 10 月 31 日，第 1 版。

② 《中华人民共和国 2010 年国民经济和社会发展统计公报 (2011 年 2 月 28 日)》《中华人民共和国 2019 年国民经济和社会发展统计公报（2020 年 2 月 28 日）》，国家统计局网，http://www.stats.gov.cn/tjsj/tjgb/ndtjgb。

③ 习近平：《习近平谈治国理政》第 2 卷，外文出版社，2017，第 370-371 页。

到 2019 年的 1 010 万人[①]。

完善公共文化服务体系，让人民享有丰富的精神文化生活，是共享发展理念的重要内容。2015 年 1 月，中共中央办公厅、国务院办公厅印发《关于加快构建现代公共文化服务体系的意见》及《国家基本公共文化服务指导标准》，明确了到 2020 年基本建成覆盖城乡的现代公共文化服务体系的发展目标，这一目标随着全面建成小康社会的完成得以实现。2016 年 12 月，十二届全国人大常委会第二十五次会议通过《中华人民共和国公共文化服务保障法》，目的在于：为了加强公共文化服务体系建设，丰富人民群众精神文化生活，传承中华优秀传统文化，弘扬社会主义核心价值观，增强文化自信，促进中国特色社会主义文化繁荣发展，提高全民族文明素质。党的十八大以来，全国文化事业费增速每年都超过 10%。2019 年，全国文化和旅游事业费达到 1 065.02 亿元，比上年文化事业费增长 14.7%，为 2012 年文化事业费的 2.22 倍，占国家财政总支出的比重由 0.38% 提高到 0.45%[②]。

为发展和完善更加公平更可持续的社会保障体系，各地加快实施全民参保计划，基本实现法定人员全覆盖。截至 2019 年，全国参加城镇职工基本养老保险人数 43 482 万人，比上年增加 1 581 万人，为 2010 年的 1.69 倍。参加城乡居民基本养老保险人数 53 266 万人，增加 874 万人。参加基本医疗保险人数 135 436 万人，增加 978 万人。其中，参加职工基本医疗保险人数 32 926 万人，增加 1245 万人；参加城乡居民基本医疗保险人数 102 510 万人。参加失业保险人数 20 543 万人，增加 899 万人。2019 年，全国共有 861 万人享受城市最低生活保障，3 456 万人享受农村最低生活保障，439 万人享受农村特困人员救助供养[③]。覆盖全民、城乡统筹的多层次社会保障体系正在走向成熟、定型，全民共享的社会保障安全网进一步织密扎牢，全国人民的获得感、幸福感、安全感显著增强。

我国在发展经济的同时，致力于改善民生，一项项民生举措不断出

---

① 《中华人民共和国 2010 年国民经济和社会发展统计公报 (2011 年 2 月 28 日)》《中华人民共和国 2019 年国民经济和社会发展统计公报（2020 年 2 月 28 日）》，国家统计局网，http://www.stats.gov.cn/tjsj/tjgb/ndtjgb。

② 《2019 年文化和旅游发展统计公报（2020 年 6 月 22 日）》，中央人民政府网，http://www.gov.cn/shuju/2020-06/22/content5520984.htm。

③ 《中华人民共和国 2019 年国民经济和社会发展统计公报（2020 年 2 月 28 日）》，国家统计局网，http://www.stats.gov.cn/tjsj/zxfb/202 002/t20200228-1728913.html。

台，一个个政策礼包不断送出，一批批惠民工程不断实施，发展成果更多更公平惠及全体人民。进一步加大工作力度，增加资金投入，完善配套措施，健全制度安排，更加科学有效、扎实稳步地推进保障和改善民生工作，在学有所教、劳有所得、病有所医、老有所养、住有所居上持续取得新进展。

第八章　新发展理念提出的时代背景

马克思主义认为，实践是认识的基础。任何一个伟大理论都是在实践中产生，在实践中发展的。新发展理念的提出，也不是凭空产生的，它是在总结我国社会建设发展规律、借鉴国内外发展经验、立足于我国现阶段发展特征的基础上提出来的。

一、新发展理念提出的国际背景

中国的发展离不开世界，世界的发展同样离不开中国。新发展理念的提出，离不开国际政治经济的大背景。当今世界正经历百年未有之大变局，具体表现为：全球治理体系深刻变革、大国博弈日益激烈、世界经济增长乏力、全球生态环境面临严峻挑战，这些变局为我们重新审视发展战略，提出新的发展理念提供了国际背景。

（一）全球治理体系深刻变革

全球治理是指由国家或经济体构成的多权力中心的国际社会，为处理全球问题而建立的具有自我实施性质的国际制度、规则或机制总和；或在没有世界政府情况下，各国际博弈者通过集体行动克服国际政治中市场失灵的努力过程[①]。当前，国际社会面临“百年未有之大变局”，全球治理遭受大国单边主义和保护主义的冲击，全球治理体系正在发生深刻变革，具体表现在以下几个方面。

1. 全球治理的权力结构变革

进入新世纪以来，伴随着新兴大国的群体性崛起，以美国为代表的西方国家实力开始逐渐衰落，“东升西降”的国际格局日益明朗，使得全球治理的权力结构发生了深刻变化，全球治理体系出现了松动乃至瓦解的风险。

当前的全球治理体系是基于二战之后的权力结构形成的，在诸如国际货币基金组织和世界银行等核心多边机制中，西方发达国家拥有更高的决

---

① 张宇燕、任琳：《全球治理：一个理论分析框架》，《国际政治科学》2015 年第 3 期。

策权，特别是美国享有一票否决权，而发展中国家的“代表性”相对不足，参与国际事务的制度性话语权却相对不足。但近十几年来，一批新兴国家开始崛起，它们在发展自身经济的同时，也为世界经济的增长作出了诸多贡献，提供了大量的公共产品。随着广大发展中国家的觉醒，发展中国家参与国际事务的意愿和能力大为提高。与此同时，发达国家在国际组织中的影响力和软实力相对有所下降，全球治理体系所依托的权力结构发生了显著变化。这种变化让既得利益者，特别是美国认为其在现行全球治理体系中实现国家战略意图的难度上升了、“先行者优势”下降了，进而降低了支持现行全球治理体系的积极性。

以世贸组织（WTO）上诉机构改革为例，历史上美欧曾大力推动WTO仲裁机制的建立。但近年来，美国却因在某些议题领域败诉的概率逐步上升且高于发展中国家，而对WTO的仲裁机制极度不满，指摘WTO相关条款中有维护发展中国家利益的特殊条款，并阻挠其上诉机构改革。因此，以WTO为代表的多边贸易机制改革严重受挫，多边仲裁机制几近“停摆”。必须指出的是，美国所谓的“利益受损”，并没有计算过去从全球治理体系中获取的“存量利益”，而却计较其他国家的“增量利益”。但目前全球治理体系中的权力结构变化，导致了美国参与全球治理的积极性不断下降，现行全球治理体系的效能不断降低，甚至出现了瓦解的可能。

2. 全球治理赤字不断扩大

当前，世界范围内金融危机、恐怖主义、网络犯罪、气候变化等非传统安全挑战不断加剧，全球治理的重要性日益凸显，维持全球治理体系的稳定符合各国谋求和平、稳定与发展的诉求。全球性问题的解决需要大国协商一致，共同提供公共产品。但是，大国尤其是主导国的退出行为不仅破坏了契约精神，更破坏了全球治理体系的稳定，扩大了全球治理赤字。

最近几年来，美国相继退出联合国教科文组织、联合国人权理事会、伊朗核问题全面协议等国际多边机制。美国之所以选择“退群”，除了其自认为从现行全球治理体系中的收益相对下降之外，还有两方面原因：新兴国家的崛起和盟国体系的松动。而美国的“退群”行为在诸多议题领域触发了全球治理赤字进一步攀升的风险。例如，美国退出联合国国际法庭，将美国利益置于国际公义之上，很可能致使国际正义缺席的现象频繁发生，引发全球公平赤字。再如，美国因认定《巴黎协定》不利于美国重振油气与煤炭等工业部门、影响美国国内就业而宣布单方面退出该协定，导致全球减排目标几乎不可能完成。美国退出多边体系、阻挠 WTO 上诉机构改革、无视国际义务、践踏契约精神等种种行为，严重影响了全球公共产品的供给，导致全球治理赤字扩大，进一步增加了国际形势的不确定性。

3. 全球治理规则严重滞后

相对于世界经济的快速发展，当前的全球治理规则严重滞后，无法应对和满足各种现实的全球治理需求，这是当下全球治理体系发生变革的一个重要原因。

一是随着时代的发展，部分概念的内涵和外延发生变化或存在争议，需要进一步探讨以达成共识，如国有企业的定义、竞争中性的概念等。例如，关于国有企业的定义，中国的国有企业占比远低于部分北欧国家，但美欧发达国家一再争论前者而未质疑后者，其背后的政治潜台词显而易见。将此类争议点置于国际多边平台并在规则层面上予以讨论，厘清现代社会对国有企业的定义，进而更加贴近各国实际去判断占比高低，能够避免不必要的摩擦。再如，竞争中性的概念最早源于 1993 年澳大利亚国内经济改革，旨在确保公共企业与私人企业平等竞争，2009 年经济合作与发展组织（OECD）采纳了该原则，最终获得美国认可，并被推广到《跨太平洋伙伴关系协定》（TPP）等国际贸易谈判中，后逐步演变为国际经贸通行规则。然而，新兴国家和发展中国家并未有效参与到这个概念的讨论和标准的裁定过程中，而且基于各国国情不同，对竞争中性也存在一定的差异化理解。因此，与时俱进、多维深入地探讨竞争中性的概念和标准，并在国际规则层面获得各成员国（地区）的认可，是推动全球治理规则现代化、满足全球治理现实需求的重要方面。

二是随着时代的进步，全球治理中出现了一些新领域、新问题，在原有全球治理体系中没有成熟的规则和标准与之相匹配。如电子商务、跨境电商、数字货币和人工智能出现，不仅意味着新的商业利益博弈，更意味着各国将面临前所未有的跨境的、非传统的、始料未及的新安全挑战，如果不予以及时治理，后果不堪设想。以数字货币为例，数字货币在方便了人们生活的同时，也成为国际恐怖主义的融资媒介、暗网绑架和违法交易的货币媒介以及新型腐败的中间货币。这些新生事物处于全球的“治理盲区”，极易被不法分子利用，成为犯罪的工具，威胁国际社会的安全与稳定。因此，国际社会必须针对此类行为，开展对话合作，借助法律法规进行良性引导，形成有效的全球治理规范和规则体系，有效防治此类安全风险的潜在威胁。

4. 大国博弈超出多边规则框架

随着美国等大国频繁单方面超越多边规则框架而挑起大国博弈，全球治理体系常态化改革的必要性骤然上升。所谓常态化改革是指在无政府状态下的国际社会中，各问题领域的全球治理或各相关国际组织都会面临的“集体行动”难题，如联合国大会讨论的参与度和有效性偏低、WTO上诉机构停摆与谈判效率低下等。美国经济学家和社会学家曼瑟尔·奥尔森在《集体行动的逻辑》一书中认为，成员多的大组织都面临集体行动难以达成和“搭便车”行为频发的问题，缩小决策群体的规模，或者为部分参与者提供选择性激励等途径，都可以用来提高决策效率。

然而，近年来大国博弈日渐激烈，现行全球治理体系无法为缓解矛盾及时提供有效的议事平台与解决方案，有些国际组织甚至面临着自身生存的问题。在单边主义和霸凌主义盛行、不确定性风险骤增的当下，如果失去国际规则的约束，大国博弈超出多边规则框架，冲突升级现象的发生将很难避免；如果没有国际规则的及时升级，全球治理很可能走向失效，世界秩序亦因此更加充满不确定性。因此，国际社会共同努力加大全球治理体系常态化改革力度，把大国间冲突置于规则框架内，加强风险管控，避免大国博弈态势上升，是十分必要的。

（二）大国博弈日益激烈

第二次世界大战以来，建立在布雷顿森林体系上的多边贸易体系极大地促进了全球经济的融合与发展。然而，伴随着全球化发展的失衡，国际力量也发生了深刻变化。同时，叠加新冠病毒全球大流行的影响，地缘经济政治相互交织，大国之间的竞争和博弈日益激烈。

1. 中美战略竞争日益凸显

国际金融危机以来，为了保持在世界经济政治格局中的领导者地位，美国在维护和打造自身竞争优势的同时，不断扩大在印太地区的影响力。从奥巴马政府的“亚太再平衡”到特朗普政府和拜登政府的“印太战略”，不变的逻辑是对美国核心利益的维护，针对中国的思路日益清晰。

中美战略竞争始于特朗普时代。美国一方面挑起了针对中国的贸易摩擦，以单边主义保护美国的产业利益；另一方面，通过升级现有的双边贸易协定为新时代的区域贸易协定制定规则，确立了高标准的门槛。例如，特朗普政府主导的《美墨加三国协议》（USMCA），树立了当前最高开放水平的负面清单模式标杆，实施严格的原产地标准，着眼于将产业链和供应链布局在周边国家，而且加入了将中国排除在新一代自由贸易协定外的“毒丸条款”。拜登政府认为，“美中竞争将进入关键的十年”，不仅继承了特朗普对中国商品的关税和在科技等关键领域与中国的脱钩，而且在2022年8月出台的《芯片与科学法案》中进一步限制了中美的正常科技合作，加强半导体、6G技术等新兴技术领域的研发，以保持对中国的竞争优势。

2022年10月，美国发布的《国家安全战略》将中国定义为“最严重的地缘政治挑战”，确定了对华“投资、结盟、竞争”的总体方针。配合地缘政治格局演变，拜登政府强化了奥巴马政府“一体两翼”的地缘经济布局。一方面，修复与欧洲盟友的关系。在奥巴马政府跨大西洋贸易与投资伙伴协议（TTIP）框架的基础上，美国欧盟贸易和技术委员会（U.S.-EU Trade and Technology Council，TTC）于2021年成立，下设技术标准、气候与清洁技术、供应链安全、信息通信技术（ICTS）服务、安全和竞争力、出口管制合作、投资筛选合作等10个重点工作小组，并避开了 TTIP中投资者与国家争端解决（ISDS）等棘手问题，针对中国的意图同样明显，其本质是重新建立了大西洋以共同价值观为基础的全球贸易、经济和技术问题合作机制。另一方面，启动“印太经济框架”（IPEF）与中国的“一带一路”倡议抗衡，增强美国在太平洋区域的影响。该框架以数字经济、供应链、清洁经济和公平经济为四大支柱，以跨太平洋伙伴关系协定（TPP）、USMCA 等最后一代协议为基础，在某些领域希望制定更高标准的规则，其本质是与中国积极参与的区域全面经济伙伴关系协定（RCEP）进行未来经贸规则制定主导权的抗衡。

伴随着美国和中国之间日益扩大的地缘政治分歧，加之新冠病毒感染冲击下被数倍放大的供应链安全问题，美国正试图联合盟友通过“小院高墙”在世界范围内推动以“自由”“公平竞争”等价值观为基础的国际经贸规则，某种程度上导致了已经完成谈判的中欧投资协定搁浅，区域经济一体化进程呈现意识形态化趋势，其本质是为21世纪的贸易规则、技术和供应链制定标准，以保护欧美在未来产业与领域的竞争力。

2. 俄乌冲突深刻改变世界经济政治格局

俄罗斯与乌克兰之间的冲突是当前地缘政治的热点。俄乌冲突爆发以来，美国联合北约盟友对俄罗斯进行了全面无差别的制裁，其中大部分为金融制裁，如冻结俄罗斯央行外汇储备、将其踢出国际资金清算系统（SWIFT），这使俄罗斯与世界经济硬脱钩，对俄罗斯与世界经济都造成了严重的破坏。

虽然俄罗斯与乌克兰在世界经济中所占的比重并不高（以2021年计，二国合计贡献了1.7%的世界生产总值和3.2%的货物出口额），但二者特别是俄罗斯是世界能源、粮食和化肥的主要供应商，俄乌冲突直接导致了大宗商品价格暴涨、能源和粮食安全危机，因供应链断裂和物流成本上升间接导致商品价格上升。这不但对进口能源依存度较高的欧洲国家形成了巨大挑战，进一步增加了全球经济下行风险，也将加速全球供应链重构进程，导致进一步的“去全球化”。

2022年3月，美国承诺当年向欧盟额外提供150亿立方米液化天然气，至少在2030年前额外提供约500亿立方米液化天然气，帮助其减少对俄罗斯的能源依赖，并将加强在绿色能源方面的技术合作，开启了“能源马歇尔计划”，以增强美欧盟友之间的能源纽带。同时，美国还利用其主导地位，联合欧洲、日本等盟友，威胁取消俄罗斯在世界贸易组织（WTO）中的最惠国待遇、中止俄罗斯的成员地位，迫使俄罗斯相继退出欧洲委员会和 WTO，重新回到双边贸易关系时代，也使得世界多边贸易体系后退一大步。

3. 世界经济政治秩序向两个平行体系演变

美国国家安全战略提出，“优先事项将是维持对中国的持久竞争优势，同时遏制仍然十分危险的俄罗斯”。当前，地缘政治格局中最大的博弈在中美之间，最激烈的交锋在俄乌之间，美国广泛拉拢政治盟友对中俄进行捆绑遏制，并将地缘政治延伸到地缘经济，加速了跨大西洋联盟与欧亚大陆联盟两大阵营的形成。

虽然美国和中国都不是俄乌冲突的当事方，但俄乌问题已经成为双方的另一个角力场。美国不仅通过施加道德压力促使中国在俄乌冲突中选边站，而且将安全和意识形态与贸易捆绑，通过军事化联盟对中国进行战略遏制。美国不断通过现有的五眼联盟、四方会谈等军事合作机制，拉拢印度、澳大利亚、日本等国家，并采取美国领先、其他国家跟进的模式，协调针对中国的科技合作机制，逐渐加强在印太地区的影响力，如加强新兴技术和网络空间的共同合作；美国也与日本和荷兰达成协议，对中国获得先进芯片制造工具施加进一步限制。北约的军事联盟也呈现“亚太化”趋势，广泛讨论采取经济措施遏制中国挑战，如对人工智能、太空等军事相关技术实施投资审查和出口管制，限制信息网络供应链中的中国元素，排除公路、港口等战略基础设施受中国投资的影响。

目前，韩国和日本也正积极加入北约框架，土耳其等国家为提升国际地位举棋不定。地缘政治投射在地缘经济上的阴影越来越大，大国博弈打破了全球化时代以能源供应为基础的俄欧伙伴关系和以全球价值链分工为基础的中美伙伴关系，正将世界从以欧盟、北美和东亚为三大中心的全球价值链体系推向包括欧洲和美国的跨大西洋以及包括俄罗斯与中国的欧亚大陆两大平行的区域供应链体系，并将深刻影响21世纪的世界经济秩序和国际经贸规则。

在大国博弈日益激烈的大背景下，我国地缘政治经济关系也变得十分复杂，安全形势不容乐观。面对这种复杂的地缘政治关系，中国要想突破困境，实现经济社会健康发展，就必须用新的发展理念引领中国的发展。

（三）世界经济增长乏力

自2008年国际金融危机爆发以来，世界经济先后遭受了美国次贷危机和欧洲债务危机的轮番打压，以及国际贸易保护主义和新冠病毒全球大流行的双重夹击，各国经济增长缓慢，一些国家和地区经济甚至出现了负增长。国际货币基金组织（IMF）2021年4月14日发布的《世界经济展望报告》认为，目前世界经济增长正在遭遇20世纪30年代大萧条以来最严重的打击，预计2020年全球GDP增长将萎缩3%，这是大萧条以来，全球第一次面临发达经济体和新兴经济体同时进入衰退。

从整体上看，当前世界经济增长乏力，具体表现为以下特征。

1. 生产总值大幅负增长

2020年世界经济增速大幅下降，主要经济体实际GDP普遍出现大幅负增长。国际货币基金组织预测数据显示，2020年世界GDP增长率比2019下降7.2个百分点。其中，发达经济体2020年GDP增速为-5.8%，比 2019 年下降 7.5 个百分点；新兴市场与发展中经济体 GDP 增速为 -3.3%，也比 2019 年下降 7.0 个百分点。

2. 失业率开始升高

疫情暴发前，世界主要经济体的失业率均处于历史低位。疫情暴发后，各国失业率明显上升。特别是在疫情暴发初期，不少国家均采取了相对严厉的防控措施，加上居民对疫情的恐慌，一些国家短期内出现了大规模失业。随着各国政府的经济救助政策不断出台，疫情形势好转，经济活动在疫情防控状态下逐步复工复产，部分国家失业状况有所缓解，但与上年同期相比，世界各国失业率均有所上升。且秋冬季疫情反弹，全球失业状况再次恶化。

3. 国际贸易显著萎缩

受中美两国经贸冲突以及美国与其他国家的贸易冲突影响，全球国际贸易在 2019 年出现了萎缩。2020 年受疫情冲击，国际贸易再次萎缩，且萎缩幅度显著扩大。2020 年一季度和二季度，世界货物出口额同比增长率分别为 -6.4% 和 -21.3%，比上年同期降幅分别扩大 4.0 和 18.1 个百分点点。排除价格因素后的实际世界货物出口总量同比增长率分别为 -2.7% 和 -16.3%，比上年同期分别下降 3.3 和 16.0 个百分点。

4. 国际直接投资断崖式下降

2019 年全球外商直接投资（FDI）流入额为 1.54 万亿美元，比上年小幅上升 3%。新冠病毒感染疫情中断了国际直接投资的复苏势头。疫情不仅使投资机会减少，而且使已有的国际投资项目不得不推迟甚至取消。2020 年上半年，全球 FDI 流入额比上年同期下降 49%，其中流入发达经济体的 FDI 下降 75%，流入发展中经济体的 FDI 减少 16%。联合国贸发会估计，2020 年全球国际直接投资流量将比 2019 年大幅下降 40%，2021 年全球国际直接投资流量将在 2020 年的水平上进一步减少 5%~10%。

5. 全球金融市场大落大起

2020 年全球疫情暴发后，主要经济体资本市场出现大幅震荡，美国股市四次熔断。各主要中央银行实施大力度货币宽松政策，并对金融市场和实体经济进行救助，推动各国股市重新走高，在实体经济衰退过程中制造出了股市繁荣。美元对主要货币贬值，美元指数下行。黄金避险功能强化，金价大幅上升。2020 年 3 月 9 日至 18 日，美国股市在 8 个交易日内

4 次熔断，两周之内，美国道琼斯工业平均指数、标准普尔 500 指数和纳斯达克指数分别下跌 25%、22% 和 20%。世界各主要经济体的股指也纷纷大幅度下挫。

6. 全球债务水平快速攀升

受大规模经济救助和刺激政策影响，2020 年全球政府债务水平大幅度攀升，且发达经济体政府债务水平上升幅度明显高于新兴市场和发展中经济体。发达经济体政府总债务与 GDP 之比从 2019 年的 105.3% 上升至 2020 的 125.5%，一年之内提高 20.2 个百分点；政府净债务与 GDP 之比从 2019 年的 76.7% 上升至 2020 年的 96.1%，提高幅度也接近 20 个百分点。新兴市场与中等收入经济体总债务 /GDP 从 2019 年的 52.6% 上升到 2020 年的 62.6%，提高约 10 个百分点，总体上超过 60% 的国际警戒线。低收入发展中国家的政府总债务 /GDP 从 2019 年的 43.3% 上升到 2020 年的 48.8%，提高约 5.5 个百分点。

在全球经济增长乏力的大背景下，全球经济出现严重分化。发达国家面临着流动性陷阱、深陷债务危机、人口老龄化、新冠病毒感染疫情失控等种种问题。新兴经济体的经济表现也出现了不同程度的分化，过于依赖资源能源价格的国家，如巴西、俄罗斯等经济增速明显下降。印度尽管受国际贸易的影响较小，但是金融体系脆弱，而且面临着国际资金外逃的打击。而且新兴经济体中很多国家也存在疫情控制不力、医疗资源匮乏和疫苗短缺的问题，疫情有逐渐蔓延趋势。从整体上来看，全球经济严重分化可能会加剧全球竞争，越发让贸易保护主义抬头。这些问题无疑给中国的经济增长形成新的巨大压力，需要我们以新的发展理念来主动适应新的全球经济形势。

（四）全球生态环境面临严峻挑战

由于人类工业化和城市化进程的加快，人类以人定胜天的激情狂热地征服自然、改造环境，无节制地把自己推向与自然世界对立的状态，更严重的是人类在无休止的欲望中开足以消费促生产的战车，无限度地掠夺自然资源和高度消耗、浪费地球资源，使地球资源处于枯竭状态。为此，2017 年 4 月 6 日，《世界环境》杂志和《中国日报》社联合评选出“2016 年全球十大环境热点”，其凸显的一个核心主题是紧急行动应对日益恶化的生态环境。

生态环境问题从古至今一直存在。只是随着经济高速发展，全球化不断深入，全球生态环境问题日益突出，成为世界各国关注的焦点。生态环境问题是20世纪人类出现的最严重危机，也是21世纪人类面临的最重大挑战。当前世界生态环境现状中存在的问题主要表现为以下方面。

（1）全球气候变暖。导致全球变暖的主要原因是人类在近一个世纪以来大量使用矿物燃料（如煤、石油等），排放出大量的CO_2等多种温室气体。这些温室气体导致全球气候变暖。全球气候变暖、气温升高所带来的热能供给空气和海洋，从而形成大型甚至超大型台风、飓风、海啸等灾难；气温升高会加剧陆地和海洋水分蒸发，造成内陆地区大面积干旱，破坏海洋中以珊瑚为中心的生物链。

（2）大气污染。大气污染是由于人类活动或自然过程引起某些物质进入大气中，呈现出足够的浓度，达到足够的时间，并因此危害了人体的舒适、健康和福利或环境的现象。大气污染的危害性是多方面的，人类是大气污染的直接受害者之一。人类在大气污染的荼毒下，寿命逐渐缩短，各类呼吸道疾病病例随着大气污染的日趋严重与日俱增。大气污染物，尤其是二氧化硫、氟化物等对植物的危害是十分严重的，可直接缩短植物寿命甚至导致植物死亡。

（3）水体污染。水体污染主要是指人类活动排放的污染物进入水体，引起水质下降，利用价值降低或丧失的现象。造成水污染的原因有两类：一类是人为因素造成的，主要是工业排放的废水、生活污水、农田排水、降雨淋洗大气中的污染物以及堆积在大地上的垃圾经降雨淋洗流入水体的污染物等。另一类为自然因素造成的水体污染，诸如岩石的风化和水解，火山喷发、水流冲蚀地面、大气降尘的降水淋洗。由于人类因素造成的水体污染占大多数，通常所说的水体污染主要是人为因素造成的污染。

（4）海洋污染。海洋污染是指人类改变了海洋原来的状态，使海洋生态系统遭到破坏。海洋污染的各类有害物质进入海洋环境，直接或间接导致海洋内各类生物的生存环境恶化。近年来海洋中发生各类污染事故，频繁出现海洋生物减少或死亡，甚至部分生物物种灭绝的现象。随着海洋生态系统的逐步恶化，人类从海洋获取的海洋资源也逐渐减少。我们餐桌上的海鲜，逐渐由捕捞改由人工养殖，最初的无公害海鲜也逐渐出现了重金属超标。海洋污染已经危害到人类的健康和安全使用海洋资源，如果任由海洋污染恶化，海洋中的生态资源可能会成为人类的毒药。

（5）土地荒漠化。荒漠化是由于干旱少雨、植被破坏、过度放牧、大风吹蚀、流水侵蚀、土壤盐渍化等因素造成的大片土壤生产力下降或丧失的自然（非自然）现象。土地荒漠化和沙化是一个渐进的过程，但其危害及其产生的灾害却是持久和深远的。土地荒漠化和沙化直接导致区域内水土流失，动植物消失甚至灭绝，给区域生态系统造成毁灭性危害。人类所面临的不仅仅是土壤生产力下降所带来的贫困，更要面对江河安全威胁和沙尘暴灾害。

（6）生物多样性减少。生物多样性是地球生命的基础，对于人类来说生物多样性具有直接使用价值、间接使用价值和潜在使用价值。导致生物多样性丧失的原因很多，归纳起来主要有 5 个方面：一是生物栖息地的丧失和破碎化，人为对土地的开垦和扩张，使未受干扰的自然生境面积急剧缩小和破碎化，环境污染以及气候变化也造成了物种的消失；二是荒漠化，荒漠化土地占全球陆地面积的 30%，而且还在扩大；三是过度利用与消费，大量的野生生物资源遭到过度开发和利用，造成生物多样性的严重减退；四是生物入侵，外来物种的侵入造成很多当地物种的生存环境不断恶化，改变了生态系统的构成，造成一些物种在当地的丧失，甚至灭绝；五是规模化农业生产的影响，大规模的农业生产方式会间接造成几千年来农民培育和保存的大量作物品种和家畜品种的丧失，使遗传多样性受到影响。

此外，全球生态环境恶化还表现为酸雨蔓延、固体颗粒物污染、臭氧层遭受破坏等多个方面。虽然当前国际社会与各个国家都在呼吁也在改善生态环境状况，但是改善是局部的，人类总体的生态环境还是在恶化，生态环境的治理速度远赶不上人类的破坏速度。并且随着生产力的发展和对经济增长的过于追求，生态环境的破坏程度也在加剧，同时环境污染与环境破坏所带来的危害也越发明显，生态赤字逐渐扩大。可以看到全球生态环境问题是全球性的，是超越意识形态出现的，而且生态环境被破坏后还有不可逆转性。

为了解决环境污染与生态危机，世界各国都开始反思人类与自然的关系。而马克思恩格斯早在 18 世纪就非常关注这一问题，这也体现出了马克思主义的超前性。西方发达国家的学者们在反思的基础上形成了西方生态伦理学。但是西方国家反思的出发点是研究西方发达国家的生态环境问题，而不是用全球视野来审视和把握全体人类的生存与发展问题，缺乏国际公正的观点。他们在研究生态环境问题，寻找解决对策时，提出的都是有利于西方发达国家而不利于发展中国家的双重标准。随着经济全球化的不断深入，生态环境问题不仅仅是人与自然、人与人的关系，还涉及国家与国家的利益和发展。一旦牵涉利益与国家发展，生态环境领域中各国之间的矛盾与冲突也与日俱增，这主要还是发达国家与发展中国家之间的博弈与竞争。

自2008年金融危机后，联合国率先作出了行动，呼吁世界经济发展朝着“绿色化”转型，联合国环境规划署提出了“全球绿色新政”和“发展绿色经济”的倡议，之后又发布了《绿色经济报告》，指出发展绿色经济将成为消除贫困、实现可持续发展的重要战略。在全球生态环境日益恶化的大背景下，要实现中国经济的持续、健康发展，守护人类共同的生态家园，就必须转变旧的发展方式，确立新的发展理念。

二、新发展理念提出的国内背景

党的十九大庄严宣告，中国特色社会主义进入新时代。新时代的一些阶段性特征，决定了引领中国社会经济历史性变革，也引领了发展理念的转变。

（一）经济步入新常态

2014年5月，习近平总书记在河南考察时指出，“我国发展仍处于重要战略机遇期，我们要增强信心，从当前我国经济发展的阶段性特征出发，适应新常态，保持战略上的平常心态。”① 这是中央领导人首次以“新常态”描述新周期中的中国经济。此后，经济发展新常态一词，就屡屡出现在领导人讲话和中央的文件、公报中。那么，什么是经济发展新常态呢？

全面认识和把握新常态，需要从时间和空间的大角度审视我国发展。从时间上看，新常态是我国不同发展阶段更替变化的结果。党的十八大后，我国经济发展正处于增长速度换挡期、结构调整阵痛期和前期刺激政

① 《深化改革发挥优势创新思路统筹兼顾，确保经济持续健康发展社会和谐稳定》，《人民日报》2014年5月11日，第1版。

策消化期“三期叠加”阶段，面临着经济发展速度换挡节点，如同一个人10岁至18岁期间个子猛长，18岁之后长个子的速度就慢下来了；面临着经济发展结构调整节点，低端产业产能过剩要集中消化，中高端产业要加快发展，过去生产什么都赚钱、生产多少都能卖出去的情况不存在了；面临着经济发展动力转换节点，低成本资源和要素投入形成的驱动力明显减弱，经济增长需要更多驱动力创新。从空间上看，我国出口优势和参与国际产业分工模式面临新挑战，经济发展新常态是这种变化的体现。从一些世界贸易大国的实践看，当货物出口占世界总额的比重达到10%左右，就会出现拐点，增速要降下来。我国货物出口占世界总额的比重，2010年超过10%，2014年达到12.3%。这意味着我国出口增速拐点已经到来，今后再要维持出口高增长、出口占国内生产总值的高比例已不大可能。这就要求必须把经济增长动力更多放在创新驱动和扩大内需特别是消费需求上。从时空两方面综合来看，我国发展的环境、条件、任务、要求等都发生了新的变化，经济发展进入新常态。

新常态下，我国经济发展有以下几个明显的特征。

（1）从消费需求看，过去，我国消费具有明显的模仿型排浪式特征，你有我有全都有，消费是一浪接一浪地增长。现在，“羊群效应”没有了，模仿型排浪式消费阶段基本结束，消费拉开档次，个性化、多样化消费渐成主流，保证产品质量安全、通过创新供给激活需求的重要性显著上升。

（2）从投资需求看，过去，投资需求空间巨大，只要有钱敢干，投资都有回报，投资在经济发展中扮演着重要角色。现在，经历了三十多年高强度大规模开发建设后，传统产业、房地产投资相对饱和，但基础设施互联互通和一些新技术、新产品、新业态、新商业模式的投资机会大量涌现，对创新投融资方式提出了新要求。

（3）从出口和国际收支看，国际金融危机发生前，国际市场空间扩张很快，只要有成本优势，出口就能扩大，出口成为拉动我国经济快速发展的重要动能。现在，全球总需求不振，我国低成本比较优势也发生了转化。同时，我国出口竞争优势依然存在，多少年打拼出来的国际市场也是重要资源。高水平引进来、大规模走出去正在同步发生，人民币国际化程度明显提高，国际收支双顺差局面正在向收支基本平衡方向发展。

（4）从生产能力和产业组织方式看，过去，供给不足是长期困扰我们的一个主要矛盾，现在传统产业供给能力大幅超出需求，钢铁、水泥、玻璃等产业的产能已近峰值，房地产出现结构性、区域性过剩，各类开发区、工业园区、新城新区的规划建设总面积超出实际需要。

（5）从生产要素相对优势看，过去，我们有源源不断的新生劳动力和农业富余劳动力，劳动力成本低是最大优势，引进技术和管理就能迅速变成生产力。现在，人口老龄化日趋发展，劳动年龄人口总量下降，农业富余劳动力减少，在许多领域我国科技创新与国际先进水平相比还有较大差距，能够拉动经济上水平的关键技术人家不给了，这就使要素的规模驱动力减弱。

（6）从市场竞争特点看，过去，主要是数量扩张和价格竞争。现在，竞争正逐步转向质量型、差异化为主的竞争，消费者更加注重品质和个性化，竞争必须把握市场潜在需求，通过供给创新满足需求。企业依赖税收和土地等优惠政策形成竞争优势、外资超国民待遇的方式已经难以为继，统一全国市场、提高资源配置效率是经济发展的内生性要求。

（7）从资源环境约束看，过去，能源资源和生态环境空间相对较大，可以放开手脚大开发、快发展。现在，环境承载能力已经达到或接近上限，难以承载高消耗、粗放型的发展了。人民群众对清新空气、清澈水质、清洁环境等生态产品的需求越来越迫切，生态环境越来越珍贵。

（8）从经济风险积累和化解看，过去，经济高速发展掩盖了一些矛盾和风险。现在，伴随着经济增速下调，各类隐性风险逐步显性化，地方政府性债务、影子银行、房地产等领域风险正在显露，就业也存在结构性风险。这些风险，有的来自经济结构调整中政府行为越位，有的来自市场主体在经济繁荣时的盲目投资，有的来自缺乏长远考虑而过度承诺，有的则与国际金融危机冲击有直接关系。综合判断，我们面临的风险总体可控，但化解以高杠杆和泡沫化为主要特征的各类风险将持续一段时间。

（9）从资源配置模式和宏观调控方式看，过去，总需求增长潜在空间大，实行凯恩斯主义的办法就能有效刺激经济发展；经济发展中的短板很清楚，产业政策只要按照“雁行理论”效仿先行国家就能形成产业比较优势。现在，从需求方面看，全面刺激政策的边际效果明显递减；从供给方面看，既要全面化解产能过剩，也要通过发挥市场机制作用探索未来产业发展方向。

中国经济进入新常态，从高速增长转变为中高增长，经济面临较大下行压力。但也要看到我国仍处于发展的重要战略机遇期，经济发展长期向好的基本面没有变，经济韧性好、潜力足、回旋空间大的基本特质没有变，经济持续增长的良好支撑基础和条件没有变，经济结构调整优化的前进态势没有变。要把握这些经济发展的大势，保持经济持续健康发展，需要新的发展理念来引领。

（二）发展进入新阶段

新时代我国经济发展的基本特征，是由高速增长阶段转向高质量发展阶段。高质量发展，集中体现了坚持以提高发展质量和效益为中心，是为了更好满足人民日益增长的美好生活需要的发展，是体现新发展理念的发展。更通俗地说，高质量发展，就是从"有没有"转向"好不好"。推动高质量发展，对于我国发展全局具有重大现实意义和深远历史意义。

推动高质量发展是保持经济持续健康发展的必然要求。过去，粗放型经济发展方式在我国发挥了很大作用，加快了我国经济发展步伐，但现在再按照过去那种粗放型经济发展方式来做，不仅国内条件不支持，国际条件也不支持，是不可持续的。如今，我国一年的经济增量，就相当于一个中等发达国家的经济规模。由于体量和基数变大，每增长一个百分点，在保就业、惠民生方面的效应明显增大，同时，每增长一个百分点，对资源环境的消耗也成倍增加。中国经济既"做不到"也"受不了"像过去那样高速增长。我国正处于转变经济发展方式的关键阶段，劳动力成本上升，资源环境约束增大，粗放的发展方式难以为继，经济循环不畅问题十分突出。同时，世界新一轮科技革命和产业革命方兴未艾、多点突破。我们必须推动高质量发展，以适应科技新变化、人民新需要，形成优质高效多样化的供给体系，提供更多优质产品和服务。这样，供求才能在新的水平上实现均衡，我国经济才能持续健康发展。

推动高质量发展是遵循经济规律发展的必然要求。有关研究表明，20世纪60年代以来，全球100多个中等收入经济体中只有十几个成为高收入经济体。那些取得成功的国家和地区，就是在经历高速增长阶段后实现了经济发展从量的扩张转向质的提高。那些徘徊不前甚至倒退的国家和地区，就是没有实现这种根本性转变。经济发展是一个螺旋式上升的过程，上升不是线性的，量积累到一定阶段，必须转向质的提升，我国经济发展也要遵循这一规律。通过高质量发展，实现投资有回报、企业有利润、员工有收入、政府有税收，实现生产、流通、分配、消费循环通畅，国民经济重大比例关系和空间布局比较合理，经济发展比较平衡，不出现大的起落，逐步进入高收入经济体行列。

推动高质量发展是跨越经济发展关口的必然要求。在我国这样一个经济和人口规模巨大的国家，高速增长阶段转向高质量发展阶段并不容易，不可能一夜之间就实现。一方面，必须跨越非常规的我国经济发展现阶段特有的关口，要着重打好防范化解重大风险、精准脱贫、污染防治三大攻坚战。这个关口特别是防范化解金融风险的关口过不去，全面建成小康社会就会失去前提条件。另一方面，必须跨越常规性的长期性的关口，大力转变经济发展方式、优化经济结构、转换增长动力，特别是要净化市场环境，提升人力资本素质，增强国家治理能力。这个关口过不去，提前15年基本实现社会主义现代化的目标就会落空，到本世纪中叶全面建成社会主义现代化强国的目标就难以实现。要增强跨越关口、实现经济发展由高速增长阶段向高质量发展阶段的转变，必须统筹做转变发展理念，加强顶层设计。

（三）社会面临新矛盾

马克思主义认为，矛盾是推动事物发展的动力。矛盾又有主要矛盾和次要矛盾之分，主要矛盾是事物发展的决定因素。在社会生活领域，社会主要矛盾是在社会发展过程一定阶段上起主导作用的矛盾，是影响和制约一定时期一个国家发展的决定性矛盾。但社会主要矛盾不是一成不变的。在社会发展一定阶段上，由于社会经济、政治、文化等因素的变化，原有的社会主要矛盾变化。社会主要矛盾发生了变化，又反过来引领社会发展理念的变迁，影响的社会发展过程发生变化。

1956年党的八大指出，在社会主义改造完成之后，“我们国内的主要矛盾，已经是人民对于建立先进的工业国的要求同落后的农业国的现实之间的矛盾，已经是人民对于经济文化迅速发展的需要同当前经济文化不能满足人民需要的状况之间的矛盾”①，从而需要大力发展社会生产力。这一重大认识和判断总体上是正确的，但后来由于“左”的思想干扰，在相当长时期内偏离了党的八大关于社会主要矛盾的正确判断，把无产阶级和资

① 《中国共产党第八次全国代表大会关于政治报告的决议》，人民出版社，1956，第2页。

产阶级之间的斗争当作社会主义社会的主要矛盾，造成了严重后果。随着十一届三中全会把党和国家的工作中心转移到经济建设上来，我们党对八大时的提法作了凝练，提出“在社会主义改造基本完成以后，我国所要解决的主要矛盾，是人民日益增长的物质文化需要同落后的社会生产之间的矛盾”①，并由此提出社会主义初级阶段理论，成为推进新时期党和国家工作的基本依据。推动了我国改革开放和社会主义现代化建设取得巨大成就。

党的十八大以来，中国特色社会主义进入了新时代。在新的历史条件下，科学把握社会主要矛盾变化，对全面推动新时代党和国家事业发展、实现中华民族伟大复兴，具有重大的现实意义。我们党在牢牢把握社会主义初级阶段基本国情的基础上，准确把握我国社会主要矛盾的变化，作出了新的重大判断。党的十九大指出，“中国特色社会主义进入新时代，我国社会主要矛盾已经从人民日益增长的物质文化需要同落后的社会生产之间的矛盾，转化为人民日益增长的美好生活需要和不平衡不充分的发展之间的矛盾。”②

我国社会主要矛盾变化的客观依据有以下几个方面。

（1）社会生产力水平显著提高。经过改革开放40年的发展，我国社会生产力水平总体上显著提高，社会生产能力在很多方面进入世界前列。我国国内生产总值自2010年开始稳居世界第二位，货物进出口和服务贸易总额均居世界第二位，对外投资和利用外资分别居世界第二位、第二位，基础设施建设部分领域遥遥领先，高铁运营总里程、高速公路总里程和港口吞吐量均居世界第一位。工农业生产能力大幅提高，220多种主要工农业产品生产能力稳居世界第一位，一些产品甚至出现大量过剩。这说明，我国长期所处的短缺经济和供给不足状况已经发生根本性转变，再讲“落后的社会生产”已经不符合实际。

（2）人民美好生活需要日益广泛。随着人民生活水平显著提高，对美好生活的向往更加强烈，不仅对物质文化生活提出了更高要求，而且在民主、法治、公平、正义、安全、环境等方面的要求日益增长。改革开放以

① 《改革开放三十年重要文献选编（上）》，人民出版社，2008，第212页。

② 习近平：《决胜全面建成小康社会 夺取新时代中国特色社会主义伟大胜利——在中国共产党第十九次全国代表大会上的报告》，《人民日报》2017年10月19日，第1版。

来，我国人民生活水平不断迈上新台阶，人均国内生产总值从 1978 年的 385 元增长到 2017 年的 59 660 元，年均增长约 9.5%，已经达到中等偏上收入国家水平；城镇居民人均可支配收入和农村居民人均可支配收入分别从 1978 年的 343.4 元、133.6 元提高到 2017 年的 36 396 元、13 432 元；农村贫困发生率从 1978 年的 97.5% 大幅下降到 2017 年的 3.1% 以下，远低于世界平均水平；居民受教育程度不断提高，九年义务教育全面普及，高等教育毛入学率 2017 年达到 45.7%，高出世界平均水平近 10 个百分点；城乡居民健康状况显著改善，居民平均预期寿命 2017 年达到 76.7 岁，高于世界平均水平；社会保障水平极大提高，覆盖城乡的社会保障体系基本建立，其他很多方面的民生保障也有显著改善[①]。随着人民生活水平不断提高，人民群众的需要呈现多样化多层次多方面的特点，期盼有更好的教育、更稳定的工作、更满意的收入、更可靠的社会保障、更高水平的医疗卫生服务、更舒适的居住条件、更优美的环境、更丰富的精神文化生活，人民群众的民主意识、公平意识、法治意识、参与意识、监督意识、维权意识在不断增强。这说明，人民群众的需要在领域和重心上已经超出物质文化的范畴和层次，只讲“物质文化需要”已经不能真实全面反映人民群众的愿望和要求。

（3）我国的发展还不平衡不充分。改革开放以来，虽然我国社会生产力水平总体上显著提高，社会生产能力在很多方面进入世界前列，但发展不平衡不充分也日益突出，已经成为满足人民日益增长的美好生活需要的主要制约因素。影响满足人民美好生活需要的因素很多，但主要是发展不平衡不充分问题，其他问题归根结底都是由此造成或派生的。发展不平衡，主要指各区域各领域各方面发展不够平衡，存在“一条腿长、一条腿短”的失衡现象，制约了整体发展水平提升。发展不充分，主要指一些地区、一些领域、一些方面还存在发展不足的问题，发展的任务仍然很重。从社会生产力来看，我国既有世界先进甚至世界领先的生产力，也有大量传统的、相对落后甚至原始的生产力，而且不同地区、不同领域的生产力水平和布局很不均衡。从“五位一体”总体布局来看，经济社会发展取得重大成就，但各个领域仍然存在这样那样的短板，有些方面还面临不少突

① 中共中央宣传部：《习近平新时代中国特色社会主义思想三十讲》，学习出版社，2018，第 69 页。

出问题。从城乡和区域发展来看，我国城市和乡村之间，东部地区、中部地区、西部地区之间，发展水平差距仍然较大。从收入分配来看，虽然我国人均国民收入在世界上处在中等偏上行列，绝大部分人已经解决了温饱问题，但收入分配差距仍然较大，农村巩固脱贫攻坚成果任务依然繁重，城市还有不少困难群众。这些发展不平衡不充分问题相互掣肘，带来很多社会矛盾和问题，是现阶段各种社会矛盾、社会问题交织的主要根源。发展是动态过程，不平衡不充分是永远存在的，平衡是相对的，但当发展到了一定阶段后不平衡不充分成为社会主要矛盾的主要方面时，就必须下功夫去认识它、解决它，否则就会制约发展全局。

党的十九大报告指出，“我国社会主要矛盾的变化是关系全局的历史性变化，对党和国家工作提出了许多新要求。”① 适应我国社会主要矛盾的变化，需要我们更新发展理念，在持续继续推动我国社会经济发展的基础上，着力解决好发展不平衡不充分问题，大力提升发展质量和效益，更好满足人民在经济、政治、文化、社会、生态等方面日益增长的需要，更好推动人的全面发展、社会全面进步。

（四）生态遇到新挑战

改革开放以来，我国的发展方式一直是传统的工业化发展模式，讲求“先污染、后治理”“增长优先”，这种模式有一个特征就是“高投入低产出、高消耗低效益、高污染低质量”，虽然给经济社会发展带来了巨大的物质财富，但是却对自然生态环境造成了深层次的破坏，生态文明建设不断遇到新挑战，发展面临不可持续问题。

1. 发展观念落后

在发展观念上，我国与西方国家仍然存在着一定的差距。当发达国家与地区纷纷出台政策和法规，扶持规范企业的活动并且大力发展绿色理念时，我国的绿色生态发展观念比较淡薄。此前，我们一直遵循传统发展理念，这种发展理念一旦形成就很难在短时间内彻底消除，非常不利于发展方式的转变。传统的发展观念非常注重 GDP 的增长，非常片面地把经济发展等同于经济增长，而经济增长率就是衡量经济发展的唯一指标。在传统发展理念的指导下，经济增长率与社会财富被一并提起，认为经济增长

① 习近平：《决胜全面建成小康社会 夺取新时代中国特色社会主义伟大胜利——在中国共产党第十九次全国代表大会上的报告》，《人民日报》2017 年 10 月 19 日，第 1 版。

率提高了社会财富就会增长，为了提升经济增长，不惜对自然资源进行掠夺式开发，无视对自然生态环境的破坏，没有认识到这种破坏所带来的后果。

传统的发展观念是功利主义和实用主义的，其主张人类进行经济行为是重点考虑当前可以预期到的直接经济结果，忽视或不考虑未来的经济后果。唯眼前利益论，唯当下增长论，而不顾长远利益，使人类在考虑经济增长与经济发展时不顾及或者忽视对生态环境的破坏，或者认为生态环境等问题只要等经济增长起来了自然就会迎刃而解。这种思想对地方政府也造成了影响，他们更加注重招商引资和财政收入，追求 GDP 的高速增长，却忽略了 GDP 的增长质量、人文环境、资源环境指标等，用资源环境作为代价，一味地向自然索取，造成了严重的生态环境问题。

可以看到，环保意识在我国形成相对较晚，并未形成广泛的环保意识。大多数企业特别是中小企业，在环境保护方面缺乏紧迫感和危机感，并且公众与个人都对绿色环保的生态发展观念认识不清，绿色的发展思想还没有确立，一些地方政府虽然制定了本地区有关生态环境和绿色发展的规划，但缺乏前瞻性，不够重视。

2. 发展方式滞后

传统发展观念的落后势必会导致发展方式的滞后。长期以来，中国遵循的是传统的经济增长方式，这种经济增长方式是不可持续的，是粗放型经济。我国的经济增长主要是靠出口、投资还有第二产业带动，经济结构内部严重失衡，是高碳的忽略环境的经济增长方式，更重要的是，在高新科技方面，我国还属于技术引进型国家而不是技术共同进步型国家。尽管在改革开放之后，中国也出现了许多关于经济增长的新观点与新思想，但是传统的粗放型经济增长方式仍然存在，这主要是由发展观念的落后，传统发展方式具有很强的惯性，我国当前高新技术水平发展缓慢，人口压力和就业压力较大，以及中国特殊的资源禀赋结构造成的。

3. 发展技术落后

作为发展中国家，中国的科技水平仍旧相对落后，低碳技术的开发与储备不足，这是制约我们发展绿色经济的最大制约因素。中国的技术开放能力、关键设备制造能力与发达国家相比都有一定差距，我国还没有形成绿色经济发展的产业体系。对于高新技术，中国只能向国际技术市场购买和引进，这将是一个沉重的负担。不仅如此，我国的科技创新进程较为缓慢，传统的发展观念制约了我们的绿色科技创新，生态环境保护管理体制机制的不健全也影响到企业和公众对绿色科技创新费用投入的信心。

粗放型的发展方式对生态效益和社会效益都带来了消极的影响。粗放型发展模式带来了城乡差距加大，区域发展不平衡，经济发展与社会发展脱节，高新科学技术创新动力不足等一系列问题，而最主要的是给生态环境带来了不可逆转的破坏。

4. 发展资源紧缺

中国目前的发展资源与发展环境有着强约束压力。首先，中国的土地资源紧张并且土壤污染严重。中国陆地面积占世界陆地面积的1/15，中国的人均耕地是世界平均水平的40%，但中国不能利用的土地面积如沙漠、戈壁等占国土面积的23.49%，耕地仅占14.5%，我国的后备土地资源明显不足。同时，中国的土壤受污染情况也比较严峻，部分地区土壤污染情况较重，土壤环境堪忧。众所周知，重金属对土壤的污染基本上是一个不可逆转的过程，有机化学物质的污染也需要较长时间才能降解，治理难度非常大。其次，我国能源资源短缺。中国是世界上最大的能源生产和消费国，我国目前已经探明的油气资源与大宗矿产资源严重紧缺，生物资源的认知、收集、储备和发掘严重不足。第三，水资源短缺并且水污染的压力持续存在。中国水资源短缺已是常态，在联合国2009年发布的《世界水资源发展报告》中国被列为缺水严重国家。水资源时空分布非常不均，我国水资源分布南方多、北方少，山区多、平原少，与人口、经济、耕地、能源等经济社会要素布局不相匹配。比如，长江流域以北的广大地区，国土面积占全国的64%，人口占46%，耕地面积占60%，GDP总量占44%，但水资源量仅占全国的19%。特别是京津冀所在的海河流域，是我国水资源供需矛盾最为突出的地方①。不仅如此，中国还面临水污染的压力，近年来我国污水排放量以18亿立方米/年的速度迅猛增加，全国每天的工业废水和生活污水总量近1.64亿立方米，这其中几乎80%未经处理便直接排入各个水域②。第四，空气污染影响广泛而深远。空气污染特别是雾霾天气的多发，对中国生态环境和经济社会都造成了严重的影响，雾霾治理任重

① 《水，如何平衡发展之重》，《光明日报》2021年7月10日，第9版。

② 叶世文：《浅析我国水资源污染的困境与对策》，《法制博览》2019年第35期。

而道远。第五，整体生态环境恶化的趋势并未得到根本遏制。资源在我国的浪费型使用和环境的破坏性使用情况仍然存在，我国面临着水土流失严重，生物多样性减少的严峻生态环境形式。

5. 生态管理体制机制存在缺陷

我国生态环境存在着环境资源配置扭曲、生态环境产品市场供给不足的现象。并且由于政府管理不足，生态环境问题越来越严峻了。在生态环境管理的体制机制上，中国的生态环境管理体制结构和工作方式趋向于中央政府主导型。中央管理权力集中，但是，中央与地方政府在环境保护管理的职责方面划责、划界并不清晰，导致同时出现了中央管理缺失和中央管理越位的现象，无法有效实施环境保护管理的功能。生态环境管理部门之间存在职能交叉，甚至在部门内部也有职能交叉的现象，缺乏统一的协调性。并且，我国的生态环境保护部门在国家政体决策中的地位不高，环保问题没有融入经济、社会决策之中，导致环保部门所拥有的制定和实施政策、法律的权力不够，制约了管理部门的执行能力。在生态环境的监管机制上，生态环境管理的执法主体和监测力量分散，不能有效地对地方政府及环保部门进行环境执法监督职能配置，监管手段缺乏。同时，基层环境管理能力较弱、效率也比较低，但基层环保部门被赋予的职能和承担的任务却很重，导致出现小马拉大车现象，还经常在环境监管执法时受到地方政府不适当的干预。在环保管理的制度制定上，环境保护制度的政策也不健全，存在太多行政命令手段而缺乏法律的、市场的手段。公众在环境保护政策制定中的参与能力也相当有限，公众的环保权益未能得到有效保障。

应对生态环境方面的挑战，要求我们必须树立新的发展理念，改进发展模式，坚持节约资源和保护环境的基本国策，像对待生命一样对待生态环境，实现经济社会发展和生态环境保护协同共进，为人民群众创造良好生产生活环境，为经济持续健康发展提供良好的生态环境条件。

第九章　创新发展：国家发展全局的核心

“胸怀千秋伟业，恰是百年风华。”面向五千年文明史、五分之一世界人口的复兴伟业，永葆初心、矢志创新、自我革新，是我们党继往开来、创造千秋伟业的密码。创新作为引领发展的第一动力，必然处于国家发展全局的核心位置。2015 年 10 月 26 日至 29 日召开的十八届五中全会上，习近平总书记指出：“我们必须把创新作为引领发展的第一动力……把创新摆在国家发展全局的核心位置，不断推进理论创新、制度创新、科技创新、文化创新等各方面创新，让创新贯穿党和国家一切工作，让创新在全社会蔚然成风。”① 这是党首次把创新上升到发展理念的高度，并将其放在“五大发展理念”之首，是党中央对发展规律最新的认识。

2020 年 10 月 29 日，中国共产党第十九届中央委员会第五次全体会议通过了《中共中央关于制定国民经济和社会发展第十四个五年规划和二〇三五年远景目标的建议》，强调“坚持创新在我国现代化建设全局中的核心地位，把科技自立自强作为国家发展的战略支撑，面向世界科技前沿、面向经济主战场、面向国家重大需求、面向人民生命健康，深入实施科教兴国战略、人才强国战略、创新驱动发展战略，完善国家创新体系，加快建设科技强国”②。值得注意的是，这份文件把创新放在了具体任务的第一位，并明确要求，坚持创新在我国现代化建设全局中的核心地位，把科技自立自强作为国家发展的战略支撑，充分表明了党中央对创新驱动发展战略的高度重视，这一决策对走好国家富强之路具有重大现实意义，是党中央结合百年奋斗历程得出的历史性论断。

一、创新发展成为撼动全局的时代课题

党中央从党的十八大提出“实施创新驱动发展战略”，到党的十八届

① 《中共中央关于制定国民经济和社会发展第十三个五年规划的建议》，《人民日报》2015 年 11 月 4 日，第 1 版。

② 《中共中央关于制定国民经济和社会发展第十四个五年规划和二〇三五年远景目标的建议》，《人民日报》2020 年 11 月 4 日，第 1 版。

五中全会把创新摆在新发展理念首位；从党的十九大强调“创新是引领发展的第一动力”，到党的十九届五中全会把“坚持创新驱动发展，全面塑造发展新优势”摆在十二项重点任务之首，进行专章部署。党中央之所以把科技创新摆在如此重要的位置，反映了党中央对人类社会发展规律的深刻把握，契合了推动高质量发展、实现人民高品质生活、构建新发展格局、顺利开启全面建设社会主义现代化国家新征程的需要，符合我国发展外部环境的倒逼逻辑、科技自身发展的演进逻辑。

（一）创新发展上升为核心的时代背景

从国际上看，一方面，国际贸易和投资秩序的重构、发达国家着力发展先进制造业和低成本发展中国家重视发展劳动密集型产业，使我国产业发展面临来自发达国家从高端和发展中国家从低端的双重挤压；另一方面，新一轮科技革命和产业变革正在加速演进，为我国现代化建设带来重大机遇。科技创新呈现交叉、融合、渗透、扩散的鲜明特征，颠覆性技术创新不断涌现。大数据研究正在成为继实验科学、理论分析和计算机模拟之后新的科学研究范式，数字化、智能化推动科研组织体系向交叉、融合、无边界方向发展。科研体系向“开放科学”转型，知识分享和跨界交流合作成为常态。世界主要创新国家都在加快调整重构科研组织体系，建立适应新兴科学和技术发展的管理架构，力求在新一轮科技竞争中赢得优势。当前国际形势风起云涌，世界各国为了迅速摆脱金融危机等各种危机的影响，都在谋求产业转型，都在进行创新突破。许多国家都提出了国家创新发展战略，把创新上升到前所未有的高度。许多在创新上保有优势的发达国家都更加注重科技创新，推动了科学技术的进步和新产业的诞生，新一轮的科技革命和产业变革势在必行，科学技术从未像今天这样深刻地影响着国家的前途与命运。

从国内来看，我国正在步入工业化后期，经济发展速度逐步从高速转向中高速，资源、环境问题约束加剧，人口红利减退、老龄化加重，原有的产业国际竞争力逐步削弱，经济结构面临重大调整，“新常态”的特征日益明显，经济发展过程中的一系列深层次的矛盾和问题亟待解决。我国科技创新总体上处于从量的积累向质的飞跃、点的突破向系统能力提升的重要时期，新形势下的科技创新体制机制改革既要适应这一重要阶段性特征，也要满足内外部环境变化的新要求，推动科技创新力量布局、要素配置、人才队伍进一步体系化、建制化、协同化，提升国家创新体系整体效能。以习近平同志为核心的党中央在继承我党历届中央领导集体思想的基础上，提出了以创新发展为首要理念的发展观，从理论和实践两个层面回答了我国在新时期以怎样的发展理念推进中国进一步发展这一重大问题，这既是顺应当前世界技术、经济发展形势的要求，又是适应我国经济发展阶段变化、促进经济持续发展的需要。我国经济社会发展比过去任何时候都更加需要科学技术解决方案，更加需要增强创新这个第一动力。

回归当下，当前和今后一个时期，我国发展仍然处于重要战略机遇期，但机遇和挑战都有新的发展变化。当今世界正经历百年未有之大变局，新一轮科技革命和产业变革深入发展，国际力量对比深刻调整，同时国际环境日趋复杂，不稳定性不确定性明显增加，新冠疫情影响广泛深远，经济全球化遭遇逆流，世界进入动荡变革期，单边主义、保护主义、霸权主义对世界和平与发展构成威胁。我国已转向高质量发展阶段，制度优势显著，治理效能提升，经济长期向好，物质基础雄厚，人力资源丰富，市场空间广阔，发展韧性强劲，社会大局稳定，继续发展具有多方面的优势和条件。同时我国发展不平衡不充分问题仍然突出，创新能力不适应高质量发展要求。可见，创新发展依然是重中之重。一方面，创新是新时期中国新发展理念之首，代表着中国发展的方向和世界发展的潮流；另一方面，中国正从“跟跑”的发展阶段，走向“并跑”甚至“领跑”的阶段，这也要求从跟随走向创新引领。更重要的是，从中国面临的问题看，无论是价值链低端锁定问题，还是产业链安全、技术安全等“卡脖子”问题，归根结底都是创新能力不足的问题，我国已经走入了谱写高质量发展、高品质生活新篇章，对科技创新的需求比以往任何时候都更加迫切。

（二）创新发展理念的内涵

谈到创新，就不得不提到马克思的创新观，他认为“资产阶级除非对生产工具，从而对生产关系，从而对全部社会关系不断地进行革命，否则就不能生存下去”[①]。马克思认为，创新是资本主义区别于先前社会形态的根本特点。“原封不动地保持旧的生产方式，却是过去一切工业阶级生存的首要条件。生产的不断变革，一切社会状况不停的动荡，永远的不安定

① 《马克思恩格斯选集》第1卷，北京：人民出版社，1995，第275页。

和变动，这是资产阶级时代不同于过去一切时代的地方”[①]。他深刻认识到生产工具的改进对于促进生产力发展的重大意义，但迫于时代发展的局限性，这一理念并未上升到国家的宏观政治经济文化层面。而创新发展理念，则是马克思主义发展观在中国当代发展实践的具体运用，它深刻揭示了中国经济社会发展的辩证规律，是中国特色政治经济学的重要内容。创新发展理念简单来说就是要实现创新引领型的发展，不断实现理论创新、制度创新、科技创新、文化创新等各方面创新，让创新在全社会蔚然成风，以各方面创新的统筹协调形成创新的强大合力。从这个意义上讲，它包含发展思维、发展模式和发展环境，这三个方面的协同配合组成一个完整的创新发展指导思想体系。

第一，创新发展理念归根结底是在发展思维上提倡创新。回顾40余年的改革开放历程，在当时特定的历史条件下，我们一度忽略了经济社会发展本应有的质量与效能。创新发展呼唤的是破除这种思维模式长期指导实践的现实，要求重新认识国情、反思发展。第二，创新发展理念在实践上必然要求一种创新发展的模式。简单来讲，在当前的时代，依靠大量人力投入和能源消耗获得的发展已经无法适应时代的要求。创新发展理念是从发展动力角度对于发展方式的重新界定，必须以发展动力的转换实现发展方式的转变，以转变发展的速度、提升效能、提升发展科学性。第三，创新发展理念呼唤崇尚创新的发展环境。创新发展理念是从思维到实践的具体过程，因此内在地要求一个崇尚创新的发展环境为创新驱动发展提供环境支撑。因为创新不是一蹴而就的，更不只是观念的思索，在一个渴望将观念的创新落地实施的经济社会里，只有人人崇尚创新、宽容失败，创新发展才会获得不竭的力量源泉。

（三）创新在新发展理念中居于核心地位

经济学家约瑟夫·熊彼特在《经济发展理论》一书中提出了“创新理论”：技术不断创新，产业不断变迁，出现所谓的“创造性破坏”，是现代经济增长的最重要本质。发展动力决定发展速度、效能、可持续性，而创新又是引领发展的第一动力，这就决定了创新在新发展理念中居于特殊和重要的位置。习近平总书记指出：“协调发展、绿色发展、开放发展、共

① 《马克思恩格斯选集》第1卷，北京：人民出版社，2012，第403页。

享发展都有利于增强发展动力，但核心在创新。”① 作为牵动全局的“牛鼻子”，创新对其他几大发展理念的落地有很强的牵引和推动作用。首先，创新为协调发展拓展新空间。对于推动协调发展而言，通过使创新成为新的发展基点，可以拓展发展新空间、创造发展新机遇、打造发展新引擎，推动新型工业化、信息化、城镇化、农业现代化同步发展，促进区域、城乡、经济和社会、物质文明和精神文明、经济建设和国防建设等协调发展。简而言之，从物质文明与精神文明的协调来看，创新的作用在于培育新的文化内容；从城乡发展来看，创新的作用在于建立有效的城乡互通互建机制；从区域发展来看，创新发展的作用在于创新发展新格局，创新区域人力物力资源的挖掘与调配。其次，创新为绿色发展提供新路径。对于推动绿色发展而言，通过加强科学研究和技术创新，可以加深对生态恢复治理防护、生物多样性、全球变化和碳循环机理等的规律性认识，破解绿色发展难题，在绿色发展领域抢占先机，建设绿水青山的美丽中国。再次，创新为开放发展创造新优势。开放发展是国家繁荣发展的必由之路，我国是在全球化、知识化、信息化、网络化条件下进入世界经济大国行列的，但对外贸易的竞争优势源于创新，攀升全球价值链的中高端也要靠创新，开放要与创新相结合，才能创造出新优势，推动形成对外开放新格局。最后，创新为共享发展构建新支撑。对于推动共享发展而言，面对重大疾病防控、食品药品安全、人口老龄化、教育资源均等化、消除贫困等民生问题，通过科技创新和服务模式创新，可以推动建设低成本、广覆盖、高质量的公共服务体系，让全体人民更有获得感和尊严感。

二、创新发展理念作为核心理念的关键所在

习近平总书记指出，创新是多方面的，但科技创新地位和作用十分显要：“在新一轮科技革命和产业变革大势中，科技创新作为提高社会生产力、提升国际竞争力、增强综合国力、保障国家安全的战略支撑，必须摆在国家发展全局的核心位置。”② 为此“要强化国家战略科技力量，提升企

① 《马克思恩格斯选集》第1卷，北京：人民出版社，2012，第403页。

② 《习近平关于科技创新论述摘编》，中央文献出版社，2016，第30页。

业技术创新能力，激发人才创新活力，完善科技创新体制机制”。①

（一）强化国家战略科技力量

战略科技力量的影响力和支撑力，直接关系到我国综合国力和国际竞争力的提升，是促进经济社会发展、保障国家安全的“压舱石”。党的十八大以来，以习近平同志为核心的党中央坚持把科技创新摆在国家发展全局的核心位置，深入实施创新驱动发展战略，以前所未有的力度加强国家战略科技力量建设，推动国家创新体系整体效能显著提升，引领带动我国科技创新事业发生历史性变革、取得历史性成就。当今世界，科技创新成为国际战略博弈的主要战场。我国已转向高质量发展阶段，对战略科技支撑的需求比以往任何时期都更加迫切。面向未来，强化国家战略科技力量，是应对国际经济科技竞争格局深刻调整、把握新一轮科技革命和产业变革机遇的必然选择，是催生新发展动能、支撑经济社会高质量发展的客观要求，是优化国家创新体系布局、引领带动科技创新综合实力系统提升的重要抓手。

作为国家战略科技力量的重要组成部分，国家实验室要按照“四个面向”（面向世界科技前沿、面向经济主战场、面向国家重大需求、面向人民生命健康）的要求，紧跟世界科技发展大势，适应我国发展对科技发展提出的使命任务，多出战略性、关键性重大科技成果；国家科研机构要以国家战略需求为导向，着力解决影响制约国家发展全局和长远利益的重大科技问题，加快建设原始创新策源地，加快突破关键核心技术；高水平研究型大学要发挥基础研究深厚、学科交叉融合的优势，成为基础研究的主力军和重大科技突破的生力军；科技领军企业要发挥市场需求、集成创新、组织平台的优势，打通从科技强到企业强、产业强、经济强的通道。

坚持战略性需求导向，确定科技创新方向和重点，着力解决制约国家发展和安全的重大难题，这是新时代国家战略科技力量科技创新的逻辑起点。坚持需求导向，需把握好三个层次：一是面向需求、摸清需求，担国家责、谋国家事，深入了解国家在生物、气候、健康、民生、粮食、能源、环境、国土、资源等领域的重大问题，凝练其中的科学问题，形成重大科技攻坚项目；二是整合需求、满足需求，答时代问、解时代需，着眼

① 《中共中央关于制定国民经济和社会发展第十四个五年规划和二〇三五年远景目标的建议》，《人民日报》2020 年 11 月 4 日，第 1 版。

不同领域的“卡脖子”和瓶颈问题，部署一批基础研究项目和跨学科交叉研究项目，解决跨行业、跨领域的关键共性问题；三是引导需求、创造需求，开风气先、绘未来图，根据构建新发展格局的需要，大力弘扬勇攀高峰、敢为人先的创新精神，鼓励科学家捕捉新需求、提出新问题、设定新概念、构建新理论、开辟新领域。

（二）提升企业技术创新能力

提升企业技术创新能力，是我国实现经济社会高质量发展、全面建设社会主义现代化强国的必然要求。从宏观上看，一是强化企业创新的主体作用。企业是技术创新的主体。提高技术创新能力，必须充分发挥企业主体作用，促进各类创新要素向企业集中。一要按照创新发展规律、科技管理规律和市场经济规律，加强创新资源统筹规划，增强企业在创新资源配置中的主导地位，充分发挥企业在创新资源配置中的主导作用，包括企业技术创新决策、研发投入、科研组织、成果应用等方面的主要作用。二要完善技术创新激励政策，引进或共建一批以企业为主体的新型研发机构、技术转移机构、技术服务机构，实施跨区域协同创新合作，真正实现创新、开放合作、开放共赢。三要解决创新要素在企业中聚集的“信用”和“效益”问题，以知识产权为中心，解决利益分配机制问题，建立产业长效信用约束机制。

二是发挥大企业的带动和支撑作用，支持创新型中小微企业成长为创新的重要发源地。大型企业的技术创新具有显著的溢出和带动效应，特别是通过重大科研项目，组织吸收产业链上下游企业、高校、科研机构等参与，带动相关产业链的发展。产业链企业联合开展工程科研，一要发挥大企业的带动和支撑作用，鼓励大企业积极开放供应链资源，支持大小企业和各类主体的融合创新。二要鼓励大企业积极探索加快发展供应链金融模式，广泛聚合内外部资金信贷资源，加快营造大中小企业发展的良好行业秩序。三要整合和聚集优势资源，加大对中小微企业技术创新和专业化发展的支持力度，鼓励行业协会为中小微企业提供产品认证、培训等服务。

三是加强共性技术平台建设，促进产业链上中下游和大中型企业的融合创新。一要加强共性技术平台建设，围绕国家重大科技战略领域，大力推进服务型共性技术平台建设，聚焦关键共性技术研发应用和公共设施共享，着力推进服务型共性技术平台建设。加强研发、工业设计、检验等公共服务平台在检测、试验验证、科技成果转化、设施共享、知识产权服务、信息服务等方面支持企业的能力。二要充分发挥改制机构作用，择优作为行业共性技术研发平台，组织开展关键共性技术研发攻关。三要鼓励大小企业合作，促进大小企业之间的业务协同、资源共享和系统集成，以形成良好的产业链互动机制。

（三）激发人才创新活力

创新的源泉是人才，重大创新的源泉是顶尖人才。实现创新发展，就必须把发现人才、引进人才、培养人才放在创新战略的最优先位置。创新驱动实质上是人才驱动。决定科技创新的因素有很多，其中人才是第一资源，应不断增强科技创新的集聚度、活跃度、开放度、贡献度、辐射度。国家科技创新力的根本源泉在于人，培养创新型人才是国家、民族长远发展的大计。我国要实现高水平科技自立自强，归根结底要靠高水平创新人才。

聚天下英才而用之，要在激励人才上下更大功夫，完善人才评价和激励机制，实施好重点人才工程，激发科技工作者创新创造活力。无论是建设世界科技强国，还是大力推动科技强军、人才强军，必须按照习近平总书记在两院院士大会和中国科协第十次全国代表大会上提出的要求，“激发各类人才创新活力，建设全球人才高地”①。习近平总书记强调:“要更加重视人才自主培养，更加重视科学精神、创新能力、批判性思维的培养培育。要更加重视青年人才培养，努力造就一批具有世界影响力的顶尖科技人才，稳定支持一批创新团队，培养更多高素质技术技能人才、能工巧匠、大国工匠。”②这一明确要求，对于我们培养创新型人才具有重要指导意义。

聚天下英才而用之，要在服务人才上下更大功夫，强化对科技工作者工作、生活上的支持保障，让人才能够凝神创新、聚力创造。人才的培养培育离不开良好的环境，要在全社会营造尊重劳动、尊重知识、尊重人才、尊重创造的环境，形成崇尚科学的风尚，让更多的青少年心怀科学梦

① 《两院院士大会中国科协第十次全国代表大会在京召开》，《人民日报》2021年5月29日，第1版。

② 习近平：《在中国科学院第二十次院士大会、中国工程院第十五次院士大会、中国科协第十次全国代表大会上的讲话》，《人民日报》2021年5月29日，第2版。

想、树立创新志向。构筑集聚全球优秀人才的科研创新高地，完善高端人才、专业人才来华工作、科研、交流的政策，就能面向世界汇聚一流人才，吸引海外高端人才。激发各类人才创新活力，需要创造良好创新环境。习近平总书记在讲话中特别指出："科技创新离不开科技人员持久的时间投入。""保障时间就是保护创新能力！"他着重强调"要建立让科研人员把主要精力放在科研上的保障机制，让科技人员把主要精力投入科技创新和研发活动"。明确提出"各类应景性、应酬性活动少一点科技人员参加，不会带来什么损失！决不能让科技人员把大量时间花在一些无谓的迎来送往活动上，花在不必要的评审评价活动上，花在形式主义、官僚主义的种种活动上"。因此，要充分尊重人才，加强对科研活动的科学管理和服务保障，为科研人员创造良好的创新环境。

（四）完善科技创新体制机制

党的十九届五中全会强调，坚持创新在我国现代化建设全局中的核心地位，把科技自立自强作为国家发展的战略支撑，并把完善科技创新体制机制作为坚持创新驱动发展、全面塑造发展新优势的重要内容。党的十九届五中全会对科技创新专章部署，放在规划任务的首位，这在我们党研究制定国民经济和社会发展五年规划的历史上还是第一次，凸显了以习近平同志为核心的党中央对科技创新前所未有的高度重视，凸显了以改革促创新、以创新促发展的重要性和紧迫性。

应对国内外环境变化和风险挑战倒逼科技创新体制机制改革。当今世界正经历百年未有之大变局，新冠疫情全球蔓延带来诸多不确定性。我国正推动形成以国内大循环为主体、国内国际双循环相互促进的新发展格局。提供更多高水平的科技创新供给，突破关键核心技术瓶颈制约，推动新技术快速大规模应用和迭代升级，迫切需要建立与此相适应的科技创新体制机制，把我国已经积累的雄厚科技实力和集中力量办大事的制度优势转化为支撑国家发展的"筋骨"和国际竞争的"内力"，以科技创新体制机制改革的强劲"动能"大幅提升我国科技创新能力和水平的"势能"。

针对制约我国创新发展的体制机制顽疾，习近平总书记指出，实施创新驱动发展战略，"最紧迫的是要破除体制机制障碍，最大限度解放和激发科技作为第一生产力所蕴藏的巨大潜能"[①]。"一个是科技创新的轮子，一

① 《习近平关于科技创新论述摘编》，中央文献出版社，2016，第16页。

个是体制机制创新的轮子，两个轮子共同转动，才有利于推动经济发展方式根本转变”[①]。深化新一轮科技体制改革是加快建设科技强国的内在要求。以习近平同志为核心的党中央对科技体制改革作出一系列重要战略部署，强化创新驱动的顶层设计，搭建科技体制改革的“四梁八柱”，建设中国特色科技创新体系。我国科技体制改革全面发力、多点突破、纵深推进，重点领域和关键环节改革取得实质性进展，科技创新的基础性制度框架基本确立。但科技创新体制机制还存在短板，有些改革举措落实还不到位，整体创新效率需要提高。跻身创新型国家前列、加快建设科技强国，需要深入推进科技体制改革，完善国家科技治理体系，加快形成适应新时代科技创新发展需要的实践载体、制度安排和良好环境。

科技创新是一个国家走向繁荣富强的立身之本，是在国际竞争中纵横捭阖的制胜之道。科技自立自强是我们主动识变应变、因时因势而动的战略选择，完善的科技创新体制机制将为加快实现这一战略选择提供坚强的制度保障。

三、创新发展理念作为国家发展全局核心的重要意义

创新发展理念是推进经济社会发展的根本遵循，具有重大的时代意义。党的十八大以来，党中央高度重视科技创新工作，坚持把创新作为引领发展的第一动力。党的十九届五中全会提出，坚持创新在我国现代化建设全局中的核心地位。通过全社会共同努力，我国科技事业取得历史性成就、发生历史性变革。重大创新成果竞相涌现，一些前沿领域开始进入并跑、领跑阶段，科技实力正在从量的积累迈向质的飞跃，从点的突破迈向系统能力提升。“十三五”规划取得显著成就，创新型国家建设成果丰硕，在载人航天、探月工程、深海工程、超级计算、量子信息、“复兴号”高速列车、大飞机制造等领域取得一批重大科技成果。在“十四五”规划中“坚持创新驱动发展，全面塑造发展新优势”这一措施中，可见创新发展作为国家发展全局核心的重要意义。推动全方位的创新发展，将创新发展置于国家发展的核心位置，方能赓续共产党人精神血脉，走好新时代高质量发展之路。

---

① 《习近平关于科技创新论述摘编》，中央文献出版社，2016，第 65 页。

（一）为新发展理念共进共建注入了活力源泉

经济学家约瑟夫·熊彼特在《经济发展理论》一书中提出了"创新理论"：技术不断创新，产业不断变迁，出现所谓的"创造性破坏"，是现代经济增长的最重要本质。首先，创新为协调发展拓展新空间。从物质文明与精神文明的协调来看，创新的作用在于培育新的文化内容；从城乡发展来看，创新的作用在于建立有效城乡互通互建机制；从区域发展来看，创新发展的作用在于创新发展新格局，创新区域人力物力资源的挖掘与调配。其次，创新为绿色发展提供新路径。创新经济发展方式，在保证经济发展速度的同时兼顾资源与环境承载力。再次，创新为开放发展创造新优势。开放发展是国家繁荣发展的必由之路。我国是在全球化、知识化、信息化、网络化条件下进入世界经济大国行列的，但对外贸易的竞争优势源于创新，攀升全球价值链的中高端也要靠创新，开放要与创新相结合，才能创造出新优势。最后，创新为共享发展构建新支撑。新发展理念中共享发展注重解决社会公平正义问题，共享同创新相结合，方能酝酿出基本制度，为广大人民群众共同分享经济和社会利益提供了新的保障。当今世界，唯创新者进，唯创新者强，唯创新者胜。中国是世界上最大的发展中国家，发展是解决中国所有问题的关键，创新是新发展理念之首，十九届五中全会把创新摆在如此重要位置，为打破西方价值体系垄断，使不同的制度、文化、文明互鉴共存提供了最鲜活的源泉。

（二）为建设创新型国家提供了根本动力

坚持创新发展，就是把创新摆在国家发展全局的核心位置，解决发展动力问题。历史发展经验表明，一旦"后发优势""比较优势"等红利渐趋用尽，一国进入到更加成熟的发展阶段，创新能力不强就会成为制约经济增长的"阿喀琉斯之踵"。科学技术与国家利益紧密联系，拥有高新技术是争取更多国家利益的基本手段。在涉及国家安全和经济安全的关键领域中，如果不掌握更多的核心技术，就很难在急剧变幻的世界竞争格局中把握机遇，甚至会丧失战略主动权。创新型国家在本质上是一种国家发展模式，旨在推动和实现经济增长方式由要素驱动向创新驱动的根本转变，即发展依靠科技、科技依靠创新、创新依靠人才。在创新型国家中，科学技术作为第一生产力的作用在经济发展的各个层面得到充分发挥和体现，完善的国家创新体系是国家发展的制度基础和保障，通过各种方法和手段激发全社会的创新积极性和创新热情，使每个成员都成为创新的参与者和受益者，总体上以科技创新引领经济和社会的协调发展。总的来说，创新型国家也就是包含科技创新在内的整个社会结构各个层面的创新并由此推动社会进步发展的国家。我国当前和未来仍然面临维护主权和领土完整、维护边疆和国内各地区的稳定以及实现祖国和平统一等使命，维护国家和经济安全不仅是国家利益的重要内容，而且是国家生存和发展的必要条件。实践反复告诉我们，关键核心技术是要不来、买不来、讨不来的。只有把关键核心技术掌握在自己手中，才能从根本上保障国家经济安全、国防安全和其他安全。

（三）为我国实现社会主义现代化引领思想前沿

创新发展理念是我国实现社会主义现代化不断发展的思想引领。首先，这是由当代世界新一轮科技革命和产业调整的大趋势和我国经济社会发展新阶段的国情所决定的。作为拥有 14 亿多人口的发展中大国，要走向现代化，绝不是因循守旧、墨守成规就可以办得到的。特别是我国现代化科学技术总体上还远落后于发达国家，不以创新发展的理念引领发展，特别是通过科学技术等生产要素的创新而实现突破性科学发展，创造更高更先进的生产力，就难以赶上发达国家，在现代化建设上就会永远落伍。其次，我们是社会主义国家，又处于社会主义初级阶段，坚持和发展中国特色社会主义，没有现成经验可以借鉴，只有自己通过创新发展，走出一条适合中国国情的社会主义道路，才能真正走向成功，创造人类文明的奇迹。改革开放虽然已取得成功经验，但是坚持和发展中国特色社会主义依然任重道远，更深层次矛盾的解决，更艰难繁重的任务，都需要通过创新发展才能实现。从现实看，面临全面建成小康社会的决胜阶段，我国经济进入“新常态”后，要突破已不适应的发展动力、发展方式、经济结构、质量效益等方面深层次的问题，就必须以创新发展理念引领新的发展，真正让创新发展理念成为国家意志，形成全社会风气，贯穿于国家建设和全社会的方方面面。通过在实践中全面深化改革，不断破除思想理念和体制制度方面的障碍和阻力，才能使国家始终保持持续发展动力，成功走出中等收入国家困境，向着更高目标的现代化和中国特色社会主义现代文明国家迈进。

（四）为民族精神的赓续奏响了时代号角

实现中华民族的伟大复兴是近代以来中国人民的共同夙愿。在民族饱经风雨沧桑的百年中，无数仁人志士为之奔走呼号、摇旗呐喊，民族复兴的伟大目标不可能一蹴而就，而是需要一代代人的接力奋斗。创新发展是一个民族精神的灵魂，一个民族创造人类辉煌的不竭动力。我们是一个富有创造性的民族，曾经创造过人类文明的辉煌。但是，由于我们的民族长期处于以小农经济为基础的封建社会，其思维也有其社会历史的局限性。习近平总书记在庆祝中国共产党成立100周年大会上回顾党的百年奋斗历程时指出，我们党团结带领中国人民创造了新民主主义革命的伟大成就、创造了社会主义革命和建设的伟大成就、创造了改革开放和社会主义现代化建设的伟大成就、创造了新时代中国特色社会主义的伟大成就。新中国成立，特别是改革开放以来，在党的指引下不断推进的思想解放和建设、改革实践，使我们的民族站在了一个新的历史高度。百年来我们书写了中华民族几千年历史上最恢宏的史诗，我们创造了最伟大的事业。习近平总书记大力倡导创新发展理念，就是适应当今国际国内新形势，放眼世界大趋势，从实现全面建成小康社会、全面发展中国特色社会主义而提出的新理念，到“在全社会推动形成讲科学、爱科学、学科学、用科学的良好氛围，使蕴藏在亿万人民中间的创新智慧充分释放、创新力量充分涌流”①，可见我们的民族只有牢固树立起科学的创新理念和思维，强化科学精神和创造性思维培养，善于调动各方面的创新要素，才能站在时代潮流的前列和理论的高峰。

百年风雨，百年沧桑，无不蕴含着中国共产党的创新理念。历经军阀混战的兵燹之乱，历经外寇入侵的浴血抗争，历经仗剑出国门的慷慨壮举，我们做到了从“一穷二白”到“全面小康”的奇迹。百年后的今天，中国共产党依然保持着创造历史的步伐与节奏，以与时俱进的创新思维、驰而不息的实干态度稳步前行，创新驱动发展战略让“北斗”闪耀星空，让“蛟龙”深潜大海。回顾百年，中国共产党始终坚持把马克思主义基本原理同中国具体实际相结合，创立了毛泽东思想、邓小平理论，形成了“三个代表”重要思想、科学发展观，创立了习近平新时代中国特色社会主义思想，指导党和人民事业不断开创新局。百年来，从人民民主制度的

① 《营造尊重科学崇尚创新的社会氛围》，《人民日报》2021年2月1日，第7版。

确立到中国特色社会主义市场经济体制的形成，从改革开放的实践到“一国两制”的创举，从经济特区的创建到自贸试验区的探索，从精准脱贫的成功到乡村振兴的实施，我们党始终把握社会主义理论逻辑和中国发展历史逻辑的统一，肩负中华民族的历史重托、中国人民的时代诉求，时刻坚守着创新思想和理念。再观中国特色社会主义，既表达了马克思“解释世界”的理论逻辑，更彰显了马克思“改变世界”的实践伟力。创新伴随着中国共产党的一路发展，从理论到实践的层层突破。如今，中国的科技实力正在从量的积累迈向质的飞跃、从点的突破迈向系统能力提升，科技创新取得新的历史性成就，有基础、有能力走更高水平的自主创新之路。进入新时代，面向新征程，只要我们坚持以习近平新时代中国特色社会主义思想为引领，把握大势，锚定目标，奋发作为，迎难而上，就一定能够尽快实现高水平科技自立自强，以科技创新引领高质量发展。

第十章　协调发展：持续健康发展的内在要求

党的十八届五中全会把协调与创新、绿色、开放、共享列为关系我国发展战略全局的新发展理念。协调是持续健康发展的内在要求，习近平总书记专门指出“协调发展是制胜要诀”[①]，充分彰显了协调在我国经济社会发展全局中的地位。党的十八大以来，以习近平同志为核心的党中央以协调发展理念引领经济社会发展，为中国这艘经济巨轮破浪前行领航定向，推动经济社会高质量发展。坚持协调发展理念充分体现了我们党推动经济社会发展的新思路，对不断增强我国发展的整体性、平衡性、协调性，为实现建成社会主义现代化强国的第二个百年奋斗目标提供了根本遵循。

一、协调是持续健康发展的内在要求

所谓协调，针对的是事物发展中的矛盾性，要做到兼顾复杂事物的方方面面，不能顾此失彼，要处理好一系列重大关系，如果处理不好，就会导致不平衡不协调的状态，从而影响经济社会持续健康发展。

（一）坚持协调发展理念是马克思主义题中应有之义

协调发展理念是新发展理念中既重要又特殊的理念，具有独特性和马克思主义意蕴，是马克思主义题中应有之义。马克思主义唯物辩证法认为，事物是普遍联系和永恒发展的，整个世界是相互联系的有机统一整体，事物及事物各要素之间相互影响、相互制约、相互作用，因此要正确处理事物以及事物各要素之间的关系，把握和谐对事物发展的作用。和谐是矛盾的一种特殊表现形式，体现矛盾双方的相互依存、相互促进、共同发展，但只有在矛盾双方处于平衡、协调、合作的情况下，事物才展现出和谐状态。社会的和谐、人与自然的和谐，都是在不断解决矛盾的过程中实现的，这也蕴含着人与社会、人与自然协调发展的思想。在实际工作中

---

① 《聚焦发力贯彻五中全会精神 确保如期全面建成小康社会》，《人民日报》2016 年 1 月 19 日，第 1 版。

还要注意处理好主要矛盾和次要矛盾、矛盾的主要方面和次要方面的辩证关系，坚持“两点论”和“重点论”的统一。在唯物史观中，马克思主义认为生产力和生产关系的矛盾、经济基础和上层建筑的矛盾构成了社会的基本矛盾，是历史发展的根本动力，二者的矛盾运动、统筹协调，是社会发展的客观规律和必然趋势。

在马克思主义政治经济学中，马克思认为，社会总产品在物质形态上，根据其最终用途可以划分为生产资料和消费资料，只有两大部类内部各个产业部门之间和两大部类之间保持一定的比例关系，社会再生产才能顺利进行，充分说明了在社会再生产中协调的必要性和重要性。马克思说当一些人聚集在一起进行共同劳动时就需要协调，因为协调能够保证生产力发展的良性秩序。发展是整体、系统的发展，需要各方面、各环节、各因素协调联动。消弭发展中的供需、快慢等矛盾，必须搞好协调，实现统筹兼顾、综合平衡。

马克思主义协调发展理论是我国协调发展理念的理论基础，必须长期坚持和发展。

（二）坚持协调发展理念是对中国共产党人协调发展观的继承创新

《中共中央关于党的百年奋斗重大成就和历史经验的决议》指出，“全党要坚持唯物史观和正确党史观，从党的百年奋斗中看清楚过去我们为什么能够成功、弄明白未来我们怎样才能继续成功”[①]。在百年奋斗中，协调是我们党认识发展问题和把握发展观的一把重要的钥匙。统筹兼顾是我们党的科学方法论，是在波澜壮阔的百年奋斗征程中形成的宝贵历史经验。

新中国成立前后，毛泽东同志就提出了统筹兼顾、“弹钢琴”等思想方法和工作方法。在《关于正确处理人民内部矛盾的问题》一文中，毛泽东同志进一步提出了“统筹兼顾、适当安排”的方针。改革开放后，邓小平同志立足我国国情，提出了一系列“两手抓”的战略方针，如“一手抓建设，一手抓法制”；“一手抓改革开放，一手抓惩治腐败”；“一手抓精神文明，一手抓物质文明”；“一手抓改革开放，一手抓打击各种犯罪活动”等，坚持了马克思主义的“两点论”和“重点论”的必然要求；江泽民同志提出了在推进社会主义现代化建设过程中必须处理好 12 个带有全局性

① 《中共中央关于党的百年奋斗重大成就和历史经验的决议》，《人民日报》2021 年 11 月 17 日，第 1 版。

的重大关系，体现协调系统观念；胡锦涛同志提出了坚持以人为本、全面协调可持续发展，进一步丰富和发展了我们党的协调发展观；党的十八大以来，面对一系列复杂的不平衡、不协调的矛盾和问题，面对我国发展的主要矛盾新变化，面对具有许多新的历史特点的伟大斗争，我们党提出了中国特色社会主义事业“五位一体”总体布局、“四个全面”战略布局等。这些都体现了我们党对协调发展认识的不断深化和探索，体现了统筹协调在解决我国发展问题上的方法论意义。

（三）坚持协调发展理念是对世界经济社会发展经验教训的深刻总结

协调发展是对世界经济社会发展经验教训的深刻总结，是避免落入“中等收入陷阱”的托底之举。和平与发展虽然是时代的主题，各个国家和地区都在谋求和平与发展，但大都面临严峻挑战，因此发展既不可能一蹴而就也不可能一帆风顺，总会遇到各种风险和挑战，其中最棘手的当属“中等收入陷阱”。第二次世界大战结束不久，许多国家和地区便进入中等收入发展阶段，协调好发展矛盾的国家和地区成功跨越了“中等收入陷阱”，协调不好的国家却落入了“中等收入陷阱”，难以实现可持续发展。一些国家如墨西哥、阿根廷和巴西等，近几十年来长期处于被世界银行称之为中等收入的经济体行列，却长期受经济社会发展停滞、就业困难、贫富分化、腐败多发、社会混乱等问题困扰。因此，发展是否均衡、协调，成为衡量世界各国能否可持续发展的一个标准。中国改革开放40多年取得的辉煌成就，得益于当时劳动密集型和出口加工型经济增长模式的推动，但近年来伴随我国人口红利的丧失，发展内外环境的不断深刻变化，中国的发展同样面临跨越“中等收入陷阱”的挑战。可以说，跨越“中等收入陷阱”成为实现中华民族伟大复兴所无法回避的突出问题，也是实现世界可持续发展需要解决的重要问题。当今世界，世纪疫情和百年变局交织、全球经济陷入严重衰退、发展鸿沟日益突出，世界既不太平也不安宁，要破解一系列全球性问题，统筹协调是工作的方法论主线。习近平主席在中华人民共和国恢复联合国合法席位50周年纪念会议上指出：“世界各国应该坚持以人民为中心，努力实现更高质量、更有效率、更加公平、更可持续、更为安全的发展。要破解发展不平衡不充分问题，提高发展的平衡性、协调性、包容性。”[①] 树立协调发展理念，坚持协调发展，是我国跨越“中等收入陷阱”的一大法宝，也是构建全球发展共同体的内在要求。

（四）坚持协调发展理念是胸怀“两个大局”的必然要求

习近平总书记指出：“领导干部要胸怀两个大局，一个是中华民族伟大复兴的战略全局，一个是世界百年未有之大变局，这是我们谋划工作的基本出发点。”[②] 新时代我们党要胸怀国内国际两个大局，致力在世界百年未有之大变局中实现中华民族伟大复兴，就必须坚持统筹兼顾的工作主线，坚持协调发展理念。

胸怀两个大局，必须辩证认识和准确把握国内外发展大势和时代潮流。从国内来看，我国已经进入新发展阶段，这是我们党带领人民迎来中华民族从站起来、富起来到强起来的伟大飞跃，实现中华民族伟大复兴进入不可逆转的历史进程的新阶段。经过新中国成立特别是改革开放 40 多年来的不懈奋斗，我们拥有了开启新征程、实现新的更高目标的雄厚物质基础和宝贵经验，但我国的发展仍面临一些问题。当前，我国经济正处在转变发展方式、优化经济结构、转换增长动力的攻关期，经济发展前景向好，但也面临着结构性、体制性、周期性问题相互交织所带来的困难和挑战，加上新冠疫情冲击，我国经济运行面临较大压力，发展不平衡不充分的问题依然悬而未决。从国际上看，新一轮科技革命和产业变革深入发展，国际力量对比不断深刻调整，人类命运共同体理念深入人心，但国际环境形势日益复杂，不稳定性不确定性显著增加。辩证地看，世界百年未有之大变局为中华民族伟大复兴创造了重要的外部条件，为中国全面参与世界治理体系提供了重要的历史契机，在国际力量重新洗牌中给了中国机会。同样，中华民族伟大复兴是世界百年未有之大变局的重要推动力量，为促进世界经济增长、保持人类文明多元发展、推动国际秩序的变革和完善贡献了中国智慧、中国方案、中国力量。

只有统筹协调好国内国际两个大局，用好国内国际两个市场，统筹疫情防控和经济社会发展，统筹发展和安全，中华民族伟大复兴才能够在世

① 习近平：《在中华人民共和国恢复联合国合法席位 50 周年纪念会议上的讲话》，《人民日报》2021 年 10 月 26 日，第 2 版。

② 《习近平谈治国理政》第 3 卷，外文出版社，2020，第 77 页。

界百年未有之大局中披荆斩棘、乘风破浪、无往不胜。

二、协调的目的是增强发展的整体性协调性

协调是持续健康发展的内在要求，其根本目的是要增强我国发展的整体性协调性。“我们要学会运用辩证法，善于‘弹钢琴’，处理好局部和全局、当前和长远、重点和非重点的关系，着力推动区域协调发展、城乡协调发展、物质文明和精神文明协调发展，推动经济建设和国防建设融合发展。”① 只有这样，才能不断掌握协调发展规律，促进经济社会持续健康发展。

（一）推动区域、城乡协调发展

坚持全国一盘棋。我国幅员辽阔、人口众多，从时间和空间上看，各地经济社会发展较不平衡，因此统筹区域发展是我党始终需要高度关注的重大战略问题。党的十八大以来，我国丰富并完善了区域发展理念、战略和政策体系，加快部署实施区域协调发展战略，推进实施京津冀协同发展、长江经济带发展、共建“一带一路”、粤港澳大湾区建设、长三角一体化发展、黄河流域生态保护和高质量发展、海南自由贸易港等区域发展重大战略，不断增强区域发展协调性。但也存在一些亟待关注的情况和问题。一是区域经济发展分化态势越来越明显，比如南方发展速度明显快于北方，经济中心进一步南移，这一点从习近平总书记在河南省主持召开推进南水北调后续工程高质量发展座谈会上提出“促进南北方协调发展”的重要论述就能看出；二是发展动力极化现象越来越突出。2021 年 10 月 20 日《成渝地区双城经济圈建设规划纲要》公开发布，这也意味着我国正在打造继长三角、珠三角、京津冀之后的能够带动全国高质量发展的重要增长极和新的动力源；三是部分区域发展面临较大困难，比如西北、东北地区发展动力明显不足，资源枯竭型城市、传统工矿区城市的发展活力未能实现充分释放。这就需要统筹推进区域板块之间的协调发展，用高质量发展解决发展中的不均衡问题，充分释放地区优势和发展潜力，构建区域协调发展新格局。

民族要复兴，乡村必振兴。《中华人民共和国国民经济和社会发展第

① 《聚焦发力贯彻五中全会精神 确保如期全面建成小康社会》，《人民日报》2016 年 1 月 19 日，第 1 版。

十四个五年规划和2035年远景目标纲要》在提出“十四五”时期经济社会发展主要目标时强调：“农业基础更加稳固，城乡区域发展协调性明显增强”，对推动城乡融合发展提出了新的更高要求。但当前，我国发展不平衡不充分问题的一个集中体现就是城乡发展不平衡和农村发展不充分，这就需要坚持全面实施乡村振兴战略，补齐农业农村短板，充分考虑增强城乡发展的协调性，更好地推进以人为核心的新型城镇化，健全城乡融合发展体制机制，实现乡村振兴，逐步缩小城乡差距，实现城乡居民收入均衡化、基本公共服务均等化和生活质量等值化。

（二）推动经济建设与社会建设协调发展，经济建设与国防建设统筹推进

新中国成立以来，我们党团结带领中国人民不懈探索、不断奋斗，创造了世所罕见的经济快速发展和社会长期稳定“两大奇迹”，但与经济的快速发展相比，我国社会建设却相对滞后，存在经济发展和社会发展“一条腿长，一条腿短”的现象，这就需要推动经济建设与社会建设协调发展。以长期困扰中国社会发展的民生问题为例，人民群众对美好生活的向往就是党和国家的奋斗目标，党的十九届五中全会提出“改善人民生活品质，提高社会建设水平”，要全面落实“坚持以人民为中心、增进民生福祉”的社会建设理念，将保障和改善民生放在全局中更加重要的位置，围绕公共教育、就业创业、社会保险、医疗卫生、社会服务、住房保障、公共文化体育等领域，健全国家公共服务制度体系，努力提升公共服务质量和水平。人民群众对美好生活的向往是一切工作的出发点，我们党从教育、就业、保险、医疗、住房等需求侧入手，着力改善民生福祉、推进健康中国建设、实施应对老龄化国家战略、加强和创新社会治理等供给侧，在追求经济高质量发展的同时，不断增强人民群众的获得感、幸福感、安全感。

强国必须强军，军强才能国安。党的十九届五中全会提出，要“加快国防和军队现代化，实现富国和强军相统一”。习近平总书记高度重视统筹发展和安全，辩证把握发展和安全的关系，对更好推进我国经济社会发展具有重大理论和现实意义。经济建设是国防建设的物质基础，没有雄厚的国家实力，国防和军队现代化便无从谈起；国防建设是经济建设的坚强柱石，没有日益强大的国防力量，国家发展的安全环境就难以保障。

党的十八大以来，我国经济社会发展和国防安全呈现一些新特点，对统筹国家发展与安全提出了新的要求，而经济建设和国防建设的统筹推进，必须借力军民融合。以习近平同志为核心的党中央总结历史经验，将军民融合发展上升为国家战略，充分反映了对当今世界发展大势的深刻把握，对建设现代化强国、实现中华民族伟大复兴中国梦的科学谋划。这是我们党长期探索经济建设和国防建设协调发展规律的重大历史经验总结，深化了我们党对经济建设和国防建设规律的认识。坚持军民融合深度发展，目标是战场，目的是打赢，必须加强战略引领、改革创新、军地协同与任务落实，统筹推进经济建设和国防建设，实现协调发展、平衡发展、兼容发展。不断开创新时代军民融合高质量发展新局面，为实现中国梦、强军梦提供强大动力和战略支撑。

（三）推动物质文明与精神文明协调发展，国家硬实力和软实力同步提升

习近平总书记曾说："只有物质文明建设和精神文明建设都搞好，国家物质力量和精神力量都增强，全国各族人民物质生活和精神生活都改善，中国特色社会主义事业才能顺利向前推进。"[①] 他强调物质文明建设和精神文明建设要协调发展。习近平总书记在中国共产党成立 100 周年大会上的讲话中指出："我们坚持和发展中国特色社会主义，推动物质文明、政治文明、精神文明、社会文明、生态文明协调发展，创造了中国式现代化新道路，创造了人类文明新形态。"[②] 中国式现代化既要物质财富极大丰富，也要精神财富极大丰富，更要二者协调发展。

马克思主义认为，物质决定意识，意识对物质具有能动的反作用。物质文明和精神文明是相辅相成、相互促进的，一方面我们要深刻认识物质文明对精神文明的决定性作用，另一方面也要深刻认识到精神文明也会促进物质文明，为此，就要协调物质文明和精神文明并举发展。很长一段时期内，我们总以 GDP 增速论英雄，大力抓物质文明建设而忽略精神文明建设，造成物质文明与精神文明发展失衡。我们必须纠正原有观念偏差，

---

① 习近平：《胸怀大局把握大势着眼大事 努力把宣传思想工作做得更好》，《人民日报》2013 年 8 月 21 日，第 1 版。

② 习近平：《在庆祝中国共产党成立 100 周年大会上的讲话》，《人民日报》2021 年 7 月 2 日，第 2 版。

在我国发展全局中，既要推动经济高质量发展、抓好物质文明建设，也要继续锲而不舍地加强社会主义精神文明建设。

文化兴则国运兴，文化强则民族强。相对于经济、科技、军事等硬实力来说，文化虽然是一种软实力，但却是一个国家、一个民族发展中更基本、更深沉、更持久的力量。因此，党中央提出注重协调发展，在增强国家硬实力的同时注重提升国家软实力，不断增强发展的整体性。把增强文化软实力作为“十四五”时期的硬任务，党的十九届五中全会把社会文明程度得到新提高、中华文化影响力进一步提升作为“十四五”时期经济社会发展主要目标之一，并提出到2035年建成文化强国，国家文化软实力显著增强。

（四）促进新型工业化、信息化、城镇化、农业现代化同步发展

党的十九届五中全会提出2035年基本实现社会主义现代化的远景目标，并将“基本实现新型工业化、信息化、城镇化、农业现代化，建成现代化经济体系”作为目标之一，这是我国首次明确提出建成现代化经济体系的时间点。因为实现新型工业化、信息化、城镇化、农业现代化，是建设社会主义现代化国家的基本路径，也是开启全面建设社会主义现代化国家新征程的一项重要战略部署，也是协调发展理念的客观要求。

我们必须认识到“新四化”是一个系统，在这个系统中新型工业化是根本动力，信息化是基本手段，城镇化是重要途径，农业现代化是基础和前提，这四个方面相辅相成、相互作用。新型工业化能够满足城镇化、农业现代化、信息化的发展需要；城镇化是现代化的必由之路；农业现代化是工业化和城镇化的必然趋势；工业化和城镇化是农业现代化的必要条件；没有信息化，就没有现代工业化、城镇化和农业现代化，而工业化和城镇化又是信息化兴起和发展的前提条件。只有协调好四个方面的关系，才能不断增强发展整体性和协调性。

新中国成立以来，尤其是改革开放以来，我国创造了人类工业化史上的奇迹，与高速发展共生的还有许多发展不平衡不充分问题，发展质量亟待进一步提高，突出表现在：一是工业化发展仍不平衡，工业化与信息化融合还不充分；二是以人为核心的新型城镇化质量有待提升，城镇化与工业化良性互动发展还不充分；三是农业现代化成为制约我国现代化进程的

短板，农业现代化与工业化、城镇化的协调发展还不充分等情况[①]。

基于此，我们必须继续大力推动信息化和工业化的深度融合；继续推进工业化和城镇化的良性互动，大力推进新型工业化发展，积极稳妥推进新型城镇化，显著提升城镇化质量；继续推动城镇化和农业现代化协调发展，形成工农互促、城乡互补、协调发展、共同繁荣的新型工农城乡关系，实现社会主义现代化高质量发展。

三、全面贯彻协调发展理念

坚持协调发展理念，增强发展的整体性、平衡性、协调性，必须牢固树立大局意识、补短意识和协同意识，将协调发展理念全面贯彻到新时代各项事业中。

（一）牢固树立大局意识，增强发展整体性

协调发展的出发点，关键在于事物整体间的相互联系，要求处理好局部和全局的关系。我们党提出“协调发展”理念，正是从事物发展的整体性出发的，协调发展关系经济社会发展全局，是事物发展的整体性在发展观上的反映，这就需要我们在工作中牢固树立大局意识。

站得高方能看得远，胸怀大局是谋划工作的基本出发点。习近平总书记强调，必须牢固树立高度自觉的大局意识，自觉从大局看问题，把工作放到大局中思考、谋划，做到真正认识大局、自觉服从大局、坚决维护大局。要树立正确大局观，就是不仅要看到现象和细节怎么样，还要把握本质和全局，抓住主要矛盾和矛盾的主要方面。

党的十八大以来，我们深刻把握世界之变、时代之变、历史之变，胸怀两个大局，着眼全局谋划，统筹推进“五位一体”总体布局，协调推进“四个全面”战略布局，既突出重点，又兼顾全面，在谋求经济建设快速发展的同时，兼顾政治建设、文化建设、社会建设、生态文明建设等；既破解难题，补齐短板，也巩固和厚植原有优势；既善于调动各个方面积极性、主动性和创造性，又注意全国一盘棋，注重持续健康稳定发展，着力实现发展的整体性。

---

① 黄群慧：《推进“新四化”同步实现 建成现代化经济体系》，《光明日报》2020 年 11 月 24 日，第 11 版。

（二）牢固树立补短意识，增强发展平衡性

协调是发展平衡和不平衡的统一，要充分认识事物发展的基本规律。平衡是相对的，不平衡是绝对的，事物总是在不平衡到平衡再到新的不平衡的过程中发展的，符合马克思主义辩证法的发展规律。不平衡是常态，但如果某一区域、某一领域、某一方面发展较快而其他区域、领域、方面严重滞后，发展就会出现畸形，难以实现可持续发展。因此，需要在发展中增强协调能力，牢固树立补短板意识，不断协调不平衡问题，形成各方面优势互补的合力，使发展趋向平衡。

补短板，锻长板。协调是发展短板和长板的统一。2022 年，我国国内生产总值突破 120 万亿元，人均国内生产总值达到 12 741 万美元，我国正处于由中等收入国家向高收入国家迈进的阶段，但这个阶段也是各种矛盾集中爆发的时期，发展不协调、存在诸多短板也是符合社会历史发展规律的。例如：我国各地区自然资源禀赋差别大、发展不平衡；区域发展不平衡，东西、南北经济差距在逐步拉大；城乡发展不平衡，部分农村地区发展相对滞后；民生保障存在短板，社会治理还有弱项；产业发展和升级不平衡，落后产能较多，传统产业发展水平和质量有待提高，新兴产业亟待充分发展；经济发展与生态环境建设不平衡，包容性、绿色化不平衡；等等。实现平衡发展要着眼长远建立协调机制，又要有针对性地解决当前发展中不平衡的突出问题，在补齐短板上多用力，通过补齐短板深挖发展潜力、增强发展后劲。同时，也要厚植发展优势，锻造发展长板，着力增强发展的平衡性。

（三）牢固树立协同意识，增强发展协调性

如何增强发展协调性？关键词是“协同”。马克思主义唯物史观认为，人类社会是一个由各种相互联系、相互制约、相互转化的因素和领域构成的“有机体”，在这个“有机体”中存在各种相互作用的力量。这种力量既包括主体力量，即人民群众这一社会历史发展的主体和创造者，也包括客体力量，即在社会历史发展中，作为主体的人的实践活动作用的对象，也就是前人所创造的、既得的、制约人们的认识活动和实践活动的一切存在物。人们通过形成意志合力的方式而不是每个人的单个意志去直接作用于社会历史的发展。

上下同欲者胜，要想实现经济社会可持续发展，就离不开各领域、各

区域、各方面的协同作战、群策群力。中国共产党根基在人民、血脉在人民、力量在人民。牢固树立协同意识，增强发展的协调性，必须紧紧依靠人民创造历史，这就要求民众心往一处想、劲往一处使，充分发挥亿万民众的积极性、主动性、创造性，形成人人参与、人人尽力、人人有成就感、获得感的生动发展局面。

协同发展是必然选择，协同发展论已被当今世界许多国家和地区确定为实现社会可持续发展的基础。"协同"有利于优势互补、良性互动、缩小差距、减少分化、共同壮大。一个城市或地区如果能够融入更大区域范畴的协同发展，就可以带动区域间生产要素的流动、产业的合作对接、文化的交流提升，从而拥有更广阔区域经济的支撑，获得更可持续的发展。党的十八大以来，全国多地正着力加强跨区域的协调发展，相关战略纵深推进，多种政策持续出台，一些区域协调发展的规模效益逐渐凸显，以协同发展引领改革的大潮已然形成，推进跨区域的协同发展成为时代的必然选择。以京津冀协同发展为例，自 2014 年实施这一重大战略以来，京津冀地区坚持一张图规划、一盘棋建设、一体化发展，三地联动成效初显。环首都一小时交通圈基本形成，生态环保联防联控持续深化，民生一体化，医疗卫生协同发展造福百姓，产业转型升级加速，形成了优势互补、互利共赢的发展格局。

新的征程，要切实强化协同意识，树立全局观念和"一盘棋"的思想，用协同思维破除僵化的各干各的意识，打破地区、领域等壁垒，推动区域协调发展、城乡协调发展、物质文明和精神文明协调发展、经济建设和国防建设融合发展，破解发展的痛点、堵点、难点，真正实现我国全面协调可持续发展。

第十一章　绿色发展：永续发展的必要条件

绿色发展理念是一种承认生态环境容量和资源承载力的有限性，强调经济发展要与社会、资源、环境相互协调，经济活动过程和结果要“绿色化”“生态化”，对传统发展理念进行批判性超越的经济社会发展新模式。党的十八届五中全会明确把绿色作为发展理念，既符合人类文明发展的大势，又符合中国发展的实际，必将对我国可持续发展产生深远影响。党的十九届五中全会通过了《中共中央关于制定国民经济和社会发展第十四个五年规划和二〇三五年远景目标的建议》。全会明确提出，要推动绿色发展，促进人与自然和谐共生。全会强调，坚持绿水青山就是金山银山理念，坚持尊重自然、顺应自然、保护自然，坚持节约优先、保护优先、自然恢复为主，守住自然生态安全边界；深入实施可持续发展战略，完善生态文明领域统筹协调机制，构建生态文明体系，促进经济社会发展绿色转型，建设人与自然和谐共生的现代化。这是深刻把握我国生态文明建设新的形势、着眼美丽中国建设目标作出的重大战略部署和制度安排。

一、绿色发展是永续发展的必要条件

绿色是生命的象征、大自然的底色。绿色更代表了美好生活的希望、人民群众的期盼。民有所呼，党有所应。因此，绿色发展是实现生产发展、生活富裕、生态良好的文明发展道路的历史选择，是通往人与自然和谐境界的必由之路。

（一）绿色发展是对全球性生态危机爆发经验教训的深刻总结

人类社会发展史就是一部对自然环境的改造史。原始文明时期，人类依赖集体的力量才能生存，这一时期是自然对人的统治时期，人们虔诚地敬畏自然、崇拜自然。人类的生产活动很大程度上依靠上天的“赐予”。到了农业文明时期，生产力有了一定程度的发展，人类开始依靠土地，认识自然和改造自然，这时对自然的影响非常有限。随着人口大规模增长，资源环境压力不断凸显。进入工业文明时期，随着社会生产力水平的突飞猛进，科学技术迅猛发展，人类的主体意识增强，渐渐形成“人类中心主义”，人类从以往的“奴隶”“屈从”状态中解放出来，成为驾驭和征服自然的“神”，在资本主义私有制支配下，物质欲望膨胀的人们为了获取眼前的经济利益，忘记了大自然的可承载力，加剧了人与自然的矛盾。人口的急剧增长、资源的过度索取、环境的肆意破坏，打破了固有的生态平衡，带来了严重的生态创伤，人类最终受到自然界的严酷惩罚。

工业先行发展的国家大都品尝过生态破坏的苦果。“资产阶级在它的不到一百年的阶级统治中所创造的生产力，比过去一切世代创造的全部生产力还要多，还要大。”以最早开始工业化进程的英国为例：煤炭的广泛应用导致了英国历史上最为严重的大气污染，曼彻斯特到处弥漫着的煤烟竟使红砖变成了黑砖；烟和雾常年萦绕在伦敦上空，其“雾都”称号便由此而来；工业污水不加处理直接排放，使清澈的泰晤士河变成了臭气熏天的污水河。烟气、毒气、臭气给英国人的健康带来了极大的威胁，肺结核、支气管炎、上呼吸道感染成为当时的常见病和导致死亡的最大原因。美国也有类似的遭遇，洛杉矶的化学烟雾事件致使近千人死亡，大多数市民患上红眼病。日本著名的水俣病事件，导致大量鱼和贝类中毒，近万人罹患中枢神经疾病。除此之外，莱茵河水污染事故、切尔诺贝利核泄漏……历史总能带给我们很多启示。

“生态衰则文明衰”，发达国家的工业化进程已经证明，先污染后治理的代价十分惨重。经过几十年经济的高速发展，当前我国生态环境问题也日趋突出，我们应该吸取发达国家的经验教训，摒弃轻视自然、支配自然的错误观念，坚定不移走绿色发展道路。由此可见，我国提出绿色发展理念，既顺应了民意，也顺应了文明转型的一般规律。

（二）绿色发展是加快中国发展转型升级的战略抉择

我国生态环境问题的出现有着深刻的历史背景。我国现代化晚于西方国家将近两百年，是在西方国家已经完成现代化的世界历史背景下展开的，这就决定了我国现代化、工业化无论在时间上还是在空间上都是“压缩型”的。

由于受到长期以来所形成的世界产业分工格局以及国内生产力发展水平和科学技术水平的制约，我国粗放型发展方式和产业结构一直没有得到有效转变和调整，造成了当前严峻的生态环境形势。我国环境承载能力已达到或接近上限，资源约束趋紧，环境污染严重，生态系统退化，发展与人口、资源、环境之间的矛盾日益突出，生态文明建设总体滞后于经济社会发展，已成为经济社会可持续发展的重大制约瓶颈。可以说，生态环境问题已经成为一个躲不开、绕不过的问题。不仅如此，由于我国人口基数大，人口增长尚未达到峰值，工业化和城镇化尚未完成，制造业在全球分工中仍处于产业链中低端，发达国家在应对气候变化问题的立场有所倒退等因素，我国未来生态环境和可持续发展还将面临严峻挑战。

历史上，西方资本主义国家过度消耗甚至掠夺全世界资源并且将污染物转移到其他国家，这种行为不仅生态环境容量不允许，也是非道义的。作为社会主义国家，我国不仅要创造出更高的生产效率、更民主的政治、更先进的文化、更和谐的社会，还要创造出更优美的自然环境，更好地解决人与自然的矛盾。

进入20世纪90年代，面对生态环境恶化和发展不可持续问题，我国相继形成和提出了可持续发展、循环经济、科学发展、"两型社会"、低碳经济、生态文明等理念。党的十八届五中全会提出实现绿色发展，在发展问题上实现了认识新升华，这是对未来发展理念的最高概括和战略抉择，具有现实针对性和长远指导意义。因此，不管是从人与自然的角度，还是人与人、人与社会的角度，都决定了我国必须得走绿色发展之路。

（三）绿色发展是完善"五位一体"总体布局的重要要求

实现了改革开放以后，党日益重视生态环境保护。同时，生态文明建设仍然存在明显短板，资源环境约束趋紧、生态系统退化等问题越来越突出，特别是各类环境污染、生态破坏呈高发态势，成为国土之伤、民生之痛。如果不抓紧扭转生态环境恶化趋势，必将付出极其沉重的代价。

党的十八大报告将生态文明建设纳入"五位一体"中国特色社会主义事业的总体布局，这标志着中国共产党对社会主义建设规律认识的进一步深化，也充分表明我国走绿色发展道路，治理生态环境问题的坚强意志与决心。随着中国特色社会主义进入新时代，党中央强调生态文明建设是关乎中华民族永续发展的根本大计，保护生态环境就是保护生产力，改善生态环境就是发展生产力，决不以牺牲环境为代价换取一时的经济增长。必须坚持绿水青山就是金山银山的理念，坚持山水林田湖草沙一体化保护和系统治理，像保护眼睛一样保护生态环境，像对待生命一样对待生态环境，更加自觉地推进绿色发展、循环发展、低碳发展，坚持走生产发展、生活富裕、生态良好的文明发展道路。

走绿色发展道路对中国传统发展格局是一次质的飞跃，是对中国严峻生态形势系统的考量，也是“五位一体”总体布局重点要求。

（四）绿色发展是坚持高质量发展的不竭动力

习近平总书记指出：“走向生态文明新时代，建设美丽中国，是实现中华民族伟大复兴中国梦的重要内容。”实现中华民族伟大复兴的中国梦，是党和人民共同的追求。如今的中国正处于一个史无前例的历史时期，正处于一个距离实现中华民族伟大复兴最接近的时期。党领导全国各族人民共圆中国梦、建设生态文明，从根本上讲，就是既要考虑物质因素，又要考虑非物质因素，进而提升全社会的幸福指数。正如习近平总书记所强调的，金山银山固然重要，但是人民生活的幸福状态不是能够用金钱来代替的。从根本上说，实现中国梦，既是标志中华民族实现伟大复兴，也是标志社会主义建设及其文明形态走向更加全面、更加成熟、更加稳定的状态。

当今世界，科学技术高度发展，在信息产业、智能化应用、新材料、节能环保、清洁能源、生态修复、生态技术、循环利用等领域取得了重大突破，并由此引发了新的产业革命。党的十九届五中全会明确提出，我国已转向高质量发展阶段，制度优势显著，治理效能提升，经济长期向好，物质基础雄厚，人力资源丰富，市场空间广阔，发展性强劲，社会大局稳定，继续发展具有多方面优势和条件，同时我国发展不平衡不充分问题仍然突出，重点区域关键环节改革任务仍然艰巨，创新能力不适应高质量发展要求，农业基础还不稳固，城乡区域发展和收入分配差距较大，生态环保任重道远，民生保障存在短板，社会治理还有弱项。就生态文明建设和绿色发展而言，全会提出了“十四五”时期经济社会发展主要目标，即生态文明建设实现新进步，国土空间开发保护格局得到优化，生产生活方式、绿色转型成效显著，能源资源配置更加合理，利用效率大幅提高，主要污染物排放总量持续减少，生态环境持续改善，生态安全屏障更加牢固，城乡人居环境明显改善；全会提出到2035年基本实现社会主义现代化远景目标，即广泛形成绿色生产生活方式，碳排放达峰后稳中有降，生态环境根本好转，美丽中国建设目标基本实现。适应生态文明建设在中国特色社会主义事业“五位一体”总体布局和“四个全面”战略布局战略地位的发展态势和客观需要，建设人与自然和谐共生的现代化，推动全面绿色转型，促进和实现人类社会由工业文明向生态文明范式转型必须以创新、协调、绿色、开放、共享的新发展理念为引领，坚持高质量发展和绿色发展内在逻辑的一致，在高质量发展中坚持生态领域高质量发展，在绿色发展中推动高质量发展。

二、走向人与自然和谐共生的现代化

建设人与自然和谐共生的现代化，是习近平生态文明思想的重要内容。2021 年 4 月 30 日，习近平总书记在中共中央政治局第二十九次集体学习时指出：“我国建设社会主义现代化具有许多重要特征，其中之一就是我国现代化是人与自然和谐共生的现代化，注重同步推进物质文明建设和生态文明建设。”这就要求我们在进行社会主义现代化建设的过程中，不仅要重视物质和精神文明建设，同时还要注重生态文明建设，构建起人们赖以生存的良好的生态环境。

党的十九大报告把“坚持人与自然和谐共生”作为新时代坚持和发展中国特色社会主义的基本方略之一。党的十九届五中全会和《中共中央关于制定国民经济和社会发展第十四个五年规划和二〇三五年远景目标的建议》对绿色发展作出了重要部署，强调要“促进经济社会发展全面绿色转型”“深入实施可持续发展战略，完善生态文明领域统筹协调机制，构建生态文明体系，促进经济社会发展全面绿色转型，建设人与自然和谐共生现代化”，这明确了建设人与自然和谐共生的现代化的突出地位。

（一）人与自然和谐共生

人与自然的关系是人类社会最基本的关系。如何认识自然和顺应自然，提升人认识自然和改变自然以造福人类的自由，是一个重大问题。

按照生态系统的概念，人与自然在自然的意义上是一个系统，人是自然界中的一分子。但人类中心主义认为人是世界的主宰，强调自然对人的附属和利用价值，任何一项生产实践活动，首先考虑的是给人类带来什么样的好处，其次是对自然的影响。在这种单纯从人类利益出发的价值观指导下，不会有真正意义上的环境保护；而非人类中心主义则强调自然的内在价值，把人类中心主义看作环境保护的最低境界，是生态破坏和环境污染的罪恶之源，认为人类应全面超越人类中心主义，建立一个以自然生态为尺度的伦理价值体系和相应的发展观。但不管是人类中心主义，还是非人类中心主义，都是“只见树木，不见森林”，它们把社会发展还原为个人的原子论，而不是整体发展。而绿色发展则奉行系统论、整体论思维，摒弃人类中心主义和非人类中心主义思想的二元对立，适当地维系两者之间的张力，强调人与自然的内在价值并存、共同进化。

生态伦理是绿色发展的价值指南。在伦理学层面，它构成了现代人类处理与自然关系的道德准则，其中重要的、要求人类必须自我约束的部分应该成为人类的共识。生态原则要求社会发展的经济系统尊重它所依赖的自然生态系统的动态规律与阈限。这些原则要求我们重新建立人与自然之间的新型“耦合”关系：你中有我，我中有你，离开自然的人无智慧、不完整，离开人的自然无灵性、不美丽。

（二）人与自然是生命共同体

习近平总书记多次引用传统文化中“天人合一”的哲理思想和马克思主义关于人与自然关系的论述。人与自然和谐共生就是习近平绿色发展理念的基本落足点。

自然界有其自身的法则，即原生态的自然法则，它是客观存在的，在无数的偶然性中发生作用和开辟道路，因而“道法自然”是人类安身立命的定理。但自然世界对人来说并不是完满的，人总是根据自己的需要去认识自然和改造自然，并在认识自然、改造自然的过程中认识和改造社会和自身。人的认识和改造自然的能动作用与尊重、顺应、保护自然的绿色发展理念是一致的，尊重、顺应、保护蕴含着人对生态的更高层面的主观能动作用。事实上，人类已经在修复沙漠、绿化环境、改善水质和大气质量、保护濒危的生物品种……这似乎是一种向原始生态的回归，实质上是在自觉理性的层面上向人的本性的回归。

坚持人与自然和谐共生，首先就要明确“人与自然是命运共同体”。人因自然而生，人与自然是一种共生关系、是生命共同体。人类必须尊重自然、顺应自然、保护自然，是“人与自然是命运共同体”的逻辑结论。人类发展的历史一再证明，人类只有遵循自然规律，才能有效防止在开发利用自然上走弯路，因为人类对大自然的伤害最终会伤及自身。

习近平总书记指出："要把生态环境保护放在更加突出位置，像保护眼睛一样保护生态环境，像对待生命一样对待生态环境，在生态环境保护上一定要算大账、算长远账、算整体账、算综合账，不能因小失大、顾此失彼、寅吃卯粮、急功近利。"

"人与自然是命运共同体"为我国生态环境治理和现代化建设提供了重要的指南。生态环境是人类生存最为基础的条件，是我国可持续发展最为重要的基础。我们要建设的现代化是人与自然和谐共生的现代化，发展始终是包含优美生态环境在内的发展。坚持人与自然和谐共生要求"还好旧账、不欠新账"，下决心治理好传统发展方式造成的生态环境问题，下决心真正转变发展方式、走绿色发展之路，用最严格的制度、最严密的法治惩治破坏生态、污染环境、浪费资源的行为，避免产生新的生态环境问题。

（三）人与自然和谐共生现代化

建设人与自然和谐共生的现代化，是习近平生态文明思想的重要内容。人与自然和谐共生不仅是一种理念，更是一个宏大的社会实践过程。针对工业进程形成的顽疾，需要开展一系列行动，让坚持人与自然和谐共生在中华大地上成为生动实践。习近平总书记在这方面提出了一系列重要指示和指导性意见。2021年4月30日，习近平总书记在中共中央政治局第二十九次集体学习时指出："我国建设社会主义现代化具有许多重要特征，其中之一就是我国现代化是人与自然和谐共生的现代化，注重同步推进物质文明建设和生态文明建设。"

"人与自然和谐共生的现代化"的提出，是在反思西方资本主义现代化进程的经验教训和总结我国经济社会的发展需要基础上提出的，是一种符合人类文明发展规律的新型现代化。这一理论的提出，为我国现代化建设提供了理论导向和实践指引，同时有利于增强我国在全球环境治理中的话语权和影响力，而且为后发展国家走向现代化提供了一条崭新路径，有助于推动各国为保护全球生态而共同努力，有利于化解我国社会主要矛盾。随着我国进入新时代，经济发展越来越快，人们对生活质量的要求也越来越高，越来越希望拥有更好的生态环境。在"人与自然和谐共生的现代化"理念指引下，我国生态文明建设在思想、实践层面上都得到了有效推进。

目前，我国已经实现了全面建成小康社会的目标，比联合国 2030 年可持续发展目标提前 10 年达标。2020 年 9 月 22 日，国家主席习近平在第 75 届联合国大会一般性辩论中发言指出，中国将提高国家自主贡献力度，力争二氧化碳排放 2030 年前达到峰值，2060 年前实现碳中和。这充分展现了我国负责任大国的形象，彰显了我国愿为应对全球气候变化作出新贡献的明确态度。

三、坚持推进绿色发展，建设美丽中国

“十四五”时期是我国全面建成小康社会、实现第一个百年奋斗目标后，乘势而上开启全面建设社会主义现代化国家新征程、向第二个百年奋斗目标进军的第一个五年。为全面建设社会主义现代化国家开好局、起好步，必须持续将生态文明建设作为事关人民群众切身利益的大事来谋划和推进。必须深入学习贯彻习近平生态文明思想，保持加强生态文明建设的战略定力。完整、准确、全面贯彻新发展理念，坚持不懈推动绿色发展，建设美丽中国。

（一）坚定不移以习近平生态文明思想为根本遵循

习近平生态文明思想深刻回答了为什么建设生态文明、建设什么样的生态文明、怎样建设生态文明等重大理论和实践问题，是我们党的重大理论和实践创新成果，是新时代推进生态文明建设的根本遵循。党的十八大以来，以习近平同志为核心的党中央将生态文明建设作为关系中华民族永续发展的根本大计，摆在治国理政的重要位置，系统推进“五位一体”总体布局、协调推进“四个全面”战略布局的重要内容，从思想的高度深化了对新时代生态文明建设重要意义的认识。

（1）生态文明建设深刻体现了社会主义的本质要求。社会主义社会是全面发展的社会，保护生态环境、建设生态文明是社会主义的本质要求。习近平总书记指出：“随着我国经济社会发展不断深入，生态文明建设地位和作用日益凸显。”党的十八大把生态文明建设纳入中国特色社会主义事业总体布局，使生态文明建设的战略地位更加有利于把生态文明建设融入经济建设、政治建设、文化建设、社会建设各方面和全过程。这是我们党对社会主义建设规律在实践和认识上不断深化的重要成果。这些重要论

述深刻阐述了生态文明建设在坚持和发展中国特色社会主义中的重要地位。将生态文明建设纳入中国特色社会主义“五位一体”总体布局，更好地体现了社会主义的本质属性，体现了我们党对社会主义建设规律的认识在不断深化。

（2）生态文明建设关系人民福祉、民族未来。加强生态文明建设是关系人民福祉、民族未来的战略抉择。党的十八大以来，习近平总书记站在人民幸福安康、中华民族永续发展的高度对生态文明建设作出一系列重要论述。指出生态环境保护是功在当代、利在千秋的事业。要清醒认识保护生态环境、治理环境污染的紧迫性和艰巨性，清醒认识加强生态文明建设的重要性和必要性，以对人民群众、对子孙后代高度负责的态度和责任，真正下决心把环境污染治理好、把生态环境建设好。习近平总书记强调：“环境就是民生，青山就是美丽，蓝天也是幸福。”这些重要论述极大地提升了我们对生态文明建设重要性的认识。所以，绝不能让环境污染成为民生之患、民心之痛，绝不能让生态问题影响中华民族的永续发展，影响中华文明的传承发展。

（3）生态文明建设是实现中国梦的题中应有之义。实现中华民族伟大复兴的中国梦，是中华民族近代以来最伟大的梦想，是全体中华儿女的共同心愿。要实现中国梦，第一步是实现第一个百年奋斗目标，即全面建成小康社会。习近平总书记指出，小康全面不全面，生态环境质量是关键，并强调要坚决打好污染防治攻坚战。第二步是在全面建成小康社会的基础上，开启全面建设社会主义现代化国家新征程，即实现第二个百年奋斗目标。习近平总书记在党的十九大报告中指出，到本世纪中叶，把我国建成富强民主文明和谐美丽的社会主义现代化强国。将美丽作为社会主义现代化强国建设的重要目标，进一步明确了生态文明建设在实现中国梦中的重要地位，表明中国梦是具有高度生态文明的美丽中国梦。

（二）让良好生态环境成为最普惠的民生福祉

让良好生态成为最普惠的民生，源自全心全意为人民服务的根本宗旨。在中国共产党百年的奋斗历程中，改善民生、造福人民始终是党不变的初心和崇高的追求。从带领人民创造美好生活的目标出发，顺应人民群众对良好生态环境的新期待，把良好的生态环境作为最普惠的民生福祉，让广大人民群众享有更多的绿色福利，是新时代我们党始终把人民放在心中最高的位置，始终全心全意为人民服务、始终为人民利益和幸福而努力奋斗的必然选择。

让良好生态成为最普惠的民生，源自广大人民群众对加快提高生态环境质量的热切期盼。随着经济发展、社会进步和人民生活水平的不断提高，大量生态环境问题不断涌现，成为人民反映强烈的突出问题。人民群众“盼环保”“求生态”，对干净的水、清新的空气、安全的食品、优美的环境等的要求越来越高，生态环境在群众生活幸福指数中的地位不断凸显。特别是中国特色社会主义进入新时代，人民对美好生活需要日益广泛，既希望安居、乐业、增收，也希望天蓝、地绿、水净。大力推进生态文明建设，提供更多优质生态产品，就是在积极回应人民群众的所想、所盼和所急。

让良好生态成为最普惠的民生，就要把解决突出生态环境问题作为民生优先领域。2013 年 5 月 24 日，习近平总书记在主持十八届中央政治局第六次集体学习时提出，环境保护和治理要以解决损害群众健康突出环境问题为重点，坚持预防为主、综合治理，强化水、大气、土壤等污染防治。良好生态环境是人和社会持续发展的根本基础。还老百姓蓝天白云、繁星闪烁、清水绿岸、鱼翔浅底的景象，让老百姓吃得放心、住得安心，为老百姓留住鸟语花香的田园风光。

让良好生态成为最普惠的民生，就要拿出壮士断腕的心、背水一战的勇气。习近平总书记指出，生态文明建设正处于压力叠加、负重前行的关键期，已进入提供更多优质生态产品以满足人民日益增长的优美生态环境需要的攻坚期，也到了有条件、有能力解决生态环境突出问题的窗口期。如何更好地践行绿色发展理念、更好地坚持人与自然和谐共生，是实现高质量发展的必答题。只有不畏难、不犹豫、不退缩，才能赢得中华民族永续发展的美好未来。

（三）着眼如期实现碳达峰、碳中和目标

实现碳达峰、碳中和目标，是以习近平同志为核心的党中央经过深思熟虑作出的重大战略决策，事关中华民族永续发展和构建人类命运共同体。2020 年 9 月，国家主席习近平在第七十五届联合国大会一般性辩论上的讲话中提出，中国将提高国家自主贡献力度，“二氧化碳排放力争于 2030 年前达到峰值，努力争取 2060 年前实现碳中和”；在中央经济工作会

议时提出，要“正确认识和把握碳达峰碳中和”。2021年10月24日，中共中央、国务院印发的《关于完整准确全面贯彻新发展理念做好碳达峰碳中和工作的意见》发布。根据《意见》，到2025年，绿色低碳循环发展的经济体系初步形成，重点行业能源利用效率大幅提升；到2030年，经济社会发展全面绿色转型取得显著成效，重点耗能行业能源利用效率达到国际先进水平，二氧化碳排放量达到峰值并实现稳中有降；到2060年，绿色低碳循环发展的经济体系和清洁低碳安全高效的能源体系全面建立，能源利用效率达到国际先进水平，非化石能源消费比重达到80%以上。

实现碳达峰碳中和，将是对我国经济结构、能源结构的深刻重塑，是对生产方式、生活方式的重大转变。目前，国内国际形势十分严峻，《意见》要求务必在“十四五”以及中长期的发展中坚持绿色发展和可持续发展，坚持创新、协调、绿色、开放、共享的新发展理念，构建新发展格局，将绿色发展理念贯穿在各项工作中的每个环节，切实打好经济社会发展全面绿色转型的“攻坚战”。

（1）坚持以供给侧结构性改革为主线。习近平总书记在2015年中央经济工作会上提出了供给侧改革，强调在适当扩大需求的同时，通过供给侧“去产能、去库存、去杠杆、降成本、补短板”改善供给体系，提高供给的有效性，使供给结构更加适应需求结构的变化。它是习近平新时代中国特色社会主义经济思想的重要内容。“十四五”时期，我们更应立足国情，坚持供给侧结构性改革，通过减排降耗倒逼传统产业转方式、调结构，实现新旧动能转换，推动绿色、低碳、循环发展的新方式，形成节约资源、保护环境的生产生活方式，持续保护生态文明战略定力。

（2）加快推进全面绿色转型。党的十九届五中全会提出经济社会发展全面绿色转型。结合碳达峰、碳中和中远期工作，必须从生产方式、能源方式、生活方式、价值理念等多个视角入手，推动经济社会全面绿色转型。①着力推动循环、低碳、绿色的生产方式。推进交通运输低碳发展，实行公共交通优先，加强轨道交通建设，鼓励自行车等绿色出行。主动控制碳排放，加强高能耗行业能耗管控，有效控制电力、钢铁、建材、化工等重点行业碳排放，支持优化开发区域率先实现碳排放峰值目标。实施循环发展引领计划，推行企业循环式生产、产业循环式组合、园区循环式改造，减少单位产出物质消耗。②加快形成替代化石能源消费的清洁能源体系。推进能源革命，加快能源技术创新，建设清洁低碳、安全高效的现代能源体系。提高非化石能源比重，推动煤炭等化石能源清洁高效利用。加快发展风能、太阳能、生物质能、水能、地热能，安全高效发展核电。积极开发天然气、煤层气、页岩气，大幅度提升能源利用效率。③坚持创新驱动。整合资源不断攻克核心技术的关键，在于构建一个相互依赖、相互制约、共荣共生的国家创新生态系统，打好关键核心技术攻坚战。大力发展绿色技术，推进绿色创新，以绿色装备制造为核心，加强绿色制造领域关键核心技术的研发，把高新技术渗透到各专业、各领域，加快科技成果转化，以协同创新的思维方式构建系统集成的绿色技术支撑体系。④加快转变生活方式。1992 年，联合国环境与发展大会通过的《21 世纪议程》指出："地球所面临的最严重的问题之一，就是不适当消费和生产模式。"很显然，除了经济增长模式需要从资源增长型过渡到技术驱动型以外，更新全社会的消费观念也非常必要。从资源学的角度来看，消费涉及从环境中攫取资源以及攫取资源的方式。超前消费和消费不足都会对资源造成极大破坏。超前消费虽然带动了社会经济的发展，但又增加了资源的压力，加剧了资源的破坏；而消费的不足，又使得人类对资源的掠夺不择手段，不顾后果。因此，建立一种生产与消费平衡协调的机制，有利于推动绿色生活方式转型。

我国进入新发展阶段，贯彻新发展理念、构建新发展格局、推动高质量发展、创造高品质生活，对加强生态文明建设、加快推动绿色低碳发展提出了新的更高要求。绿色是生命的象征，是美好生活的基础。只要持之以恒、久久为功推动经济社会发展全面绿色转型，美丽中国的目标就一定会实现。

第十二章　开放发展：国家繁荣的必由之路

“开放是当代中国的鲜明标识。今年是中国加入世界贸易组织20周年。20年来，中国全面履行入世承诺，不断扩大开放，激活了中国发展的澎湃春潮，也激活了世界经济的一池春水。”[①] 在中国加入世界贸易组织20周年之际，在中国第四届国际进口博览会开幕之时，习近平主席深刻指出，开放作为当代中国的鲜明标识，推动了中国及世界经济的蓬勃发展，同时向世人宣告，中国扩大高水平开放的决心不会变，同世界分享发展机遇的决心不会变，将推动经济全球化朝着更加开放、包容、普惠、平衡、共赢方向发展。面对国际、国内经济发展局势的深刻变化，中国将准确识变、科学应变、主动求变，继续统筹国际国内两个大局，坚持对外开放的基本国策，打造全方位、多层次、宽领域的全面开放新格局。

一、准确识变——深刻认识对外开放面临的新形势新变化

中国改革开放的步伐始于1978年，经过40多年的发展，国家面貌焕然一新。在改革开放这一基本国策的推动下，社会主义中国用几十年的时间完成了资本主义国家上百年的工业化进程，取得了举世瞩目的成就。当前，随着经济全球化的不断深入，世界上主要发达资本主义国家调整经济政策，使得中国特色社会主义发展也面临新形势新变化。

（一）百年未有之大变局与世纪疫情交织

当前，世界面临百年未有之大变局，国际力量对比发生重大变化。与此同时，新冠疫情全球大流行，这使得百年未有之大变局加速演变，我国全面开放面临的外部环境更趋复杂严峻。单边主义、保护主义逆潮流而动，世界经济低迷，国际格局深刻调整，不稳定不确定因素明显增多。

2008年国际金融危机带来的深层次影响近年来持续显现，世界经济复苏道路曲折、进程缓慢。近年来，在新一轮科技革命推动下，世界经济初

---

① 《习近平在第四届中国国际进口博览会开幕式上发表主旨演讲》，《人民日报》2021年11月5日，第1版。

见曙光，又遇新冠疫情，深层次结构性矛盾进一步凸显，世界各国经济增长乏力。在此背景下，一些国家为了保护本国市场，寻求短期经济利益，采取贸易保护主义等逆全球化的举措，试图维持经济、科技优势地位。国际经济贸易环境的恶化对中国构建全面开放新格局造成的阻碍，特别是在全球经济低迷的大背景下，中国经济在国内显现出强劲动力，被一些国家视为威胁，成为被围堵、被压制的对象。

（二）“两个一百年”奋斗目标的历史交汇期

党的十八大以来，党带领全国人民锐意进取，如期实现了全面建成小康社会的目标，历史性地解决了绝对贫困问题，共同实现了第一个百年奋斗目标，开启了实现第二个百年奋斗目标的新征程。当前，正处于“两个一百年”奋斗目标的历史交汇期，中国将围绕全面建设社会主义现代化国家而奋斗。

当前，国内在新冠疫情防控及经济社会发展中面临各项繁重艰巨的任务。一方面，我国经济发展不平衡、不协调、不可持续问题仍然突出。经过改革开放 40 多年的发展，我国经济发展进入新常态，过去享受到的改革红利已经消失殆尽，正由高速增长阶段向高质量发展阶段转变。当前，日益上涨的劳动力成本，不断枯竭的矿产、能源等自然资源以及日益恶化的生态环境都成为进一步改革开放面临的现实问题，我国面临增长速度换挡期、结构调整阵痛期、前期刺激政策消化期“三期叠加”的复杂局面。另一方面，人民群众对美好生活的追求和向往日益增长，而国内区域、行业、城乡等发展不平衡、不协调、不可持续等问题依然制约着人民主体地位的实现，需要准确把握新时代主要矛盾的变化，有针对性地加以解决。

二、科学应变——保持战略思维、辩证思维、创新思维、法治思维、底线思维

思想是行动的先导，理论是实践的指南。在改革开放 40 周年之际，习近平总书记强调，在前进道路上，要增强战略思维、辩证思维、创新思维、法治思维、底线思维，应对世界百年未有之大变局，需要从世界发展规律中摸索路径，抗击千百年难遇的新冠疫情，需要到流行病学理论中寻找答案，科学的思维方法是当前应对变局、推进国家开放发展的有力

工具。

（一）保持着眼开放发展大局的战略思维

战略思维重在把握事物发展总体趋势和主要方向，是一种用全面、长远的眼光谋划工作的思维方式。习近平总书记在纪念邓小平同志诞辰110周年座谈会上的讲话中强调，“战略问题是一个政党、一个国家的根本性问题。战略上判断得准确，战略上谋划得科学，战略上赢得主动，党和人民事业就大有希望。”[①]中国之所以能够把改革开放作为一项基本国策来对待，得益于邓小平同志准确判断国内外发展大势，并作出了一系列事关党和国家事业长远发展、事关社会主义前途命运的重大战略决策。

从十一届三中全会作出改革开放的战略决策，到党的十八大，党中央强调要树立战略思维和全球视野，站在国内国际两个大局相互联系的高度，审视我国和世界的发展，把我国对外开放事业不断推向前进。再到十九届六中全会，习近平总书记进一步向世界宣告，“开放带来进步，封闭必然落后；我国发展要赢得优势、赢得主动、赢得未来，必须顺应经济全球化，依托我国超大规模市场优势，实行更加积极主动的开放战略”[②]。在改革开放这个问题上，习近平总书记不仅全面继承了邓小平同志的战略思维，更以战略眼光，洞察时代变化、世界变局，进一步发扬了改革开放的思想精髓，确保在国际战略的选择上保持战略定力，为中国特色社会主义发展营造有利的内外环境。

（二）保持敏锐洞察的辩证思维

辩证思维，即恩格斯所说的主观辩证法，是对客观辩证法的反映，是人运用唯物辩证法对外部信息与已有知识和经验进行的复杂的心智过程，包括对事物的分析与综合、比较与分类以及抽象与概括。习近平总书记指出：“辩证思维能力，就是承认矛盾、分析矛盾、解决矛盾，善于抓住关键、找准重点、洞察事物发展规律的能力。”[③]简单来说，辩证思维就是对待矛盾问题的态度。我国传统文化思想中蕴含丰富的辩证法思想，“失之东隅，收之桑榆”“塞翁失马焉知非福”“人非圣贤孰能无过”等名言警句

① 习近平：《继续把党史总结学习教育宣传引向深入 更好把握和运用党的百年奋斗历史经验》，《人民日报》2022年1月12日，第1版。

② 《中共中央关于党的百年奋斗重大成就和历史经验的决议》，《人民日报》2021年11月17日，第1版。

③ 习近平：《习近平总书记系列重要讲话读本》，人民出版社，2016，第287页。

体现出中国古代学者丰富而质朴的辩证法思想。邓小平同志正是在继承前人丰富的辩证思想，科学分析世界发展局势以及对中国革命、社会主义建设实践经验的摸索总结的基础上，得出了中国的发展离不开世界，要统筹运用国际国内两个市场、两种资源的结论。

实践性是唯物辩证法的基本特性，在全面开放中运用辩证思维也必然应该立足于中国全面开放的实践基础之上，从邓小平到习近平，党的历届中央领导集体在改革开放进程中都秉持求真务实的工作作风，善于充分从中国开放发展的实践中寻找机遇。从改革开放之初的创立经济特区，到后来的沿海城市开放，再到建立自由贸易试验区；从推动沿海经济开放发展，到带动沿边内陆地区全面开放，每一步探索都起源于实践、立足于实践。当前构建全面开放新格局，仍应充分考察新时代开放发展的全新实践，在不断变化的国内及国际经济形势中作出正确判断。

敏锐洞察开放发展中面临的矛盾问题，用辩证思维分析处理重大现实问题。当前，国际贸易领域单边主义、保护主义等逆全球化暗流涌动，国际市场面临诸多不确定因素，中国的开放事业受到严重影响。党中央运用辩证的眼光分析形势，迅速作出了以国内大循环为主题，推动国内国际双循环相互促进。同时在国际贸易遇到的挑战问题，也可以视其为机遇。例如在某些科学技术领域，我国被其他国家“卡脖子”，恰恰可以在“卡脖子”领域集智攻关，让“卡脖子”技术变为“撒手锏”，突破外部环境的围堵，绝处逢生，开创出我国自己的一片天地。

（三）保持锐意进取的创新思维

创新思维是一种因时因地制宜、知难而进、开拓创新的科学思维。创新是一个国家和民族进步的动力源泉，而创新思维就是动力源泉中的思想伟力。改革开放本身就是社会主义制度的一个巨大创新。在社会主义国家实行市场经济制度本身就是对马克思共产主义设想的开拓创新。“不管黑猫白猫，捉到老鼠就是好猫”，一句简单的民间谚语，被邓小平同志创造性地运用在国家经济发展制度上，“猫论”解决了人们思想上的困惑，这也成为中国大刀阔斧地进行市场经济制度改革的重要思想依托、理论工具。

纵观人类发展历史，创新始终是推动一个国家、一个民族向前发展的重要力量，也是推动整个人类社会向前发展的重要力量。在习近平总书记治国理政的思路中，创新始终是重要抓手。当前综合国力的竞争，胜负很大程度上取决于国家的创新能力。新一轮科技革命和产业革命正风起云涌，抢夺重大科技领域的制高点成为国家间竞争的重要内容，创新成果迅速转化为生产力，并深刻影响着国际分工与合作。在此基础上，国际经济发展格局遭遇重塑。把握格局重塑中的主导权，是获取新发展机遇的重要抓手。如何通过制度创新，继续释放改革动能，进一步完善开放格局，通过技术创新，突破国际封锁，通过文化创新，赢得国际认同，是提升开放发展质量需要解决的深层次问题。特别是在我国发展原有要素禀赋优势已经发展转变的大背景下，继续靠拼资源、拼设备，高消耗、高污染等低效率的发展方式已经难以为继，靠创新激发新的发展活力是唯一出路。

（四）开放举措于法有据的法治思维

党的十八届四中全会通过的《中共中央关于全面推进依法治国若干重大问题的决定》，彰显了法治作为党治国理政的基本方式，成为中国特色社会主义发展的重要战略。十八届四中全会的会议主题是在十八届三中全会作出全面深化改革部署的背景下确定的，体现了法治是党在全面深化改革关键时期作出的重大政策考量，是保证全面深化改革顺利进行的重要前提和基础。“我们要坚决破除一切妨碍发展的体制机制障碍和利益固化藩篱，加快形成系统完备、科学规范、运行有效的制度体系，推动中国特色社会主义制度更加成熟更加定型。”① 习近平总书记在庆祝改革开放 40 周年大会上的讲话中表明了加快推进全面深化改革工作中的制度建设的决心。

改革开放本身就是一个破与立的过程，原有制度体系、法规政策可能在改革过程中成为妨碍发展的体制机制障碍和利益固化藩篱。在 2014 年 12 月 26 日举行的十二届全国人大常委会第十二次会议上，专门就新设立的广东、天津、福建自贸区及上海自贸区扩展区域相关法律实施问题作了调整说明。前期由于国务院决定在广东、天津和福建这 3 个新设的自由贸易试验区以及上海自贸区扩展区域，对国家规定实施准入特别管理措施之外的外商投资，暂停实施企业设立、变更等行政审批，改为备案管理即可。而这些改革开放措施，与之前已经存在的外资企业法、中外合资经营企业法等法律有关规定不一致。为了解决改革开放措施于法有据的问题，有关部门经研究决定，针对以上改革开放区域暂时停止相关法律规定的有

① 习近平：《在庆祝改革开放 40 周年大会上的讲话》，《求是》2018 年第 24 期。

关行政审批，改为备案审查[①]，从而为新的自贸区的发展扫除了制度障碍。

打造全面开放新格局必须在依法治国的前提下推行，在改革开放的重点领域、关键区域既要大胆试、大胆闯、自主改，同时也要做到“重大改革于法有据”。将地方立法与全国立法相结合，有些创新举措尚不适合全国推广的，可以进行地方立法将经验总结、巩固下来，并在一定范围内形成示范效应。有些改革方法已经很成熟，并且有广泛适应性的可以通过全国立法，将改革成果更好地推广开来。

（五）坚定方向不越红线的底线思维

随着中国对外开放的力度不断加大，与世界的联系日益密切，国内经济安全与制度稳定受到国际市场波动和意识形态领域的风险挑战也越来越严峻。“贫穷不是社会主义”，“我们要赶上时代，这是改革要达到的目的”。邓小平同志为改革开放设定的目标是解放生产力，摆脱贫困，赶上时代发展潮流。改革开放进行了40多年，中国特色社会主义进入新时代，改革开放仍应围绕解放和发展社会生产力，增强社会主义国家的综合国力来进行，社会主义国家的本质和要求不能变。把握了这一根本目的和要求，改革开放的方向就不会发生偏移。

方向决定前途，道路决定命运。改革开放无论改到什么程度，都必须稳固社会主义江山不动摇，坚持中国共产党领导不动摇。过去，党领导人民针对否定毛泽东和毛泽东思想、否定党的历史和党的领导，以及资产阶级自由化思潮等错误观念进行了坚决和有力反击，确保了改革开放始终沿着社会主义的方向不偏航。当前，历史虚无主义沉渣泛起，否定党史、军史、国史，否定党的领导等言论频现网络，部分党员干部不念初心使命，理想信念崩塌，违法乱纪现象蔓延。对此，要坚守社会主义制度底线、党的领导底线，坚决与偏离道路、方向的行为做斗争。

无论开放到什么程度，都要确保国家经济发展与安全的大局，对外交往中，必须维护国家的核心利益。国际格局演变的复杂性、世界经济调整的曲折性、国际矛盾斗争的尖锐性、国际秩序之争的长期性、我国周边环境的不稳定性等，都是当前我国对外开放的影响因素，但是要坚持“任何外国不要指望我们会拿自己的核心利益做交易，不要指望我们会吞下损害

① 孙懿：《让改革开放措施于法有据》，《人民日报》（海外版）2014年12月27日，第4版。

我国主权、安全、发展利益的苦果”[①]的立场，善于运用维护国家核心利益的底线思维来应对构建全面开放新格局进程中出现的各种复杂问题。

三、主动求变——着力推动形成全面开放新格局

“世界大海大洋都是相通的，任何人企图人为阻碍世界大海大洋相通，都只能是一种不自量力的幻想！”[②]2020 年 11 月，习近平主席在浦东开发开放 30 周年庆祝大会上深刻指出，中国经济与世界经济的大海是相通的，人为阻碍经济全球化进程是不可行的，中国开放的大门将进一步敞开，同世界各国共享发展机遇。2021 年 11 月第四届中国国际进口博览会的如期举行，印证了中国开放发展的坚定决心。

（一）围绕“一带一路”建设这个重点，推动形成陆海内外联动、东西双向互济的开放格局

中国是一个传统的陆上大国，同时也是沿海大国。改革开放初期，深圳、珠海、厦门、汕头等沿海城市利用区位优势，率先建立了经济特区、沿海港口城市，实现了经济的迅速发展。自从 2013 年 9 月和 10 月习近平总书记分别提出建设“新丝绸之路经济带”和“21 世纪海上丝绸之路”的合作倡议以来，截至 2021 年 10 月，中国已经与 140 个国家和 32 个国际组织，签署了 200 多份共建“一带一路”合作文件。2021 年 11 月 19 日，习近平总书记出席第三次“一带一路”建设座谈会上指出：“通过共建‘一带一路’，提高了国内各区域开放水平，拓展了对外开放领域，推动了制度型开放，构建了广泛的朋友圈，探索了促进共同发展的新路子，实现了同共建国家互利共赢。”[③]

“一带一路”这个国际合作新平台，将中国改革开放的发展成果惠及沿线国家，最终实现共同发展。中国在多个场合承诺，愿同各方一道，秉持共商共建共享原则，坚持开放、绿色、廉洁理念，努力实现高标准、惠民生、可持续目标，推动高质量共建‘一带一路’取得更多丰硕成果。我

① 习近平：《习近平谈治国理政》第 2 卷，外文出版社，2017，第 42 页。

② 习近平：《在浦东开发开放 30 周年庆祝大会上的讲话》，《人民日报》2020 年 11 月 13 日，第 2 版。

③ 习近平：《以高标准可持续惠民生为目标　继续推动共建“一带一路”高质量发展》，《人民日报》2021 年 11 月 20 日，第 1 版。

国继续推动“一带一路”建设的承诺和决心不会改变，通过陆上及海上两条丝绸之路共同推进，不断打造和平之路、繁荣之路、开放之路、绿色之路、创新之路、文明之路，使共建“一带一路”成为当今世界深受欢迎的国际公共产品和国际合作平台。

在陆上“新丝绸之路经济带”建设中，将活跃的东亚经济圈与发达的欧洲经济圈连接起来，进一步挖掘中间广大腹地国家经济发展潜力，不断加强跨国基础设施建设，畅通国际大通道，发挥好沿线中心城市的辐射作用，打造重点经贸产业园区，既带动经济发展，又改善民生福祉，推动共建“一带一路”高质量发展。

“21 世纪海上丝绸之路”将国内区位优势放眼到整个世界，将太平洋、大西洋、印度洋等海上通道都视为可供联结的地缘资源，最大程度上实现亚欧非大陆及其附近海洋的互联互通。目前我国海上丝绸之路已经形成广泛合作的格局，但与沿线各国的合作还可以进一步挖掘。在已开展的港口共建中，进一步结合沿线国家经济发展特征与规律，加强合作信任，充分发挥沿线重点港口的集散作用，推动“海上丝绸之路”的畅通、高效。

（二）推进贸易强国建设，培育贸易新业态新模式

当前全球产业链、供应链呈现出“你中有我、我中有你”的局面，而中国具有全球规模最大、也最完备的工业体系，在维护全球产业链、供应链稳定方面发挥了重要作用。根据世界贸易组织统计数据显示，中国 2020 年全年商品出口贸易在全球贸易中的占比达到 14.7%，这一增幅达到加入世界贸易组织 20 年以来的最高点，创下历史新高。中国贸易大国的称谓是毫无争议的，但是距离贸易强国还有一定差距。在当前国际贸易格局发生较大变化的背景下，我国提出加快形成以国内大循环为主体、国内国际双循环相互促进的新发展格局，以国内大循环为主体，并不意味着闭关锁国、脱离世界市场，而是推动建设更高水平、更高质量的对外开放。

新业态新模式是我国外贸发展的有生力量，2021 年 7 月国务院办公厅印发了《国务院办公厅关于加快发展外贸新业态新模式的意见》，对促进外贸新业态模式提出了全新的指导。在坚持鼓励创新、包容审慎、开放合作的原则下，通过推动传统外贸转型升级、推进外贸服务向专业细分领域发展、优化政策保障体系、营造良好环境、做好组织实施等举措，推动实现 2035 年外贸新业态新模式发展目标，即总体水平位居创新型国家前列，法律法规体系更加健全，贸易自由化便利化程度达到世界先进水平，为贸易高质量发展提供强大动能，为基本实现社会主义现代化提供强劲支撑。

其中，可以通过推广数字智能技术应用、完善跨境电商发展支持政策、推进跨境电子商务综合试验区建设、培育优秀海外仓企业、完善海外仓网络等具体举措，持续推动传统外贸转型升级。通过进一步支持外贸综合服务企业健康发展，提升保税维修业务发展水平、稳步推进离岸贸易发展、支持外贸细分服务平台发展壮大等措施深入推进外贸服务向专业细分领域发展。

（三）营造优质营商环境，保护外商投资合法权益

水美而鱼肥，土沃则稻香。优质营商环境为外商投资营造更好发展环境、提供更多发展动力，是推动建立全面开放新格局的重要举措，也是我国改革开放过程中积累的成功经验和做法。外来投资者的合法权益能不能得到有效保障，是营商环境质量的重要参考。世界银行发布的《2020 年营商环境报告》显示，中国营商环境水平在参与排名的经济体中总体排名为第 31 名，是世界银行营商环境报告发布以来的最好名次。而中国香港在 190 个经济体中位列全球最便利营商地的第三位，体现了世界领先的高水平营商环境。

要构建全面开放新格局，进一步提升开放的深度和广度，应对标国际优质营商环境，完善相关立法，在树牢依法行政理念的基础上，坚持企业主体地位，进一步通过创新行政机构服务模式、提高服务效率，精简行政审批流程、实行税收优惠政策、改善行政司法质量及效率等方式解决营商环境建设的堵点问题，保护外商投资合法权益，让中国更受世界投资者的青睐。2020 年 1 月 1 日起施行的《优化营商环境条例》为持续优化营商环境，不断解放和发展社会生产力提供了法治保障。

（四）加大西部开放力度，优化区域开放格局

1985 年 10 月，邓小平同志在会见美国时代公司组织的美国高级企业家代表团时提出，一部分地区、一部分人可以先富起来，带动和帮助其他地区、其他的人，逐步达到共同富裕。1986 年 3 月，邓小平同志在会见新西兰总理时进一步指出，我们的政策是让一部分人、一部分地区先富起来，以带动和帮助落后的地区，先进地区帮助落后地区是一个义务。中国对外开放逐渐呈现出东快西慢、沿海强内陆弱的区域格局。一部分人、一部分地区实现了率先富裕，由他们再来带动、帮助落后地区共同发展，最终实现共同富裕。在党的十六届三中全会提出的“五个统筹”中，就有统筹区域经济协调发展，将区域协调发展上升到经济建设战略的高度，具体提出了积极推进西部大开发，振兴东北地区等老工业基地，促进中部地区崛起，鼓励东部地区率先发展等政策，推动区域协调发展。

当前，东快西慢、沿海强内陆弱的区域发展格局仍没有得到彻底扭转，还体现出一些新的特点。在党的十九大报告中，习近平总书记指出，要继续实施区域协调发展战略。进一步通过支持革命老区、民族地区、边疆地区、贫困地区的发展，推进西部大开发形成新格局，加快东北等老工业基地振兴，推动中部地区崛起，率先实现东部地区优化发展，建立更加有效的区域协调发展新机制。在此基础上，推动中西部地区利用自然资源禀赋，打造省会城市开放高地，打造内陆交通枢纽，打造口岸城市，在中西部地区建立自由试验区、综合保税区等，在开放发展中与东部地区形成互补，推动中西部地区逐步由开放末梢走向开放前沿，逐步形成沿海内陆沿边分工协作、互动发展，东西双向互济的开放格局。

（五）构建高标准自由贸易区网络，建设自由贸易试验区和自由贸易港

从党的十七大把自由贸易区建设上升为国家战略，到十八大明确加快实施自由贸易区战略，党的十九大进一步提出要赋予自由贸易试验区更大改革自主权，探索建设自由贸易港，这是中国在应对经济全球化和区域经济一体化这两大趋势的有力举措。截至 2019 年 8 月，中国分多批次共批准了 18 个自贸试验区，初步形成了东西南北中协调、陆海统筹的开放态势，进一步推动了我国全面开放新格局的形成。在党的十九届六中全会上，党中央深刻指出，要坚持对内对外开放相互促进、“引进来”和“走出去”更好结合，在加快实施自由贸易区战略过程中，推动自贸区探索现代金融、数字经济、先进制造业、商贸物流等产业聚集，为自贸区高质量发展赋能，构建面向全球的高标准自由贸易区网络。2021 年 7 月 9 日，中央全面深化改革委员会审议通过了《关于推进自由贸易试验区贸易投资便利化改革创新的若干措施》，从制度源头上为自由贸易区建设提供良好营商环境，为推动规则、管理、标准等制度型开放打下良好基础。

自由贸易港是自由贸易区的高级形态，最早在欧洲国家出现，是当前世界最高水平的开放形态，也是新时代引领我国全面开放的鲜明旗帜，关乎改革开放全局。中国香港特别行政区是我国最成功的自贸港，也是受到世界广泛肯定的“全球最自由经济体”之一。自 2018 年开始，我国以香港为榜样，以海南为试点，逐步探索、稳步推进，坚持党的领导，坚持中国特色社会主义制度，实现以人民为中心的发展目标，对标国际先进水平，打造中国特色自由贸易港，为构建全面开放新格局注入了新动能。

“当今时代，任何关起门来搞建设的想法，任何拒人于千里之外的做法，任何搞唯我独尊、赢者通吃的企图，都是逆历史潮流而动的！”① 开放带来进步，封闭必然落后，中国发展要赢得优势、赢得主动、赢得未来，必须顺应经济全球化，依托我国超大规模市场优势，实行更加积极主动的开放战略，搞好国内市场，拥抱世界市场，探索构建国内国际全面开放新格局。

---

① 习近平：《在浦东开发开放 30 周年庆祝大会上的讲话》，《人民日报》2020 年 11 月 13 日，第 2 版。

第十三章　共享发展：中国特色社会主义的本质要求

党的十八届五中全会把共享与创新、协调、绿色、开放列为关系我国发展全局的新发展理念。共享发展是发展的出发点和落脚点，顺应时代要求，符合发展规律，指明发展方向，彰显发展价值，是新发展理念的灵魂所在。当前，党的第一个百年奋斗目标已经完成，我们党正在团结带领中国人民踏上实现社会主义现代化的新征程。党的十九届五中全会把促进全体人民共同富裕、实现共享发展摆在更加重要的位置，强调要“扎实推动共同富裕，不断增强人民群众获得感、幸福感、安全感，促进人的全面发展和社会全面进步”。这为我们在今后相当一段时期的发展指明了方向、提供了遵循。

一、共享是中国特色社会主义的本质要求

共享，作为人类社会的长期追求，是中国特色社会主义的本质要求，也是其优越性的具体体现。把共享作为中国特色社会主义的发展理念，符合科学社会主义原则，符合中国人的心理情结，更适应新常态下中国国情的现实要求，是一个可知又可行、可望又可行的发展举措。

（一）共享照映了中国人民的心理情结

任何的一项发展战略都必须是在本国历史文化的基础上作出的重大决策，脱离本国文化的发展战略只能算是一厢情愿。上下五千年，纵横八万里。共享，作为中国人民的传统价值取向，一直传承至今，深深融入当今中国人民的骨髓里。在崇尚以血缘关系为纽带的封建家国文化中，每一位家族成员都必须为家族的利益尽心尽力，每一位国家成员也理应为国家的利益贡献力量。可以说，在传统文化中，家中有国、国中有家的思想必然要置公共利益于个人利益之上。从古人的论述中我们能清楚地看出这种思想。春秋战国时期，《礼记・礼运》提出要构建“天下为公”的“大同”

社会理想；明朝施耐庵在躲避战祸期间，撰写了我国四大名著之一《水浒传》，刻画了“八方共域、异姓一家”的水泊梁山；清末太平军不满社会黑暗现实，提出要建立一个“有田同耕、有饭同食、有衣同穿、有钱同使，无处不均匀，无处不饱暖”的天朝上国。可以说，自古以来，中国人民就没有停止过对共享的不懈追求。共享是中国传统文化中不可分割的重要基因。提出共享发展顺应了中国人民的心理习惯，也符合中国人民一贯倡导的价值取向，更容易获得心理认同、积极支持、踊跃参与。

（二）共享反映了社会主义的本质

自《乌托邦》发表起算，社会主义从产生思想、形成运动、建立制度至今大约有500年的时间。无论是空想社会主义者、还是科学社会主义者，都始终把“消灭剥削、人人平等、追求共享”作为始终不渝的价值追求。1516年英国人托马斯·莫尔在其撰写的《乌托邦》一书中描绘了一个与世隔绝的幸福海岛，在那里物资取之不尽，人人皆可免费享有，不受数量限制。1600年初，意大利人康帕内拉在30多年的囚禁生涯中撰写了《太阳城》一书，书中描绘了一个没有私产、没有压迫、没有剥削、人人过着幸福生活的光明国度。19世纪初，因在有800万法国人没有饭吃的情况下，老板下令把200多万公斤（千克）大米秘密抛向大海而深受刺激的法国商业推销员傅立叶，用巧妙诙谐辛辣的笔触对资本主义制度的罪恶进行了无情批判。他幻想成立一个叫“法郎吉”的社会组织，在那里人们共同参与劳动，共同享有劳动果实。19世纪中叶，马克思、恩格斯在深入考察资本主义经济、政治、社会状况下，把社会主义思想置于唯物史观和剩余价值学说这两大理论基石之上，实现了社会主义从空想走向科学。他们指出社会主义生产的根本目的在于满足全体社会成员的需要，社会主义分配原则在于等量劳动领取等量产品，社会主义奋斗目标在于实现消灭阶级、消灭剥削、实现人的全面而自由发展的共产主义社会。20世纪初，列宁把马克思主义基本原理同俄国具体实际相结合，领导十月革命取得成功，建立了世界上第一个社会主义国家，使社会主义从理论走向实践。他下令没收所有私人土地，所有银行收归国有，所有教会财产全部充公，一切矿藏工厂归苏维埃，等等。这些措施虽然超越了当时俄国的国情，具有一定历史局限性，但彰显了社会主义的本质属性，即消除贫富对立、消灭剥削，建立一个人人共享的新社会。列宁逝世后，斯大林在领导苏联社会主义建设中逐步形成了高度集中的经济政治体制，即苏联模式。在苏联模式中，片面强调阶段斗争和无产阶级专政，权力高度集中、党政不分、终身制、政治腐败、个人特权长期存在、人民生活长期得不到改善，最终偏离了正确方向。随着时间推移，其弊端日益暴露，为人民所抛弃，使世界社会主义运动遭受了重大挫折。

中国共产党成立初期，在帝国主义、封建主义、官僚资本主义的压迫剥削下，广大工人和农民在政治上没有地位，在经济上深受残酷剥削，贫富悬殊成为社会基本特征。中国共产党早期创始人李大钊提出："社会主义应为极公平的分配，能够使我们人人都能安逸享福，过那一种很好的精神和物质的生活。"陈独秀也多次强调"反对财产私有""主张实际的多数幸福""增加富力"。由此可见，建党初期财富共享的思想因子已经深深埋藏在我们党早期领导人的思想中。新中国成立后，以毛泽东同志为核心的党的第一代中央领导集体，迅速开展土地革命，坚决镇压反革命，成功完成社会主义三大改造，从制度上保证了人民享有劳动生产果实，从根本上改变了旧社会劳动者劳而不获的黑暗社会现实。改革开放以来，邓小平同志就鲜明指出社会主义的本质，即解放生产力，发展生产力，消灭剥削，消除两极分化，最终达到共同富裕，这指明了改革开放的出发点和落脚点。共享是社会主义的本质属性，是检验真假社会主义的试金石。脱离了共享，就违背了社会主义的基本原则。

（三）共享是对我国传统发展理念的继承创新

改革开放 40 多年来，我国根据不同历史时期的实际，在发展理念上大体经历了 3 个阶段：经济发展、科学发展、共享发展。在经济发展阶段，追求的是经济的快速恢复和增长。在这一阶段，发展主要追求的是经济层面和物质层面的发展。在科学发展阶段，经济发展已经到一定阶段，发展已经不仅限于经济发展层面，还包括精神发展层面等，发展是为了人本身，发展要遵循可持续协调的历史规律，物质财富的创造是评价现代化的基础性尺度，但绝不是唯一尺度。因此必须同时注重经济与政治、文化、社会的全面和协调发展，主张将经济、政治、文化、社会的发展与人的发展统一起来。十八届五中全会上，党中央正式提出共享发展的理念，标志着我国发展理念进入第三个阶段。在这一阶段，党中央对发展观继承、创新和发展，既坚持了人民群众是发展的认识主体、实践主体和价值主体统一体的社会主义原则，同时又对科学发展观在发展理念和意义上有着更深层次的考虑，认为发展不仅是“做蛋糕”和“分蛋糕”的统一，更是社会各阶层利益的统一，发展成果应在每一个社会成员那里都能得到充分体现。在这个意义上，共享发展实现了对发展的本质与意义更为深刻的认识，既是以人为本科学发展观的具体体现，又是党在新的阶段新的形势下对发展理念的创新，开辟了我们党对发展认识的新境界。

（四）共享发展注重解决社会公平正义问题

公平正义比太阳还要有光辉。马克思在《资本论》中预言资本主义制度必然灭亡，其依据就是资本主义分配制度不公平，导致了财富积累与贫困积累两极分化，这种不公平的制度必被历史淘汰。习近平同志强调：“我们推进改革的根本目的，是要让国家变得更加富强、让社会变得更加公平正义、让人民生活得更加美好。”改革是国家民族生存发展之道。当前，我国人民生活水平日益提高、居民收入水平持续增长、社会保障水平不断完善，但是还有不少“短板”。在收入差距拉大方面，主要表现为 4 个方面：一是在总体收入差距上，我国居民收入基尼系数相对较高，近年来一直高于 0.4 的警戒线；二是在城乡收入差距上，还存在相当数量的低收入人口和欠发达地区；三是在区域间收入差距上，由于历史起点高低不同、自然资源分布不均、社会资源东强西弱等方面的因素，使得东、西、中部三个经济地带的经济呈现非均衡发展，经济发达地区和落后地区呈现较大收入差距；四是在行业间收入差距上，垄断行业工资增长水平过高，而多数行业增长速度则低于平均值。这些数据说明城乡之间、区域之间、行业之间的收入差距仍在进一步扩大。在分配不公方面，当前，我国正处于深化经济体制改革的攻坚期，面对起点不公、过程不公、结果不公、司法不公等问题。就起点不公而言，主要表现在资源禀赋、教育机会、就业机会、投资机会以及行业垄断等方面差异。过程中的不公平主要是由于制度不健全、管理失范导致的非法经营活动、寻租腐败等问题。结果不公平主要体现在收入差距扩大、贫富差距严重。结果不公平问题具有积累效应，时间一长，结果的不公平又会重新导致起点的不公平。司法是维护社会公平正义的最后一道防线，司法不公将直接扰乱经济运行过程。当前个别司法人员公正思想淡薄、特权思想严重，以案谋私现象不时发生，严重破坏了社会底线和公平正义。每一个时代，都有一种主流价值观的存在，它是一个时代的思想共识。在社会主义初级阶段，共享发展，要求发展坚守底线、突出重点、注重公平，保障基本民生，它的提出正是当今社会实践发展的迫切需要。

二、共享理念实质是坚持以人民为中心的发展思想

坚持共享发展，就是要“坚持发展为了人民、发展依靠人民、发展成果由人民共享，使全体人民在共建共享发展中有更多获得感”。这一理念的提出，体现了人民在发展中的主体地位，舒展了人民至上的道德情怀，彰显了以民为本的价值取向。

（一）发展为了人民是共享发展的核心

唯物史观认为，人民群众是历史的创造者。在社会主义制度之前的社会制度，无论是封建社会还是资本主义社会，也无论它采取哪种形式存在，其作用和目的都是为了维护统治阶级的利益。与之相对，社会主义将人民的利益放在第一位，从经济制度、政治制度、文化制度等方面保障人民利益的实现。马克思曾指出：“无产阶级的运动是绝大多数人的、为绝大多数人谋利益的独立的运动。”共产党人“没有任何同整个无产阶级的利益不同的利益”，中国共产党作为马克思主义政党，以“为人民服务”为党的宗旨，从诞生之日起，就把实现人民解放和幸福作为一以贯之的价值追求。毛泽东曾指出：“为什么人的问题，是一个根本的问题，原则的问题。”改革开放以来，邓小平始终坚持和贯彻“人民群众是最高价值主体”的原则，把“人民拥护不拥护”“人民赞成不赞成”“人民高兴不高兴”“人民答应不答应”，作为评价发展成效的标准。江泽民同志立足当代世界发展形势和社会主义现代化建设实际，坚持立党为公、执政为民，把能否代表最广大人民的根本利益作为执政党的根本任务。胡锦涛同志在“权为民所用、情为民所系、利为民所谋”的基础上，创造性地提出了“以人为本”的科学发展观。新的历史条件下，习近平总书记始终坚持以民为本，将“人民对美好生活的向往”作为执政党的奋斗目标，以“收入分配、食品安全、医疗保障、教育公平”等人民群众切身利益问题为改革突破口，实施了一揽子民生和民心工程，取得了前所未有的成效。可以说，发展为了人民是中国共产党一以贯之的执政理念。

发展为了人民需要着重解决好3个问题：一是要把人民的利益作为一切工作的出发点和落脚点，实现好、维护好、发展好最广大人民的根本利益，情为民所系，利为民所谋，做群众的贴心人，实现国家富强、民族振兴、人民幸福。二是要坚持发展是第一要务，在不断满足人民群众日益增长物质文化需要的同时，提高人民的精神文化以及安全、发展需要的供给，创造人们充分发挥聪明才智的社会环境，尊重和保障公民的政治、经济、文化权利。三是要通过努力，建设社会主义社会的物质文明、政治文明和精神文明，不断提高公民的道德文化素质，在确立社会发展目标时，既要有"物"的方面，更有"人"的方面，做到"见物又见人"，实现人的全面发展。

（二）发展依靠人民是共享发展的内在要求

唯物史观认为，人是历史的主体，是推动社会进步的决定性力量。"整个世界历史不过是人通过人的劳动而诞生的过程""最强大的一种生产力是革命阶级本身"。广大人民群众是社会经济发展的主力军和生力军，在生产过程中离实践最近，对风险和收益感受最敏锐，是生产力中最能动的因素，蕴藏着无穷无尽的智慧和力量，在生产关系变革中理应最有话语权。翻开我们党的历史，干革命、搞建设、抓改革靠的都是人民群众的无私奉献和大力支持。我们党来自人民、植根人民、依靠人民。毛泽东指出："世间一切事物中，人是第一个可宝贵的。在共产党领导下，只要有了人，什么人间奇迹也可以造出来。""人民，只有人民，才是创造世界历史的动力。"邓小平在小岗村自发实行大包干制度改革时，及时顺应民意，表示持肯定态度，掀起了改革开放的大潮。江泽民指出："要在全党形成坚决相信群众，紧紧依靠群众，一切以人民群众的利益为重，事事向人民负责，老老实实向人民群众学习的良好风尚。"胡锦涛提出："我们党取得的所有成就都是依靠人民共同奋斗的结果，人民是真正的英雄。"党的十八大以来，习近平总书记多次强调："人民是历史的创造者，群众是真正的英雄。人民群众是我们力量的源泉。""中国梦归根到底是人民的梦，必须紧紧依靠人民来实现。"当前，我们处在实现"两个一百年"奋斗目标和中华民族伟大复兴的历史征程中，能否充分认识人民群众的主体地位，能否真正紧紧依靠人民群众，能否激发人民群众的创造性，能否及时吸收人民群众的鲜活经验，是做好各项工作事业的关键所在，也是我们党保持生命力的需要，更是实现党的历史使命和奋斗目标的要求。

发展依靠人民不是一句空话，而是实实在在的具体要求。第一，发展依靠人民就是要求看到人是发展的主体，是实现发展的根本力量。不论是坚持全面发展、协调发展还是可持续发展，都要依靠人来进行，通过人来实现。第二，发展依靠的人民是建设社会主义现代化事业的千百万人民群众，只有依靠他们，发挥其首创精神，适时问政于民、问需于民、问计于民，集思广益，才能激发和凝聚经济社会发展的深厚伟力。第三，发展依靠人民要求把社会主义现代化发展的基点放在全国各族人民自力更生、艰苦奋斗上，而非寄希望于争取外援，获取国际技术、资金、智力、道义的支持上。

（三）发展成果由人民共享是共享发展的现实要求

发展成果如何分配是关系发展的“灵魂”问题，只有解决好这个问题才能为发展找到最终“归宿”。经济社会的全面发展，不仅仅体现在统计指标上，更应当体现在老百姓实实在在的现实生活中。把共享提高上升为一个新的发展理念足以说明我们党对发展最终目标的清醒认识与高度重视。当前，站在“十四五”的新起点上，共享发展仍然存在短板，比如一定数量的低收入人群和欠发达地区发展问题，就是一个艰巨的任务。我们必须按照人人参与、人人尽力、人人享有的原则，在补齐短板上下功夫，注重解决社会公平正义问题，注重机会公平，保障基本民生，实现发展成果人人有份，充分体现中国特色社会主义的“含金量”。

三、把共享发展作为分配治理的基本原则

分配治理是在国家治理层面对分配问题的新思考新理念新实践。共享发展理念指导发展要“朝着共同富裕方向稳步前进”。这就意味着共享发展是发展的新理念新实践，更是分配治理的新理念新实践，它指明了实现共同富裕的具体路径。

（一）当前分配问题是妨碍共享发展的重大社会问题

改革开放以来，在中国特色社会主义的康庄大道上，中国共产党领导人民以经济建设为中心，坚持四项基本原则，坚持改革开放，实现经济社会的持续快速发展，创造了同期世界上大国最快的经济增长速度、最快的

对外贸易增长速度、最快的外汇储备增长速度、最快且人数最多的脱贫致富速度、最大规模的社会保障体系。从1978年到2020年，国内生产总值由3 645亿元增长到101.6万亿元，经济总量跃居世界第二。经济结构不断优化，消费对经济增长的贡献率超过50%。可以说，40多年来，我们书写了“中国故事”，走出了“中国特色”，创造了“中国奇迹”，传播了“中国声音”，打造了“中国名片”，开启了“中国时代”。然而，历史性成就的背后藏着一个巨大的经济社会隐患。第一，当前收入差距、贫富差距较大。作为一个转型中国家，在经济改革和经济发展取得历史性成就的同时，中国也快速成为一个在收入分配、财富分配和社会资源等各个领域高度不平等的国家。据国家统计局统计，当前我国的基尼系数远超过0.4的国际警戒线。不平等水平居高不下，不平等状况代际传递，不平等阶层开始固化，不平等根源逐渐制度化。第二，分配问题已经开始向社会问题衍化并呈加速趋势。改革开放以前，我国社会阶层是工人阶级、农民阶级和知识分子组成的“二个阶级、一个阶层”的简单结构。现在，这种结构发生了显著变化。第三，分配不公引发公共信任危机。第四，分配问题助长社会不正之风。由于少部分社会群体在社会改革进程中利用新旧体制的转换过程获取经济利益过快、过易、过多，一些不合法、不合理收入没有得到及时查处和规范，助长了投机取巧的社会心理。可以说，分配问题已经成为制约经济社会发展的一个顽症。

（二）共享发展是对“效率公平都要兼顾”分配原则的创新发展

共享，顾名思义就是共同分享，避免两极分化。共享发展，是对“效率公平都要兼顾”分配原则的创新发展。改革开放之初，面对当时社会生产效率低下现状，为激发人们生产积极性，党中央提出了“效率优先、兼顾公平”口号，这一理念在当时极大调动了生产积极性，激发了经济社会活力，解放了生产力，使生产效率获得极大提高，使得一大批社会群体迈进了先富阶层。“效率优先”符合市场经济的基本精神，是经济社会保持活力和创新力的保证，必须长期坚持。但是，市场机制容易造成弱肉强食，具有拉大收入差距的天性。更何况在深化改革的经济体制转轨期，市场机制的不完善更是放大了市场机制带来的“马太效应”。因此，相比于“效率和公平都要兼顾”的分配原则，共享发展的提出，更加强调个体的获得感。在分配治理实践中，一方面，共享发展要求处理好“共享”与

“发展”的辩证关系。发展是共享的物质前提。没有发展，共享发展就成了无源之水、无本之木，就提供不了共享的物质保障；反之，没有共享，发展成果分配两极分化，就会造成贫富悬殊、社会动荡和内需不足，最终发展缺乏后劲，从而窒息消亡。因此，共享和发展是辩证统一的。另一方面，共享发展绝不等同于“大锅饭”和“高福利”。共享的前提是参与，只有参与生产，才能共享改革发展的成果；共享的基础在于发展，只有把蛋糕做大，才能有更多红利可以分享。如果将共享发展理解为躺在床上睡大觉也能“从摇篮到坟墓”享受高福利，那只能是不切实际的空想。

（三）在推进共享中实现分配问题的善治

分配，作为决定发展成果分配和利益关系调整的总枢纽，一头连着消费，一头连着生产，不仅决定着经济发展，而且决定着社会和谐。要在分配治理中全面贯彻“共享发展”的理念，努力实现分配问题的善治。第一，要加强共享理论研究，为治理分配问题提供理论支撑。共同富裕的实现路径研究，按劳分配为主的分配制度和生产要素按贡献参与分配的分配机制之间关系，初次分配过程产生的分配问题是否可以依赖再分配解决，分配状况的代际传递问题，公共权力参与分配问题，公共资源分配如何做到公平正义，劳动报酬主体地位如何强化，如何缩小不同个人所拥有的参与分配的要素差别，无形资产的再分配及对收入分配的影响，生态权的分配问题，等等。只有在共享理论上厘清这些问题，才能化为我们思考、分析、研究、解决分配问题的方法论。第二，鼓励社会治理，促使分配治理主体多元化。推进共享仅仅依靠政府作为是不够的，需要吸收社会的力量共同治理。具体来说，需要吸纳社会组织和民间组织力量，发展慈善事业，发挥其扶贫济困、改善民生、维护社会公平正义的重要作用；需要调动社会力量，畅通其对公共权力监督渠道，督促政府职能归位，铲除“灰色”收入和“黑色”收入；需要构建相应平台，及时回应社会关切，吸纳各界社会人士智慧，实现良性互动，为积极推动分配治理改革广泛纳谏。第三，完善共享机制。一方面，要建立健全更加公平更加可持续的社会保障制度，不断扩大社保覆盖面，构建社会保障和社会福利的“安全网”，尤其是医疗卫生保障体系、教育培训保障体系和住房保障体系，鼓励社会救济和社会互助，让人民群众公平享受经济发展成果和福祉，逐步提高社保水平。另一方面，要加强高收入人群个人所得税的监管和征收，逐步创造条件，征收遗产税和物业税，加强对国有垄断行业和企业收入分配的监管和调控，最终实现社会分配公平。

第十四章　完整、准确、全面贯彻新发展理念

党的十八大以来，习近平总书记顺应时代和实践发展的新要求，坚持以人民为中心的发展思想，鲜明提出要坚定不移贯彻创新、协调、绿色、开放、共享的新发展理念，引领我国发展全局发生历史性变革。新发展理念集中体现了我们党对新的发展阶段基本特征的深刻洞察和科学把握，标志着我们党对经济社会发展规律的认识达到了新的高度，是我国经济社会发展必须长期坚持的重要遵循。

一、完整、准确、全面贯彻新发展理念的深刻背景

党中央最早在 2015 年 10 月召开的党的十八届五中全会上明确提出："实现'十三五'时期发展目标，破解发展难题，厚植发展优势，必须牢固树立创新、协调、绿色、开放、共享的发展理念。"① 此后，习近平总书记在许多重要会议和讲话中，都将新发展理念置于非常高的地位。党的十九大报告把"坚持新发展理念"列入新时代坚持和发展中国特色社会主义的十四条基本方略之中。2021 年 1 月下旬中共中央政治局就做好"十四五"时期我国发展开好局、起好步的重点工作进行第二十七次集体学习，习近平总书记强调："新发展理念是一个系统的理论体系，回答了关于发展的目的、动力、方式、路径等一系列理论和实践问题，阐明了我们党关于发展的政治立场、价值导向、发展模式、发展道路等重大政治问题。全党必须完整、准确、全面贯彻新发展理念，确保'十四五'时期我国发展开好局、起好步。"② 可以说，完整、准确、全面贯彻新发展理念，是我们党对中国特色社会主义经济发展规律的认识。

---

① 《中共中央关于制定国民经济和社会发展第十三个五年规划的建议》，《光明日报》2015 年 11 月 4 日，第 1 版。

② 《完整准确全面贯彻新发展理念 确保"十四五"时期我国发展开好局起好步》，《光明日报》2021 年 1 月 30 日，第 1 版。

（一）基于国内外发展大势推出来的

当今世界正经历百年未有之大变局，这是习近平总书记作出的一个重大战略判断。“十四五”时期区别于以往五年规划期的最大不同，就是我国外部环境所面临的这一“百年未有之大变局”。准确把握这一大变局的丰富内涵和发展趋势，是稳妥应对变局、抓住战略机遇的前提和基础，也是全面完整贯彻落实新发展理念的前提条件。

纵览当今世界，新一轮科技革命突飞猛进，物质科学、生命科学、地球和宇宙科学等领域不断取得重大原创性突破，信息、生物、制造、新材料、新能源等领域的颠覆性技术不断涌现，孕育出以绿色、智能、泛在为特征的群体性重大技术变革。由此带动新一轮产业变革，创造出新产业新业态，传统产业得到革命性重塑，产业更新换代不断加快。新一轮科技革命和产业变革推动生产方式、社会结构和生活方式发生深刻变化，在塑造世界政治经济格局、改变国家力量对比方面的决定性作用愈加凸显。可以说，不坚持创新发展等新发展理念，中国就有可能严重滞后于世界发达经济体的发展步伐。

与此同时，经济全球化遭遇逆流，保护主义、单边主义、霸权主义抬头，国际贸易投资持续低迷，全球产业链、供应链、价值链受到非经济因素严重冲击。世界多极化也遭遇阻挠，以美国为代表的一些发达国家不愿失去国际体系的主导权、控制权，频频通过其垄断的金融、科技霸权遏制发展中国家，调整国际经贸规则以保护自身利益。国际经济政治格局变幻不定，全球性治理议题日趋复杂，全球性危机此起彼伏，不断挑战人类社会。尤其自2020年春季以来，新冠疫情全球大流行成为百年未有之大变局的催化剂，加剧了国际格局和国际关系的大裂变。疫情使本就孱弱的全球经济雪上加霜，美国、法国等国家出现有统计数据以来最严重的季度性经济衰退，世界陷入第二次世界大战以来最严重的经济衰退。疫情及其造成的经济衰退强化了部分国家的内顾倾向，导致民粹主义、民族主义抬头，意识形态领域斗争更趋激烈，“黑天鹅”“灰犀牛”事件发生的概率大大增加。若不坚持新发展理念，中国经济社会发展在前所未有的风险冲击面前，可能会不堪一击。

（二）基于我国发展中矛盾和问题得出来的

习近平总书记指出：“这五大发展理念不是凭空得来的，是我们在深刻总结国内外发展经验教训的基础上形成的，也是在深刻分析国内外发展大势的基础上形成的，集中反映了我们党对经济社会发展规律认识的深化，也是针对我国发展中的突出矛盾和问题提出来的。”[①] 新发展理念深刻揭示了实现更高质量、更有效率、更加公平、更可持续发展的必由之路，是引领我国发展全局深刻变革的科学指引，对于进一步转变发展方式、优化经济结构、转换增长动力，推动我国经济实现高质量发展具有重大指导意义。

当前，我国正在开启实现第二个百年目标的新征程。我们应该看到，当代中国的发展既面临着前所未有的机遇，也面临着严峻挑战，既有巨大的潜力，也有现代性的隐忧。比如发展质量和效益还不高，创新能力不够强，实体经济水平有待提高，生态环境保护任重道远；民生领域还有不少短板，城乡区域发展和收入分配差距依然较大，群众在就业、教育、医疗、居住、养老等方面面临不少难题；等等。这些问题，必须着力加以解决。新发展理念就是针对这些问题提出的。创新发展注重解决发展动力问题，协调发展注重解决发展不平衡问题，绿色发展注重解决人与自然和谐共生问题，开放发展注重解决发展内外联动问题，共享发展注重解决社会公平正义问题。新发展理念因问题而生，集中体现了我国发展思路、发展方向、发展着力点，具有很强的战略性、纲领性、引领性。

（三）基于“十四五”发展的要求提出来的

经过中国共产党带领人民近百年奋斗、新中国 70 多年建设、改革开放 40 多年发展，中国已成为世界第二大经济体，经济实力、科技实力、综合国力实现历史性提升，中华民族以崭新姿态屹立于世界东方。特别是党的十八大以来，在以习近平同志为核心的党中央坚强领导下，党和国家事业发生历史性变革、取得历史性成就，为继续发展打下坚实基础。“十三五”时期，面对经济下行压力，我们没有惊慌失措、“大水漫灌”，而是保持战略定力，精准施策，为继续发展留下政策空间；面对经济体系中的深层次体制性障碍，我们没有畏难退缩，而是通过供给侧结构性改革“刮骨疗伤”，为继续发展“强身健体”；面对潜在的经济金融风险，我们没有放松警惕，而是启动防范化解重大风险攻坚战，为继续发展消除隐患。“十四五”时期，我国已转向高质量发展阶段，由全面建成小康社会转向

① 习近平：《在党的十八届五中全会第二次全体会议上的讲话（节选）》，《求是》2016 年第 1 期。

全面建设社会主义现代化国家，处于转变发展方式、优化经济结构、转换增长动力的攻坚期。综合判断，我国经济潜力足、韧性大、活力强、回旋空间大，社会大局稳定，推动发展具有多方面优势。一是物质基础雄厚。我国具有全球最完整、规模最大的工业体系以及强大的生产能力、完善的配套能力，拥有1亿多市场主体。雄厚的物质实力是我国继续发展的坚实基础，也是我们应对风险挑战的底气所在。二是人力资源丰富。我国拥有庞大的人力资本和人才资源，人口红利仍然存在，人才红利日益显现。三是市场空间广阔。未来，一个14亿人口的高收入国家必将成为全球最大的消费市场。如何发挥这些优势，正是“十四五”时期我国发展的重要命题。以习近平同志为核心的党中央高举新发展理念旗帜，用新发展理念指引未来发展之路，恰逢其时。

二、完整、准确、全面贯彻新发展理念的路径

2021年1月28日，中共中央政治局就做好“十四五”时期我国发展开好局、起好步的重点工作进行第二十七次集体学习。习近平总书记在主持学习并发表重要讲话时强调指出：“全党必须完整、准确、全面贯彻新发展理念，确保‘十四五’时期我国发展开好局、起好步。”① 我们必须完整、准确、全面贯彻新发展理念，以新理念构建新格局，指导新实践，迈准迈稳，实现经济社会发展新成效。

（一）完整、准确、全面贯彻新发展理念，必须坚持整体性认知，全面协同推进

习近平总书记指出：“新发展理念是一个整体，坚持创新发展、协调发展、绿色发展、开放发展、共享发展，全党全国要统一思想、协调行动、开拓前进。”② “创新发展、协调发展、绿色发展、开放发展、共享发展，在工作中都要予以关注，使之协同发力、形成合力，不能畸轻畸重，不能以偏概全。”③ 完整、准确、全面贯彻新发展理念，关键是把握新发展理念的整体性，重点是把握其理论体系的整体性、贯彻落实的整体性、工

① 《完整准确全面贯彻新发展理念 确保“十四五”时期我国发展开好局起好步》，《光明日报》2021年1月30日，第1版。

② 同上。

③ 同上。

作布局的整体性。对此，全党必须统一思想、协调行动、开拓前进。

（1）必须坚持整体性认知。新发展理念是一个整体性的理论体系，具有理论上的完整性和统一性。新发展理念是我们党在新发展阶段对发展的全新认识，是习近平新时代中国特色社会主义思想的有机组成，是一种区别以往，区别西方国家的全新发展理论。新发展理念是关于发展的一系列思想，是发展思路、发展方向、发展着力点的集中体现。新发展理念就是新发展理论，是我们党将马克思主义发展理论与当代中国发展实际相结合而形成的发展理论。新发展理念是马克思主义发展理论中国化的新成果，是党的发展理论与时俱进变化与调整的新体系。创新、协调、绿色、开放、共享的新发展理念，回答了关于新时代中国发展的一系列理论与实践问题。从结构上看，新发展理念中的五大理念不是各个理论要点和思想要素的简单罗列，而是具有内在联系的集合体，是不可分割的统一整体，是基于整体论的发展认识和原则。新发展理念的整体性主要体现在三个方面。一是内容的完整性。从横向看，新发展理念涉及的领域涵盖范围广泛，对发展的目的、发展动力、发展方式、发展路径各个维度都有涉及，对政治建设、经济建设、文化建设、社会建设、生态文明建设都有重大指导意义，同时也深刻阐明了我们党关于发展的政治立场、价值导向、发展模式和发展道路等重大政治问题。新发展理念不是对单一领域单一维度的单向指导，而是对所有发展领域所有维度的指导。二是逻辑的严整性。新发展理念形成了严密的逻辑体系，创新发展指明发展动力，协调发展要求发展平衡，绿色发展体现发展永续，开放发展拓展发展格局，共享发展确定发展目的。哪一个方面贯彻不到位，发展进程都会受到影响。离开协调、绿色、开放、共享，创新发展是纸上谈兵，创新形成的动能缺乏承载，难以发挥引领作用。离开创新、绿色、开放和共享，协调发展就是空中楼阁，只能是低水平均衡、低质量互动。离开创新、协调、开放、共享，绿色发展就是无源之水，需要的绿色创新、产业支撑、健康社会难以形成，人与自然难以达成和谐。离开创新、协调、绿色、共享，开放发展就是无本之木，难以形成所需要的现代产业体系、现代产业链、高水平价值链以及强大国内市场。离开创新、协调、绿色、开放，共享则犹如望梅止渴，人民日益增长的美好生活需要就不能实现。五大理念构成严整的逻辑体系，相互联系、相互贯通、相互促进，不能顾此失彼、相互替代。三是发展的连续性。新发展理念是十八届五中全会首次提出来的，这一理论体系随着理论与实践的结合不断发展，理论内容不断丰富和深化，比如越来越侧重解决共同富裕问题。总的来看，需要从内容完整性、逻辑严整性、发展延续性整体把握新发展理念内涵。

（2）必须坚持全领域覆盖。把新发展理念贯彻到经济社会发展各领域，按照新发展理念整体推进经济建设、政治建设、文化建设、社会建设和生态文明建设。把新发展理念贯通于协调推进全面建设社会主义现代化国家、全面深化改革、全面依法治国、全面从严治党的过程。用创新发展、协调发展、绿色发展、开放发展、共享发展构筑新发展格局的“四梁八柱”，托起高质量发展的底盘。新发展理念是针对所有领域的发展原则，具体来看：在经济建设领域，新发展理念指导解决经济发展动力、发展方式、发展格局等问题，优化经济发展布局，完善经济结构，提升经济发展质量；在政治建设领域，完善各方面制度，不断推进国家治理体系和治理能力现代化，保障人民平等参与、平等发展权利；在文化建设领域，在新发展理念指引下，加强马克思主义意识形态指导地位，提升社会文明程度，增强国家文化软实力，扩大中华文化影响力；在民生和社会建设领域，贯彻新发展理念，牢固树立共同富裕发展目标，提高中等收入群体比例，缩小城乡区域发展差距和居民生活水平差距，提升基本公共服务均等化水平，让全体人民在共同富裕道路上迈出坚实步伐；在生态文明建设领域，贯彻新发展理念，促进生态环境根本好转，实现美丽中国目标；在国防和军队建设领域，通过贯彻新发展理念，加快推进机械化、信息化、智能化融合发展，大幅提升捍卫国家主权、安全、发展利益，全面加强备战打仗能力。

（3）必须坚持全过程指导。把新发展理念贯彻到经济社会发展全过程，就是要将新发展理念作为规划理念、设计理念、战略理念、政策理念和工作理念，以新发展理念为基准检验发展成效。经济社会发展是一个螺旋式上升的过程，分为各个不同的发展阶段，在新发展阶段的不同阶段都需要贯彻新发展理念。从宏观来看，从二〇二〇年到本世纪中叶，分为两个发展阶段，第一个阶段从 2020 年到 2035 年，用十五年时间，基本实现社会主义现代化；第二个阶段从 2035 年到本世纪中叶，再用十五年时间，建成社会主义现代化强国。新发展理念在两个十五年发展阶段中发挥不同的指导作用，面对的考验、面临的风险、应对的挑战、解决的矛盾各有不同、各有侧重。第一个十五年发展阶段，十九届五中全会根据形势任务已经制定了“十四五”规划建议和2035年愿景目标，这些具体规划涉及经济社会发展各个领域、各个方面，在每个领域、每个方面的发展，都必须根据实际情况贯彻新发展理念，运用到工作规划、工作实施中去，做到不漏一处、不误一时。

（4）必须坚持全层级协调。党中央已经明确贯彻新发展理念的顶层设计和宏观指导，各级各部门按照自身的职责抓好新发展理念贯彻落实，需要综合考虑、全面分析本级本单位在贯彻新发展理念中的定位，制定相应的落实方案和具体步骤。新发展理念在贯彻落实过程中，各个层级需要因地制宜结合自身条件和可能加以区分，既全面贯彻落实新发展理念，又精准抓住短板弱项重点推进。从中央层面来说，要从规划设计、宏观指导、政策法律、财政投入、工作安排等方面对全党全国作出指导，抓住关键环节，通过重点突破带动贯彻新发展理念整体水平提升，从全局上不断提高全党全国贯彻落实新发展理念的能力和水平。各部门既要按照自身职责抓好新发展理念涉及本部门的重点工作，也要综合考虑本部门工作对全党全国贯彻新发展理念的作用和影响。各地区要根据自身条件和可能，抓住本地区短板弱项，发挥优势特色，不能脱离实际硬干，更不要为了出政绩不顾条件什么都想干。最终形成各层级协同发力、错位发展、有机互联的新发展局面。总之，各级各部门必须履行好全面贯彻落实之责，有序行动、协同行动、统一行动，确保全面贯彻党中央的决策部署，确保与党中央的工作要求高度一致，确保新发展理念的落地生根、开花结果。

（5）必须融入人的全面发展。促进人的全面发展既是新发展阶段的重大任务，又是新发展理念的政治立场和价值导向，创新发展、协调发展、绿色发展、开放发展、共享发展，都是实现促进人的全面发展的路径和载体。按照人的全面发展要求不断加强和完善促进新发展的工作布局和具体举措，提升水平、补齐短板、缩小差距，切实提升发展成果更多惠及全体人民，提升人的全面发展质量水平。

（二）完整、准确、全面贯彻新发展理念，必须坚持宗旨性认知，破解共同富裕问题

中国共产党成立百年来，始终牢记为人民谋幸福、为民族谋复兴的初

心和使命，切实践行全心全意为人民服务的根本宗旨，把人民对美好生活的向往作为始终不渝的奋斗目标，团结带领人民实现从贫穷落后到全面小康的历史跨越。党的初心和使命，既是党领导现代化建设的出发点和落脚点，也是新发展理念的“根”和“魂”。从根本宗旨把握新发展理念，坚持以人民为中心的发展思想，才会有正确的发展观、现代化观。把惠民、利民、富民、改善民生作为创新发展、协调发展、绿色发展、开放发展和共享发展的价值追求和根本目标，始终坚持发展为了人民、发展依靠人民、发展成果由人民共享，让人民永远成为我们党执政的最深厚基础和最大底气，成为推进中国特色社会主义事业用之不竭的力量源泉。

当前贯彻新发展理念必须突出“共同富裕问题解决”。习近平总书记指出，新发展理念的“根”和“魂”是为人民谋幸福、为民族谋复兴。共同富裕是社会主义的本质要求，是人民群众的共同期盼，是社会主义现代化的一个重要目标，也是人民幸福、民族复兴的重要体现。新发展理念要求在发展中克服“为生产而生产”和片面追求高积累等错误理念，强调在发展中大幅提高居民收入在国民收入中的比重，在发展中更加注重民生，促进公共服务横向均等化和纵向均等化，使低收入者也能分享改革发展红利，在发展中通过教育公平等渠道缩小劳动者之间的要素差距，从源头上促进发展成果分配均等化。从特点上看，新发展理念关注人民的获得感、幸福感和舒适度，更能体现人民利益是发展根本落脚点的发展思想，更能激发人民群众参与建设新时代中国特色社会主义的热情。从结果上看，新发展理念着力通过更为有效的制度安排和更可操作的治理手段，创造更加公正的外部环境，影响并决定发展成果的分配数量和分配结构，让人人参与、人人尽力最终实现人人出彩、人人享有，使发展更有“温度”，更能反映发展的价值取向和目标导向，更能促进发展质量和发展水平的提高，更能凝聚社会发展的深厚伟力。从定位上看，如果我们发展的最终结果不是共同富裕，而是贫富分化或共同贫穷，那么我们的发展违背了社会主义的本质要求，也背离新发展理念的初心使命。新发展理念继承发展了人民主体地位思想和利益共享思想，顺应了经济社会发展规律，贯彻了以人民为中心的发展思想。当前，我们处在向第二个百年奋斗目标进军的新起点，推进共同富裕既是“十四五”规划的战略谋划，也是实现社会主义现代化的应有之义。在这一历史时期，我们要突出解决共同富裕问题，彰显社会主义制度优势，不断满足人类对美好生活的新期待。

（三）完整、准确、全面贯彻新发展理念，必须坚持问题性认知，持续全面深化改革

站在新的历史起点上，根据新发展阶段的新要求，我国发展不平衡不充分问题仍然突出，重点领域关键环节改革任务仍然艰巨，创新能力不适应高质量发展要求。只有坚持问题导向，更加精准地贯彻新发展理念，拿出精准务实举措，切实解决好各种存在问题，才能够真正实现高质量发展。习近平总书记指出："我们要始终把满足人民对美好生活的新期待作为发展的出发点和落脚点，在实现现代化过程中不断地、逐步地解决好这个问题。"①

新发展理念是在解决发展中所遇到的问题中产生的，是对改革开放以来我国诸多矛盾问题、风险隐患的现实回应。改革开放以来，中国作为发展速度最快的超大型经济体，创造了第二次世界大战结束后国家经济高速增长持续时间最长的奇迹。作为世界上最大的发展中国家，发展仍是中国社会的头等要务，同时中国发展面临诸多矛盾叠加、风险隐患增多的严峻挑战，发展不平衡、不协调、不可持续问题突出。在遭遇"成长烦恼"的时代，改革开放"问题倒逼"的进程也正是我国在"挑战—应战"模式中思路升级、理念更新的过程。新发展理念是在解决我国发展中的突出矛盾和问题中应运而生的，具有很强的实践性和现实针对性。

问题是时代的先声。新发展理念以重大问题为导向，立足国家的整体利益、根本利益、长远利益，聚焦阻滞我国发展进程的突出问题、明显短板，就"中国要实现什么样的发展、中国未来将如何发展、中国发展终极目标为了谁"等事关当代中国经济社会发展命运的问题予以深入解答。坚持创新发展，破解动力缺乏难题，避免走低水平的"平庸之路"；坚持协调发展，破解不均衡"木桶"效应难题，避免走顾此失彼的"失衡之路"；坚持绿色发展，破解资源约束难题，避免走生态恶化的"透支之路"；坚持开放发展，破解闭门造车难题，避免走自我设限的"封闭之路"；坚持共享发展，破解贫富分化难题，避免走社会动荡的"风险之路"。新发展理念共同为破解诸多发展问题划定质量底线、结构底线、生态底线、开放

---

① 《完整准确全面贯彻新发展理念 确保"十四五"时期我国发展开好局起好步》，《光明日报》2021年1月30日，第1版。

底线和公正底线，成为增强中国发展新优势的基本遵循。

新时代解决中国的发展问题需要新发展理念。当今世界正处在大发展、大调整、大变革之中，原有的经济增长模式、发展样式难以为继，科技创新孕育新的突破。从国际看，世界经济增长动力不足，全球流动性大幅增加，主权债务危机反复冲击市场信心，全球金融危机深层次影响不断显现，突如其来的新冠疫情，使得不太乐观的形势雪上加霜。从国内看，经济增长动力仍需增强，影响农业稳定生产因素仍然较多，金融领域潜在风险需要加强防范，环境污染和食品药品安全等问题突出。中国发展的环境、条件、任务、要求等都发生着新的变化，中国发展仍处于重要战略机遇期，但战略机遇期的内涵已经发生深刻变化，经济发展进入新常态，转方式、调结构、保民生、促进经济可持续发展的要求日益迫切。经济发展面临经济增速下降、工业品价格下降、实体企业盈利下降、经济风险发生概率上升等严峻压力。这些问题的主要矛盾不是周期性的，而是结构性的，供给结构错配问题突出。面对这种新变化新情况，简单粗放发展模式、简单追求增长速度的发展模式显然已行不通，必须本着对历史负责解决中国长期累积的结构性矛盾，从根本上化解经济下行压力，化解各种经济社会风险。

新发展理念伴随当前中国全面深化改革面临的突出问题和挑战应运而生。创新发展着重解决的是发展动力问题，针对的是全面深化改革中出现的各种复杂矛盾和问题，目的在于通过推进理论创新、制度创新、科技创新、文化创新等各方面创新，培育发展新动力，拓展发展新空间；协调发展着重解决的是发展不平衡问题，针对的是我国社会主要矛盾转化之后的诸多不平衡问题，目的在于从根本上解决中国长期累积的结构性矛盾，从根本上化解经济下行压力，化解各种经济社会风险；绿色发展着重解决的是人与自然和谐问题，针对的是生态环境问题，目的在于形成绿色发展方式和生活方式，建设节约资源和环境友好的美丽中国；开放发展着重解决的是发展的内外联动问题，针对的是国际国内“两个大局”中存在的问题，目的在于协同推进战略互信、经贸合作、人文交流，开创对外开放新局面，形成深度融合的互利合作格局；共享发展着重解决的是社会公平正义问题，针对的是改革开放以来经济社会发展中的分配不公等问题，目的在于实现最广大人民的利益，保证人人享有发展机遇和发展成果。贯彻新发展理念，要坚持对人民负责的态度，准确把握改革发展稳定的平衡点，准确把握近期目标和长期发展的平衡点，准确把握改革发展的着力点，准确把握经济社会发展和改善人民生活的结合点，在推动经济高质量发展方面取得实效。

在解决问题中增强对新发展理念的理解和运用。创新、协调、绿色、开放、共享的新发展理念，相互贯通、相互促进，是具有内在联系的集合体。它集中体现了中国共产党对新的发展阶段基本特征的深刻洞悉，体现了中国共产党对社会主义本质要求和发展方向的科学把握，反映了中国共产党对经济社会发展规律认识的深化，是中国发展理论的又一次重大创新。正因为如此，习近平总书记指出："全党要把思想和行动统一到新发展理念上来，努力提高统筹贯彻新发展理念的能力和水平，对不适应、不适合甚至违背新发展理念的认识要立即调整，对不适应、不适合甚至违背新发展理念的行为要坚决纠正，对不适应、不适合甚至违背新发展理念的做法要彻底摒弃。"①

习近平总书记指出："既要以新发展理念指导引领全面深化改革，又要通过深化改革为完整、准确、全面贯彻新发展理念提供体制机制保障。"② 这就告诉我们，完整、准确、全面贯彻新发展理念不是空头政治口号，必须通过一系列深入改革举措集合而成，并贯穿改革自始至终、里里外外。

一方面，要加强系统集成。系统集成，指的是通过提升改革的系统性、整体性、协同性，发挥各项改革措施的联动效应，更好推进改革，谋求问题的解决之道。全面深化改革是一个巨大的社会系统工程，必须要有高度缜密的系统集成。改革行至深水区，新旧矛盾交织，利益诉求庞杂，我国的改革实践和理论创新还有不完全适应的状况。第一，过去的改革思路是先易后难、由点及面，最先改的是浅层次的，而深层次改革触及权力和资本相结合形成既得利益集团的瓶颈，应做好顶层谋划，系统集成，全面推动。第二，过去相当一段时期内，在改革上还处于探索阶段，某种程

① 《准确把握和抓好我国发展战略重点 扎实把"十三五"发展蓝图变为现实》，《光明日报》2016年1月31日，第1版。

② 《完整准确全面贯彻新发展理念 确保"十四五"时期我国发展开好局起好步》，《光明日报》2021年1月30日，第1版。

度有“今天一个规定、明天一个政策”情况，改革成了不同部门、不同时间段的事情，难以形成改革合力。第三，改革进入深层次领域之后，依靠单兵力量难以实现真正突破，必须配合以政治、文化、社会、生态体制改革合力推进，形成联动效应，这就需要站在更高的层次上进行整体的、综合的“顶层设计”，从战略高度规划改革，突破“只见树木不见森林”的局部视野，引导改革沿着科学路径前进。进入新阶段，要在推进全面深化改革的历史进程中注重全面深化改革各项措施的系统集成，把握各个要素组成之间的系统联动性。

另一方面，要加强精准施策。精准施策贵在“精准”，由于各行各业各地区情况不一、历史不同、文化有别，贯彻新发展理念必须综合考虑各种因素，精准施策破解改革发展难题。精准性，是贯穿新发展理念产生、形成、发展与完善全过程的内在要求，体现在全面深化改革全时全程全方位，要求新发展理念贯彻时要改到点上、贯到底部、落到实处，确保施策对象精准化、施策手段精准化、施策资金管理精细化、施策成效精确化。从经济学视角看，精准施策要求深化改革资源配置效率的最大化；从系统角度看，精准施策意味着社会资源在社会区域间的均衡和优化；从功能上看，精准施策要求各级党组织坚持问题导向、聚焦现存问题，使资源投入真正需要的地方，确保好钢用在刀刃上。进入新阶段，要把全面深化改革和贯彻新发展理念全方位对接起来，既要以新发展理念指导引领全面深化改革，又要通过深化改革为完整、准确、全面贯彻新发展理念提供体制机制保障。把着力点放到围绕完整、准确、全面贯彻新发展理念，坚持问题导向，围绕增强创新能力、推动平衡发展、改善生态环境、提高开放水平、促进共享发展等重点领域和关键环节，更加精准地出台改革方案，更加全面地完善制度体系。

（四）完整、准确、全面贯彻新发展理念，必须坚持系统性认知，统筹协调兼顾

习近平总书记指出：“完整、准确、全面贯彻新发展理念，必须坚持系统观念，统筹国内国际两个大局，统筹‘五位一体’总体布局和‘四个全面’战略布局，加强前瞻性思考、全局性谋划、战略性布局、整体性推进。”[①] 系统思维方法，把部分看作整体中的部分，通过明确系统内部各要素之间相互作用、相互影响，关注整体，为整体服务，推动整体发展。完整、准确、全面贯彻新发展理念是一项系统性工程，需要统筹好多对关系，不仅是重大理论问题，更是重大实践问题，涉及政治经济文化社会生态方方面面，涉及内政外交国防各个领域，在每个领域每个方面面对矛盾不同、应对挑战不一、面临风险不均，必须坚持用系统思维认识问题、分析问题、解决问题，方能推动经济社会协调发展，切切实实贯彻新发展理念。

一是统筹中华民族伟大复兴战略全局和世界百年未有之大变局。当今世界正在经历百年未有之大变局，这是以习近平同志为核心的党中央对当今国际局势的重大判断，其核心是中国与世界关系发生了根本性变化。第一，100 多年前俄国十月革命建立了世界上第一个社会主义国家苏联，并经过集体化、工业化成为世界上最大的社会主义国家。100 多年后的今天，当年第一个社会主义国家苏联已经不复存在，中国成为世界上最大的社会主义国家。第二，1918 年第一次世界大战结束，美国作为新兴资本主义国家崛起，逐步取代英国成为世界头号强国。100 多年后，美国仍然是世界的经济、科技和军事强国，但是国际力量对比趋向多极化，以美国为首的西方国家垄断世界、主宰世界格局正在被改变。第三，1921 年中国共产党诞生，中华民族开始从根本上改变命运。100 年后，中国正处于近代以来最好的发展时期，民族伟大复兴已经不是仅仅在某个领域着眼某个具体目标来展开，而是全方位全领域展开。习近平总书记指出：“要统筹中华民族伟大复兴战略全局和世界百年未有之大变局，立足国内，放眼世界，深刻认识错综复杂的国际局势对我国的影响，既保持战略定力又善于积极应变，既集中精力办好自己的事，又积极参与全球治理、为国内发展创造良好环境。”[②]

统筹国内国际两个大局，把国内发展与对外开放统一起来，把中国发展与世界发展联系起来，把中国人民的根本利益与世界人民的共同利益结合起来，立足基本国情、树立世界眼光，加强战略思维、注重全局谋划，

① 《完整准确全面贯彻新发展理念 确保“十四五”时期我国发展开好局起好步》，《光明日报》2021 年 1 月 30 日，第 1 版。

② 同上。

做到整体运筹、内外兼顾，趋利避害、把握主动，开拓中国特色社会主义广阔的发展前景，积极推进人类和平与发展的崇高事业。一要在国际国内形势的相互联系中把握发展方向。当今时代，国际国内形势的相互联系空前紧密。如果对国内形势认识不清，制定的路线方针政策就会脱离本国实际；如果对国际形势认识不清，制定的发展战略就会偏离世界潮流。把握好、把持住国家发展的正确方向，就必须吃透基本国情，深入研究社会主义初级阶段基本国情和当前发展的阶段性特征，清醒认识我国改革开放和现代化建设的发展进程；同时必须观察世界，紧盯世界政治、经济、科技、文化、军事、外交等领域的新情况，准确判断国际形势发展变化总趋势。把国际国内两个方面的情况结合起来思考，整合起来把握，综合考察两者之间的内在联系和相互作用，制定出既符合中国国情、又符合世界潮流的发展方略，更好地推进中国特色社会主义现代化事业。二要在国际国内条件的相互转化中用好发展机遇。从世界历史长河看，任何一个新兴大国的发展机遇都是从内部外部各种条件的相互作用中产生出来的。只有充分利用各种有利条件，有效化解各种不利因素，才能真正把握难得的历史机遇。当前，我国仍处于发展的重要战略机遇期，这是一代又一代中国共产党人带领中国人民团结奋斗、接续奋斗、顽强奋斗、不懈奋斗的结果，也是世界历史潮流和国际环境发展变化的必然。要抓住机遇、发展自己，就必须把有利的国际条件转化为有利的国内条件，充分利用当今世界总体和平的环境加快国内发展，充分利用各国人民创造的优秀文明成果推动民族振兴，即使国际上出现一些不利因素和复杂情况，也要沉着应对，牢牢把握基本路线不动摇，贯彻基本方略，集中精力把自己的事情办好；同时必须把有利的国内条件转化为有利的国际条件，努力以中国的发展促进世界的发展，以中国的稳定促进世界的稳定，不断营造良好的外部环境。三要在国际国内资源的优势互补中创造发展条件。有无相通，盖为常理。每个国家在发展资源上都各有优势，也各有不足。如果不注意取长补短、优势互补，仅仅依赖本国资源，就很难取得更大发展。我国历史文化资源博大，自然资源丰富，人力资源充足，科技教育资源有一定基础，市场资源潜力巨大，这些都是我国发展可以依赖的有利条件。但我国人均自然资源占有量远远低于世界平均水平，一些战略资源比较缺乏，资本资源尚不充足，技术专利资源处于劣势，人力资源素质总体不高，市场资源空间有待拓展，这些都是我国发展所面临的瓶颈制约。因此，不仅需要充分发挥国内资源的优势，而且需要充分借助国际资源的力量；不仅需要充分发挥社会主义制度能够集中力量办大事的优势，而且需要充分发挥市场在资源配置中的决定性作用，在国际国内资源的相互流动中实现优势互补，从而创造和丰富国家发展的资源条件。这就要求我们必须始终立足国内，合理开发和有效利用国内各种资源要素，使我国的资源优势发挥最大效能，形成强大的市场竞争力，为现代化建设奠定坚实的内在基础；同时必须放眼世界，坚持对外开放的基本国策，开放的大门越开越大，把“引进来”与“走出去”结合起来，在全球范围内配置和利用资源，通过互利互惠获得国际资源要素，为现代化建设提供有力的外部支撑。四要在国际国内因素的综合作用中掌握发展全局。当代中国的前途命运日益紧密地同世界的前途命运联系在一起，世界对中国的影响不断加深，中国对世界的影响也不断提升。要掌握我国发展的全局，顺利推进改革开放和现代化建设事业，就必须综合考虑国际因素与国内因素之间的相互交织和相互影响，才能做到未雨绸缪、趋利避害，有效应对来自外部的风险和挑战；才能做到因势利导、释疑增信，主动消除来自外部的各种误解和阻力。这就要求我们必须十分注意国际因素的国内效应，密切关注来自国际上的各种风险，积极采取防范和应对措施，着力维护国家主权、安全、发展利益，防止外部因素干扰和影响我国发展的大局；同时必须十分注意国内因素的国际影响，密切关注国际社会对我国国内政策和国内问题的反映，妥善回应国际社会的关切，有效引导国际舆论，正确处置与各国间存在的问题，努力维护我国良好的国际形象，使我国发展获得更多的国际支持，在深刻变动的国际格局中赢得主动。

二是统筹疫情防控和经济社会发展。当前，世界百年未有之大变局加速演进，国内改革发展稳定任务艰巨繁重，一方面要一手毫不放松抓好常态化疫情防控，奋力夺取抗疫斗争全面胜利；另一方面要抓实做好“六稳”、落实“六保”，完成既定发展目标。就经济社会发展而言，各级政府部门要增强信心、鼓足干劲，奋力把失去的时间抢回来、把疫情造成的损失补回来。要坚持以供给侧结构性改革为主线，坚持深化改革开放，牢牢把握扩大内需这个战略基点，保护和激发市场主体活力，确保宏观政策落地见效，提高产业供应链稳定性和竞争力。要始终把人民安危冷暖放在心上，帮助群众解决就业、收入、就学、社保、医保、住房等方面的实际困难，扎扎实实做好保障和改善民生各项工作。

三是统筹发展和安全建设。习近平总书记指出："安全是发展的前提，发展是安全的保障。"[①]我国社会主要矛盾发生变化带来的新特征新要求，是新时代统筹安全与发展的时代背景。从国际来看，世界百年未有之大变局进入加速演变期，国际环境日趋复杂。和平与发展仍然是时代主题，新一轮科技革命和产业变革深入发展，国际力量对比深刻调整，人类命运共同体理念深入人心。但国际形势的不稳定性不确定性明显增加，新冠疫情影响广泛深远，国际经济、科技、文化、安全、政治等格局都在发生深刻复杂变化，全球化进入逆风逆水时期，全球风险社会兴起。从国内来看，伴随我国社会主要矛盾变化，人民对美好生活的向往总体上呈现多样化、多层次、多方面的特点，保障和改善民生需要付出更大努力。国内发展的任务越来越重，需要解决的问题越来越多样、越来越复杂，对安全的种类、质量要求也越来越高。在复杂环境和严峻挑战面前，完整、准确、全面贯彻新发展理念，必须坚持统筹发展和安全，增强机遇意识和风险意识。安全是发展的前提，发展是安全的保障。我们要深刻认识错综复杂的国际局势对我国的影响，善于预见和预判各种风险挑战，不断增强经济社会发展的安全性。既保持战略定力，又善于积极应变；既要敢于斗争，也要善于斗争；既集中精力办好自己的事，又积极参与全球治理、为国内发展创造良好环境。要坚持政治安全、人民安全、国家利益至上有机统一，坚持中国共产党的全面领导，坚持和完善中国特色社会主义制度，夯实全国人民共同奋斗的思想基础；坚决践行人民至上、生命至上的理念，坚决维护最广大人民的根本利益，坚决保护人民的生命安全和身体健康；坚决维护国家主权安全与领土完整，坚决维护国家和平与尊严，坚决维护民族团结与国家统一，以敢于斗争的勇气和善于斗争的智慧，应对任何复杂环境，战胜任何风险挑战。

新时代要做好安全与发展的辩证统一。一是补短板，树立底线思维，把困难估计得更充分一些，把风险思考得更深入一些，注重堵漏洞、强弱项，有效防范化解各类风险挑战。二是筑根基，正确处理新形势下人民内

① 习近平：《关于〈中共中央关于制定国民经济和社会发展第十四个五年规划和二〇三五年远景目标的建议〉的说明》，《光明日报》2020 年 11 月 4 日，第 2 版。

部矛盾，畅通和规范群众诉求表达、利益协调、权益保障通道，构建源头防控、排查梳理、纠纷化解、应急处置的社会矛盾综合治理机制。三是强筋骨，坚持自主可控、安全高效，分行业做好供应链战略设计和精准施策，补齐产业链、供应链短板，优化产业链、供应链发展环境，形成具有更强创新力、更高附加值、更安全可靠的产业链、供应链。四是修体系，积极推动国家安全治理能力与治理体系现代化，统筹安全与发展，参与高标准的全球治理体系改革。五是善预警，实现重要产业、基础设施、战略资源、重大科技等关键领域安全可控。特别是确保粮食安全，维护水利、电力、供水、油气、交通、通信、网络、金融等重要基础设施安全，提高水资源集约安全利用水平，确保生态安全，加强核安全监管，维护新型领域安全。六是重预判，加强战略预判和风险预警，见微知著、未雨绸缪，准确把握风险走向，防止各种风险传导、叠加、演变、升级，力争把风险化解在源头。

（五）完整、准确、全面贯彻新发展理念，必须增强政治性认知，强化使命责任担当

习近平总书记指出："完整、准确、全面贯彻新发展理念，是经济社会发展的工作要求，也是十分重要的政治要求。"[①] 新发展理念管根本、管全局、管长远，是确保我国经济社会持续健康发展的重要法宝。新发展理念是相互贯通、具有内在联系的整体，提出的要求是全方位、多层面的。能否完整、准确、全面贯彻新发展理念，对各级领导干部都是一个政治体检。

1. 强烈的使命担当

使命问题是一个政党存在与发展的根本性问题，是一个政党的生命所系、力量所在、宗旨所依。使命既是政党产生的内在动因，又是政党发展的驱动力量。不忘初心，牢记使命，就是为中国人民谋幸福，为中华民族谋复兴。完整、准确、全面贯彻新发展理念，推动人民幸福，国家民族复兴，就是我们党现实的、具体的使命。因此，共产党人必须具备强烈的使命担当。使命担当既是一种敢为人先、勇往直前、奋斗不止的精神，更是一份对他人、对社会、对国家、对民族义不容辞的责任。就此而言，担当

① 《完整准确全面贯彻新发展理念 确保"十四五"时期我国发展开好局起好步》，《光明日报》2021 年 1 月 30 日，第 1 版。

历史使命就是要敢于担负起阶级、国家、民族乃至人民所交付的各项历史重任。在新的历史时期，担当历史使命，就是要在党内不断加强马克思主义理论的学习，提高党员干部的马克思主义理论修养和水平，坚定党员干部的马克思主义信仰和共产主义理想信念，使其担负起中国共产党的阶级使命，始终把实现共产主义作为自己的奋斗目标，完成本阶级所交付的历史任务；就是要不断增强党员干部的国家意识和民族情怀，明确其所肩负的历史责任，使其担当起国家和民族所赋予的历史使命；就是要牢记党的自身建设使命，在完成阶级、国家、民族使命的同时，加强自身建设的各项工作，保持党的先进性纯洁性，使其获得向前发展的永恒动力，在发展中国特色社会主义的历史进程中始终成为坚强的领导核心。只有这样，才能完整、准确、全面贯彻新发展理念，不忘初心，铸就中国梦想。

2. 强烈的政治担当

政治担当是一个政党与生俱来的一种品质。任何政党都是从事一定政治活动的政治组织，并在政治活动中提出相应的政治要求和政治主张，制定特定的政治纲领。不讲任何政治的政党是不存在的。中国共产党在领导中国革命和建设的过程中，始终要求党员干部在实际工作和生活中一定要突出政治，坚定自己的政治立场，把准政治方向，提高自己从事政治生活和领导国家与社会发展的能力。因此，政治担当不仅是一个政党对自身、国家、民族和人民所担负的一种政治责任，也是一个政党完成自己政治使命的内在要求。对于党员干部来说，政治担当主要体现在对党的忠诚和对国家、民族、人民的忠诚，具体表现为坚持中国特色社会主义、坚定中国梦想，推动社会主义现代化目标的实现。就此而言，政治担当不仅是检验党员干部是否坚守政治操守的重要尺度，更是永葆共产党人政治本色的关键所在。在新的历史时期，完整、准确、全面贯彻新发展理念，强化政治担当就是要按照党的各项规章制度和习近平总书记系列重要讲话精神的基本要求，不断增强党员干部的政治担当意识和政治担当能力。

一是坚守党性，强化忠诚意识。坚守党性是增强党员干部政治担当的前提和基础。党性是一个政党用以凝聚组织成员，维系党的团结的纽带，是一个政党巩固自身组织，永葆党的生机与活力的根本所在。对于党员干部来说，党性是衡量和判断一个党员合格与否的根本尺度，是指导其思想和行为的规范与标准。完整、准确、全面贯彻新发展理念，需要坚守党性，强化忠诚意识。有了党性，党员干部便有了一颗赤子之心、忠诚之意，才能够忠诚于党的信仰，维护党的利益，完成党的任务，实现党的目标。

二是增强“四个意识”，做到“两个维护”，保持政治定力。增强政治意识，决定了党员干部在改革发展实践中一定要把讲政治放在重要位置，始终保持清醒的政治头脑，不断提高政治观察力和政治鉴别力。增强大局意识，决定了党员干部在实践中必须处理好个人与集体、局部与全局之间的关系，凡事要从党和国家的整体利益出发，把工作放到大局中去思考、定位，做到正确认识大局、自觉服从大局、坚决维护大局。增强核心意识，决定了党员干部要坚决维护中国共产党在国家中的领导核心地位，维护以习近平同志为核心的党中央权威，坚决服从党中央的决定。增强看齐意识，决定了党员干部必须做到坚定政治方向，任何时候任何情况下都做到政治立场不移、政治方向不偏。

三是严守政治规矩，永葆共产党人的政治本色。政治规矩主要体现在党内各种法规的制定上，通过党内法规的制定规范党员干部的思想和行为，使其永葆共产党人的政治本色。新时代新阶段坚守政治担当，一方面要求党中央要不断完善党内法规，推进党内的制度建设，规范党内生活，净化政治生态；另一方面要求党员干部必须坚守党的政治规矩，接受党组织的领导，忠实履行自己的职责，维护共产党人共同的精神家园。

四是坚定“四个自信”，做发展中国特色社会主义事业的领航者。坚持“四个自信”就是要求我们党在“举什么旗、走什么路”这个最大的政治问题上不动摇，坚定不移地走中国特色社会主义道路，完善中国特色社会主义理论和制度，凝聚实现中华民族伟大复兴的精神力量，始终做发展中国特色社会主义事业的领航者，把中国特色社会主义事业不断推向前进是每个党员干部义不容辞的政治责任和政治担当。

3. 强烈的责任担当

对于党员干部来讲，敢于担当责任，就是要在实际工作和生活中履职尽责，勇于克服阻碍社会改革与发展的任何艰难险阻，切实承担起自身对国家和社会发展应尽的义务。具体来讲，党员干部的责任担当包括人民之责、改革之责、领导之责和治党之责四个方面。

一是担当人民之责。担当人民之责既是基于党全心全意为人民服务的根本宗旨，也是基于人民在国家和社会发展中的地位和作用。对于无产阶级政党来说，担当人民之责，就是要始终坚持党的人民性。在任何时候都要始终将人民利益作为党的奋斗目标，为最大多数群众谋福祉是每名党员的基本之责。自成立之日起，党始终依靠人民群众来进行革命和建设，坚持“从群众中来，到群众中去”的工作方法，人民群众对美好生活的向往就是党努力的方向。因此，完整、准确、全面贯彻新发展理念，实现好、维护好、发展好最大人民群众的根本利益是中国共产党人责任担当的必然要求。

二是担当改革之责。改革是破除不适应实践发展要求的旧观念和旧体制的必然选择，是迎头赶上世界先进国家和保持良好发展势头的重要举措。没有改革开放就没有当代中国的发展进步。改革不可能“毕其功于一役”，旧的问题解决了，新的问题又产生了。改革既不可能一蹴而就，又不可能一劳永逸。新时代推动高质量发展，所需要进行改革的复杂程度、敏感程度和艰巨程度并不亚于从前，一般矛盾与深层次矛盾交织叠加、错综复杂，需要更加全面、系统、协调推进改革。因此，完整、准确、全面贯彻新发展理念，要强化党员干部的改革之责，切实完成推进发展中繁重艰巨的深化改革任务，确保中国特色社会主义事业健康发展、行稳致远。

三是担当领导之责。能否担当领导之责是我们判断领导干部是否称职的重要标准。一个称职的干部既要是一个严以律己、尽职履责的人，又要是一个勇于担当、善于担当领导职责的人。第一，没有党的坚强领导，就不能为完整、准确、全面贯彻新发展理念锻造坚强领导力量。完整、准确、全面贯彻新发展理念是一个系统工程，需要一个强大领导力量指明奋斗方向，推动工作进展。第二，没有党的坚强领导，就不能为千千万万个基层组织注入贯彻新发展理念的砥砺奋斗精神。伟大的事业呼唤伟大的精神，干事首要在强心。如果党员干部贪图安逸、追求享受，贯彻新发展理念的这一伟大事业必然会停滞不前，有了各级党组织发挥好战斗堡垒作用、各级领导干部发挥好模范带头作用，就会为广大党员注入贯彻新发展理念的强大精神动力。第三，没有党的坚强领导，就不能塑造贯彻新发展理念的新型党群关系。密切联系群众是我们党的最大政治优势，也是推动伟大事业的重要保证。贯彻新发展理念不是部分人的事业，而是全体中华儿女的伟大事业，这就要塑造新型党群关系，夯实执政“坚实根基”，带领广大人民群众贯彻新发展理念永不停顿、逐步深化。对此，各级党组织不能把完整、准确、全面贯彻新发展理念当作一般性的工作要求，而是要提高政治站位，强化政治担当，增强政治判断力、政治领悟力、政治执行力，切实透彻领会党中央的大政方针和决策部署，敢于担当、善于作为，努力交出全面贯彻新发展理念的优异答卷。

第十五章　新发展理念的理论贡献

党的十八大以来，以习近平同志为核心的党中央深刻把握国家建设发展的新形势新特点新规律，以崭新发展理念推进中国特色社会主义建设伟大实践，取得了历史性飞跃。理论源于实践、高于实践，回过头来又反哺实践。新发展理念“是我们在深刻总结国内外发展经验教训的基础上形成的，集中反映了我们党对经济社会发展规律认识的深化，也是针对我国发展中的突出矛盾和问题提出来的。”[①] 从总体上看，新发展理念升华了马克思主义发展观的理论高度，丰富了其新的时代内涵，也为其他国家走好自己的发展道路提供了典型范本，从而提升了马克思主义作为科学指导理论的普遍性和一般性。

一、新发展理念是马克思主义社会发展观的历史性飞跃

马克思主义自诞生之日起，就呈现出一个与不同社会性质、不同时代发展相结合、相适应、相促进的发展历程，体现出其作为科学理论所具有的普遍指导意义。作为马克思主义重要组成部分的马克思主义社会发展观，同样具有这种属性。从其在中国传播与发展的整体脉络看，马克思列宁主义最早提出“人的全面发展观”并传入中国；毛泽东在新中国成立后提出“一化三改造”的发展道路观；邓小平提出“发展是硬道理”“和平与发展是当今时代的主题”；江泽民提出“发展是党执政兴国的第一要务”以及胡锦涛提出“科学发展观”。应当说，正是在与中国社会发展实践的结合中，马克思主义社会发展观不断向前发展。进入新时代，以习近平同志为核心的党中央，以马克思主义发展观为理论根基，传承中国古代发展智慧和哲学，秉持新中国成立后特别是改革开放以后发展理念的阶段性成果，创造性地提出了“新发展理念”，实现了对马克思主义发展观的历史性飞跃。

---

① 习近平：《〈求是〉杂志发表习近平总书记〈在党的十八届五中全会第二次全体会议上的讲话（节选）〉》，《人民日报》2016 年 1 月 1 日，第 1 版。

第一，对于“发展主体”的丰富和发展。

马克思主义发展观提出以“现实的个人”为发展主体，新发展理念以此为基础，与我们党的根本宗旨相结合，进一步提出了“以人民为中心”的发展主体思想，同时还回答了“发展为了谁”的问题，即发展为了全体中国人民。综合起来，新发展理念系统提出了发展为了人民、发展依靠人民、发展成果由人民共享的思想，极大地丰富和发展了马克思主义所倡导的“为绝大多数人谋利益”的无产阶级本质属性。

第二，对于“发展动力”的扩展和深化。

马克思主义基本原理认为，社会基本矛盾是经济社会发展的根本动力。生产力是社会基本矛盾中最活跃最能动的因素，它如同一双无形的手，推动着人类社会向前发展、不断进步。遵循这一基本原理，新发展理念将创新视作引领发展的第一动力，并提出科学技术、资源环境都属于生产力的重要组成部分，共同推进社会经济向前发展。这样一种思想和理念，无疑使得马克思主义发展动力学说得到进一步扩展和深化。

第三，对于“发展内涵”的扩充和细化。

马克思主义发展观系统深刻、丰富全面，对于发展的实践活动和方式、内容等方面，都作出了详细阐释。新发展理念在此基础上对发展内涵作了进一步细化，对每一个发展环节都作出了具体部署，而且对发展目的、发展任务和发展内容等都进行了更加清晰具体的规划和明确，使得国家对于经济社会发展的推进更加便于实施、利于操作、易于考察。

第四，对于“发展目的”的拓展和升华。

“为无产阶级革命”是马克思主义最核心最基本的观点之一，是其与其他一切“主义”的本质区别，是指导我们党建设发展的根本原因所在。随着时代发展和社会进步，共享理念由于其对普通大众的便利性和有益性，越来越得到广大人民群众的认同与追捧。我们党也顺应民意和发展趋势，适时将共享理念引入新发展理念，与党和国家的发展大势完美契合，使得马克思主义所追求的人类社会历史进步和人的自由全面发展的思想得到了升华。

综合来看，在马克思主义发展观基础上，新发展理念与中国特色社会主义发展实践有机融合，与21世纪的马克思主义——习近平新时代中国特色社会主义思想密切相关，形成了先进、科学、完整的理论成果，从发展主体、发展动力、发展内涵、发展目的等方面，实现了对马克思主义发展观的历史性飞跃。

二、新发展理念是对当代西方社会发展理论的民族性阐释

关于社会发展理论，西方开展研究的历史较长。进入近代以后，针对经济社会发展出现的一系列矛盾问题，西方理论界先后提出过第三条道路、第二次现代化、后工业社会、福利国家、后现代主义、生态资本主义等诸多思路和理念，从不同层面和程度解决了其发展过程中产生的问题。然而，由于这些思路和理念始终未能脱离个人主义、自由主义、改良主义等教条本质属性，而且忽视了生态、能源、气候等越来越宽泛的发展内涵，导致难以解决社会发展的根本性问题。

反观社会主义新中国，虽然成立时间较晚、历史稍短，但在推进自身建设发展的实践过程中，并没有一味照抄西方发展理论与模式，而是走出了一条具有中国特色的发展之路。从改革开放初期以“如何实现发展”为时代议题，以发展主义思潮的引入为动力机制，发展理念得以重启；到新时期，以“如何实现更快发展”为时代议题，以市场化改革、扩大内需相关要求、区域关系和城乡关系全盘纳入现代化布局和发展主义实践问题的显现、社会管理复杂性程度增加、自然资源的瓶颈约束为动力机制，发展主义理念得以生成和强化，随后提出科学发展观，实现了对发展主义理念的部分校正；进入新时代，社会发展进一步聚焦到“如何实现更好发展”这一时代议题，在经济下行压力增大、发展的不平衡不充分性尽显、科学发展观的理论推理以及世界相互依靠性的增强等动力机制推动下，“新发展理念”应运而生。相比于西方相对狭隘的发展理论，“新发展理念”在很大程度上实现了超越，充分体现了中国理念、展示了中国智慧、彰显了中国气度。

一是着眼整体性。西方资本主义国家政治经济发展的重要根基之一，就是由少数经济财阀支助，以少数政治集团操控，为少数精英阶层服务，这与其所宣扬的“民主、自由、公平”从本质上是相悖的。而作为社会主义国家的代表，中国的发展自始至终是为了最广大人民群众的根本利益，这是由我们党的性质和宗旨所决定的。“新发展理念”在遵循这一性质宗

旨的基础上，倡导把人民群众当作创新的主体和源泉，看作创新的起点和终点，强调以解放“社会活力”为实质性内容，大力推崇“大众创业、万众创新”，有效唤醒政府、企业和广大人民的创新活力，形成全社会共同发展的良好势头。这种依靠多数人、调动多数人、为了多数人的发展理念，大大拓宽了创新的广度和深度，使得国家发展的基础更加厚实、动力更加强劲、前景更加宽广。

二是超越自我性。“市场在资源配置过程中起决定性作用”，这是市场经济的本质特征之一。因此，每一个“市场经济主体”都有十分鲜明的“自我性”，这一特征对于过分追求纯粹利益和绝对自由的西方资本主义国家来说，显得尤为明显。自从引入市场经济以后，我们党就着眼合理用好“市场经济”，着力摆脱市场经济的“自我性”弊端，寻求自身的发展道路与模式，从而追求市场经济与社会主义的最佳平衡点，并逐渐发展形成了中国特色社会主义市场经济。经过多年探索、实践与改良，“新发展理念”进一步强调，要将市场经济的“自我性”特征与发展过程中的各种矛盾问题联系起来考虑和解决，不断改进生产关系，推动“全面深化改革”，促进“五个协调发展”，实现“全面建成小康社会”，从而更好地实现对“自我性”的超越。

三是摒弃资本性。资本本身无限增值的天然属性，以及资本家追求资本效益最大化的贪婪属性，决定了西方资本主义国家的一切发展都离不开资本，都摆脱不了资本的控制与束缚。在这种情况下，就连生态文明发展都被西方社会与“资本”联系在了一起，成为其操控本国政治利益和他国国家发展的“工具”。而“新发展理念”坚持以我为主，不被西方话语体系所羁绊，提出要实现“绿色发展”，倡导“绿水青山就是金山银山”，呼吁将经济社会发展与生态文明和环境问题联系在一起，积极构建资源节约型、环境友好型社会，形成人与自然和谐发展。在这样的理念牵引下，中国积极参与国际环境治理，提出本国的“碳达峰”和“碳中和”时间表，成功打破了西方的“资本逻辑”，展现了作为负责任的社会主义大国的风范和担当。

四是融入世界性。从某种意义上讲，资本主义开启了崭新的世界历史，将人类社会发展向前推进了一大步，这在当时是具有显著进步性的，这一点无须否定。然而，由于其在所谓“普世价值观”的指引下，妄图阻止和消灭与其观念、制度和道路不一致的其他国家和社会的正常发展，使得其最终难以摆脱“小我”和“排他”的本质。而对于以马克思主义为指导思想的我国来说，始终将发展的目标瞄准整个世界，在力争实现本国良性发展的基础上，谋求世界大同，努力实现同世界文明的交融与互动，从而走出了一条人类社会发展的光明大道。这就是“新发展理念”中“开放发展理念”的理论根基和逻辑起点。这种以构建“人类命运共同体”为终极目标的发展理念，充分展现了共产主义的世界观和中国特色社会主义的发展观，体现出中华民族的传统底蕴、中国社会的制度优势和中国发展的时代特征，成功地将国家独立发展与世界共同进步有机联系起来。

五是瞄准公平性。一直以来，西方资本主义国家极力鼓吹和宣扬其理论的先进性、制度的优越性和发展的公平性，并在理论和实践方面，不断寻求对公平发展的优化和改良。然而无论怎么鼓吹，都改变不了其“以私有制为主体”的本质属性，从而无法实现真正的公平。这一点，则是社会主义的根本优势。我们的发展，绝不是为了哪一个利益集团，哪一个固有阶层，而是为了最广大的人民群众。而且，随着经济、社会、科技的发展，共享理念逐渐被越来越多的人所接受，使得“为人民服务”的宗旨和理念得以更好地实现，使得发展的公平性得以显著提升，能够惠及越来越多的百姓，更好地将社会主义制度的优势释放和体现出来。

三、新发展理念是习近平新时代中国特色社会主义思想的重要性构成

党的十八大以来，世界形势变化和国家事业发展给我们提出一个重大的时代课题，就是必须从理论和实践结合上系统回答新时代坚持和发展什么样的中国特色社会主义、怎样坚持和发展中国特色社会主义。围绕这个课题，我们党以全新的视野深化对共产党执政规律、社会主义建设规律、人类社会发展规律的认识，进行艰辛理论探索，取得重大创新成果，形成了习近平新时代中国特色社会主义思想。这一伟大思想，是对马克思列宁主义、毛泽东思想、邓小平理论、“三个代表”重要思想、科学发展观的继承和发展，是当代中国马克思主义、二十一世纪马克思主义，是中华文化和中国精神的时代精华，实现了马克思主义中国化新的飞跃，是全党全

国各族人民为实现中华民族伟大复兴而奋勇前进的行动指南，而新发展理念在其中也占据重要地位。

一方面，新发展理念是习近平新时代中国特色社会主义思想的重要组成部分。习近平新时代中国特色社会主义思想内涵十分丰富，对经济、政治、法治、科技、文化、教育、民生、民族、宗教、社会、生态文明、国家安全、国防和军队、"一国两制"和祖国统一、统一战线、外交、党的建设等各方面作出了系统规划和部署。在习近平新时代中国特色社会主义思想的重要标志性成果——党的十九大报告中提出："坚持新发展理念。发展是解决我国一切问题的基础和关键，发展必须是科学发展，必须坚定不移贯彻创新、协调、绿色、开放、共享的新发展理念。必须坚持和完善我国社会主义基本经济制度和分配制度，毫不动摇巩固和发展公有制经济，毫不动摇鼓励、支持、引导非公有制经济发展，使市场在资源配置中起决定性作用，更好发挥政府作用，推动新型工业化、信息化、城镇化、农业现代化同步发展，主动参与和推动经济全球化进程，发展更高层次的开放型经济，不断壮大我国经济实力和综合国力。"① 报告将新发展理念作为"十四个坚持"的基本方略之一列入其中，足见其在习近平新时代中国特色社会主义思想中的重要地位和作用。

另一方面，新发展理念贯穿习近平新时代中国特色社会主义思想主体内容之中。除了单独作为一部分列入党的十九大报告以外，新发展理念还渗透于习近平新时代中国特色社会主义思想的核心内容之中，成为贯穿其中的一条隐形逻辑脉络。诸如"我国发展新的历史方位""中国特色社会主义进入新的发展阶段""社会主要矛盾新变化""我国国际环境新变化"等阐述，都预示着我们党必须对现行的发展理念进行调整和更新。譬如，在关于"社会主要矛盾新变化"的思想中，对"当前我国的发展阶段和发展任务发生了深刻变化""发展不平衡不充分的突出问题""城乡和区域发展水平、收入分配差距较大"等论述，就是新发展理念体现的现实需求。针对社会主要矛盾的变化，就要求更好地贯彻以人民为中心的发展思想，贯彻新发展理念，着力解决好发展不平衡不充分的问题。再譬如，关于"以人民为中心"的思想，就鲜明提出"人民对美好生活的向往就是我们

① 习近平：《在中国共产党第十九次全国代表大会上的报告》，《人民日报》2017 年 10 月 28 日，第 1 版。

的奋斗目标”“依靠人民创造历史伟业”“朝着实现全体人民共同富裕不断迈进”，就是发展为了人民、发展依靠人民、发展成果由人民共享、发展优劣由人民评判的“新发展理念”的精神实质所在。又譬如，“全面建成小康社会”的思想，就明确提出了新的目标要求，包括“经济实现高质量发展”“创新驱动成效显著”“发展协调性明显增强”“人民生活水平和质量普遍提高”“生态环境质量总体改善”，这些都是与“新发展理念”相互贯通的。其他，诸如“‘富强民主文明和谐美丽’的社会主义现代化目标”“实现我国经济高质量发展”“经济发展新常态”“形成全面开放新格局”“在发展中保障和改善民生”“打造共建共治共享的社会治理格局”“建设美丽中国”“构建人类命运共同体”“促进‘一带一路’国际合作”等思想，都从不同侧面诠释与渗透着“创新、协调、绿色、开放、共享”这一新发展理念的核心要义。

由此可见，新发展理念不仅是习近平新时代中国特色社会主义思想的直接内容之一，还是其诸多内容的条件和基础。正是有了新发展理念，习近平新时代中国特色社会主义思想才更加系统全面、科学精准，更加具有指导性、针对性和时代性，才使得这一科学指导理论不断焕发出实践光辉、理论光彩、时代光芒。

四、新发展理念是对唯物辩证法基本原理的创造性运用

马克思主义唯物辩证法认为，事物是普遍联系和不断运动变化的统一整体，同时，相对简单的范畴和比较复杂的整体是一种从属关系，整体范畴的呈现通常建立在其组成要素独立呈现的基础上。对于“创新、协调、绿色、开放、共享”发展理念的独立出现及发展，再到“新发展理念”作为一个整体概念的提出，同样是对马克思主义唯物辩证法整体性原理的生动运用和创造发展。

独立来看，新发展理念的五个方面，产生时间不同、发展过程各异，各自从不同侧面对发展的动力、方式、方向、环境和目的进行了分别描述，为发展理念的整体提升奠定了必要的基础。

首先，“‘创新’发展”主要着眼发展动力，着力解决发展的革命性问题。动力问题是根本问题，事关发展能否顺利启动、深入推进。动力是否

强劲，关系发展能否有效推进；动力是否持久，关系发展能否持续；动力是否高效，关系发展的效益问题。从这三个方面综合衡量，“创新”是最强劲、最持久、最高效的发展动力，能够持续有力高效推动国家经济社会向前发展。只要抓住了创新，就抓住了牵动经济社会发展全局的“牛鼻子”。坚持创新发展，是党和国家在全面分析近代以来国内外发展成功经验和失败教训的基础上，应对时代之变、环境之变作出的必然选择，并将其摆在国家发展全局的核心位置紧抓不放，全面推进理论、制度、科技、文化、社会等各方面创新，使其贯穿党和国家一切工作，成为全社会的一种思想和行为自觉。

其次，“‘协调’发展”主要着眼发展方式，着力解决发展的系统性问题。以什么样的方式推进发展，能否实现平衡、整体、系统、健康的“协调发展”，是社会主义性质国家推动发展必须考虑的重要问题。然而，由于历史、地域、基础、政策等因素影响，过去我们在发展过程中出现了诸多不平衡不协调的现象。为此，党和国家从整体上综合考量，提出牢牢把握中国特色社会主义事业总体布局，正确处理发展中出现的各类问题，补齐单项短板，拉平整体发展层次和水平，一体推进区域、城乡、物质文明与精神文明、经济建设与国防建设协调发展，为解决好发展的系统性协调性问题提供了出路。

第三，“‘绿色’发展”主要着眼发展方向，着力解决发展的永续性问题。作为一个兼具现实性和永恒性的问题，发展不仅要解决当今社会的矛盾和问题，还必须能够为今后的社会发展提供动力，这是任何国家、任何时期推进发展都必须回答的问题。对此，我们的答案就是“绿色发展”。这是党和国家在反思过去发展中存在的阶段性、局部性、局限性问题，纠正一段时间以来过于看重经济发展，而相对忽略政治、社会、文化、生态发展的弊端，着力降低或减轻当前社会中存在的生态污染、食品安全、资源短缺等棘手问题的困扰，努力构建人与自然和谐共生、互为促进的和谐发展道路，加快建设资源节约型、环境友好型社会，大力推进美丽中国建设，不断满足人民对美好环境、美丽家园的向往。

第四，“‘开放’发展”主要着眼发展环境，着力解决发展的联动性问题。“改革开放是决定当代中国命运的关键一招，也是决定实现‘两个一百年’奋斗目标、实现中华民族伟大复兴的关键一招。”这是对国家实行改革开放取得伟大历史性成就的深刻总结，也是对未来国家继续深入全面推进开放政策的政治宣言。近代以后中国的发展历史，以一种极其屈辱而又极具说服力的方式，向后世的我们叙述了一个无可争辩的事实和难以辩驳的真理，那就是封闭必然导致落后，落后必然遭到淘汰。基于这一认识与反思，十一届三中全会以后，邓小平同志率先提出实行改革开放的国策，引领中国走向全面繁荣富强的发展之路。面对新时代的国内外环境，习近平总书记进一步指出，要将全面深化改革进行到底，形成全面开放的新格局，坚持主动开放、双向开放、全面开放、公平开放、共赢开放、包容开放，在保持独立自主的前提下，联合一切可以联合的力量，利用一切可以利用的外力，借鉴一切可以借鉴的经验，形成更高水平、更广范围、更深层次的开放格局。

最后，"'共享'发展"主要着眼发展目的，着力解决发展的公平性问题。"共享"一词属于新鲜词汇，是近些年才流行起来的概念和提法。然而，人类对于"共享"理想的追求却由来已久。孔子口中的"世界大同"、陶渊明笔下的"世外桃源"，或是西方的空想社会主义，都在某种程度上体现了人们朴素的共享思想。直到马克思创造性提出"共产主义理论"，使得"人人为我、我为人人"的理想成为一种可以接近、可以实现的现实。近年来，随着社会科技文化的进步，共享理念在现实生活中得到越来越多的推广和运用。作为新发展理念的最后一条，"共享发展"为全体中华儿女携手同心、共克时艰、共创辉煌提供了更好的平台和机遇，使我们距离共产主义的理想又向前迈了一大步。

综合来看，在五个相对独立的发展理念之上，"新发展理念"更是蕴含深层次的整体性和关联性。

其一，全面体现崭新视角。所谓新发展理念，最具标志性的特征就在于"新"。与传统发展理念相比，这种"新"体现在"新发展理念"作为独立个体存在的五个方面，以及作为整体出现的集合概念。创新发展，从字面看就包含了"新"字，其所蕴含的求新、求变、求超越的意义，就是新发展理念的本质要求和典型标志。协调发展，是党中央着眼解决发展不平衡不充分的问题，着力破解发展瓶颈，对未来所作出的战略谋划；绿色发展，在原有可持续发展理念的基础上，更加强调对自然资源的保护、对美丽家园的建设以及对全球生态治理的关注；开放发展，是一种更高层次的开放型格局，旨在积极参与全球经济治理和公共产品供给、提高制度性话语权等一系列战略部署，体现了党中央对发展大势的深刻把握，彰显了立足国内、放眼全球的宽广视野和长远谋划。共享发展理念，则是促进社会公平正义、实现人的全面发展在新时代的产物，为广大人民共享改革发展成果、共享人生出彩机会，提供了更加广阔的舞台和空间。新发展理念，独立来看并非崭新概念，但作为一个整体，其内涵已经发生了深刻变化，被赋予了全新的时代意蕴。

其二，全面聚焦现实问题。时代是出卷人，人民是阅卷人，我们是答卷人。新发展理念直面新时代国家经济社会发展中存在的各种突出矛盾问题，就影响和干扰国家良性、持续、协调发展的各类主客观因素予以积极回应，作出战略性、前瞻性、长远性的规划部署。针对发展动力缺乏、水平不高的问题，提出走创新发展之路，努力提振发展势头；针对发展不协调，整体失衡、步调紊乱、顾此失彼的问题，提出走协调发展之路，有效塑造均衡发展态势；针对后劲不足、资源匮乏、生态恶化的问题，提出走绿色发展之路，使金山银山与绿水青山相伴相生；针对自我封闭难以为继、自我设限无法增效的问题，提出进一步扩大开放，走全面开放的发展道路；针对贫富差距拉大、发展成果惠及不均的问题，提出走共享发展之路，让发展成果为大多数人所分享、所拥有。总之，新发展理念从不同侧面，对当前和今后发展中已经存在和即将面对的问题进行回应，成为推动国家持续健康发展的理论指导。

其三，全面坚持人民中心。全心全意为人民服务是我们党一贯的宗旨，也是新发展理念五个方面的共同指向。创新发展旨在通过变革发展动力机制，增强发展效能，转变发展方式，以更好满足人民对高品质生活的追求；协调发展旨在打破城乡、区域、经济建设与其他建设、物质文明与精神文明之间的失衡状态，使国家发展更均衡地满足人民需要；绿色发展旨在破解发展对环境恶化、资源短缺、生态破坏造成的影响，使二者同频共振、互为促进，使人们在获取物质成果的同时，享有更加美好的生态环境；开放发展旨在拓展发展空间，打通发展交流通道，使全世界一切好的成果、技术和资源，都能为本国人民服务；共享发展旨在调动全体中华儿女的积极性和创造性，让全体中国人民享受更多的幸福感获得感满足感。新发展理念，从五个方向分别出发，最终都指向人民这个终极目标，使得

“坚持以人民为中心”成为新发展理念五个方面的共同标签。

其四，全面贯通实践路径。新发展理念在横向上由五个方面组成，在纵向上又可以划分为三个层次，为全面推进这一理念奠定了实践基础。首先，创新发展是第一层次，可谓其实践路径的主导核心。也就是说，其余四个方面发展，都需要建立在创新的基础上，创新发展为协调、绿色、开放、共享发展提供强劲动力，离开了创新，其他发展理念都难以实现。其次，协调、绿色、开放发展，属于第二层次，是新发展理念实践路径的现实要求和展开方式。其中，协调发展是发展态势、绿色发展是发展趋势、开放发展是发展格局，分别从三个维度，为推进新发展理念作出了规划部署。最后，共享发展是第三层次，也是最高层次，它是以共产主义理论为指导，以人们对美好理想的向往和追求为基础，以现代科技发展和思维理念更新为条件所提出来的，最具有现实可行性、最符合当下中国特色社会主义国家所应有的发展理念和模式。可以说，新发展理念从三个层次、五个方面奠定了可推进、可操作、可实现的实践基础。

其五，全面强调统筹兼顾。从思维层面分析，新发展理念以马克思主义整体观为基调，强调发展要系统全面、通盘考量、整体谋划，创造性地解决发展过程中遇到的各种问题。创新发展强调守正与创新相统一，既要坚持根本理论指导，传承好成功的发展经验，又要更新观念、改进方法、创新手段，始终保持发展的强劲动力。协调发展强调要统筹好各领域、各区域、各方面发展的步调和节奏，使发展呈现出一种良性健康的态势。绿色发展强调要统筹好经济与生态、短期与长期的关系，确保有效利用好前人的发展成果，并使当今发展更好地为今后发展奠定基础，而不是造成阻碍。开放发展强调要统筹好国内国外两个市场、两种力量，不断拓展国家发展的生机活力，形成更加广阔、更加丰富的发展空间。综合来看，新发展理念本身就是一个统筹兼顾的概念，相互促进、相互影响，共同为中国特色社会主义发展提供解决之道。

总之，新发展理念这种建立在独立科学理念基础之上，相互联系、彼此影响、融合相通、整体升华的科学性概念，是运用科学理论解决现实问题的典型案例，是马克思主义唯物辩证法在中国特色社会主义发展过程中的成功运用。

五、新发展理念是中国特色社会主义政治经济学的创新性成果

习近平新时代中国特色社会主义经济思想内容丰富、内涵宽广，包含了中国政治、经济、社会、文化、生态、科技等各个方面，而新发展理念是我们党和国家关于发展理论与实践最新、最具代表性的成果，深化拓展了党对中国特色社会主义经济发展规律的认识，丰富发展了中国特色社会主义政治经济学。

其一，党的指导理论的创新发展为新发展理念的出现奠定了必要基础。我们党是用科学理论武装起来的共产主义政党，这是党始终立于不败之地的根本原因之一。新中国成立后，随着社会主义建设的不断推进，党的指导理论也在持续发展和完善。在十一届三中全会上，党提出以经济建设为中心，实现党和国家工作重心的历史性转变，开启了改革开放的伟大进程，开辟了中国特色社会主义道路。此后，党结合每个历史时期的发展现状，分别提出了"发展是硬道理""发展是党执政兴国第一要务""坚持以人为本、全面协调可持续发展"等重要思想，保证了党和国家发展取得了辉煌成就。进入新时代，习近平新时代中国特色社会主义思想应运而生，党实现了指导理论的新飞跃。作为党的指导理论的重要构成，新发展理念积极回应最新的形势变化、实践要求和人民期盼，坚持以人民为中心，从创新、协调、绿色、开放、共享五个方面，科学回答了新时代实现什么样的发展、怎样实现发展这一重大问题，标志着我们党对发展的创新性、平衡性、可持续性、包容性、公平性等认识到达了一个崭新高度。

其二，中国特色社会主义理论发展为新发展理念的产生创造了现实条件。党的十九大报告向世人庄严宣告，中国特色社会主义进入新时代，提出我国社会主要矛盾已经转化为"人民日益增长的美好生活需要和不平衡不充分的发展"之间的矛盾。新发展理念正是在深刻把握这一关系全局的历史性变化的基础上形成和发展起来的。这一理念，通过创新发展手段，改变发展方式，提升发展质效，着力解决当前发展中不平衡不充分的问题，能够更好满足人民对于经济、政治、文化、社会、生态等各方面需要，实现人的全面发展、社会全面进步。正是在党和国家对于中国特色社会主义发展理论不断丰富和完善的过程中，才逐渐形成和产生了指导新时

代发展的最新理念。

其三，中国特色社会主义政治经济学理论发展为新发展理念的形成提供了理论支撑。马克思主义政治经济学揭示了“生产力决定生产关系、生产关系必须适应生产力发展要求”的基本原理。新发展理念传承党的发展理论，根据新时代坚持并发展中国特色社会主义的实践新要求和人民新期待，更加鲜明地强调发展是解决我国一切问题的基础和关键，强调没有水分的发展，强调着力转变发展方式、优化经济结构、转换增长动力，实现我国社会生产力水平总体跃升；更加鲜明地强调不断调整生产关系适应生产力发展，使市场在资源配置中起决定性作用，更好发挥政府作用，破除阻碍生产力发展的体制机制障碍；更加鲜明地强调社会再生产过程的协调性和可持续性，推动产业间、城乡间、地区间、人与自然、国内与国际、人与人关系的改善，处理好当前和长远、局部和全局、重点与一般的关系；更加鲜明地强调坚持以人民为中心的发展思想，坚持人民是推动发展的根本力量，调动各方面积极性、主动性、创造性，汇聚成发展的强大动力。

参考文献

[1] 中共中央马克思恩格斯列宁斯大林著作编译局 . 马克思恩格斯全集：第 2、3、4、12、13、21、23、25、46（下）、47 卷 [M]. 北京：人民出版社，1958.

[2] 中共中央马克思恩格斯列宁斯大林著作编译局 . 马克思恩格斯文集：第 1 至 9 卷 [M]. 北京：人民出版社，2009.

[3] 中共中央马克思恩格斯列宁斯大林著作编译局 . 马克思恩格斯选集：第 1 至 4 卷 [M]. 北京：人民出版社，2012.

[4] 马克思 . 资本论：第 1、3 卷 [M]. 北京：人民出版社，2004.

[5] 马克思 . 1844 年经济学哲学手稿 [M]. 北京：人民出版社，2000.

[6] 马克思，恩格斯 . 共产党宣言 [M]. 北京：人民出版社，2014.

[7] 马克思，恩格斯 . 德意志意识形态 [M]. 北京：人民出版社，2003.

[8] 中共中央马克思恩格斯列宁斯大林著作编译局 . 列宁全集：第 7、41、43 卷 [M]. 北京：人民出版社，2017.

[9] 孙中山 . 孙中山选集：上 [M]. 北京：人民出版社，2011.

[10] 中共中央文献编辑委员会 . 邓小平文选：第 2、3 卷 [M]. 北京：人民出版社，1994.

[11] 习近平 . 习近平谈治国理政：第 2 卷 [M]. 北京：外文出版社，2017.

[12] 习近平 . 习近平谈治国理政：第 3 卷 [M]. 北京：外文出版社，2020.

[13] 习近平 . 之江新语 [M]. 浙江：浙江人民出版社，2007.

[14] 习近平 . 习近平总书记系列重要讲话读本 [M]. 北京：人民出版社，2016.

[15] 习近平 . 在省部级主要领导干部学习贯彻党的十八届五中全会精神专题研讨班上的讲话 [M]. 北京：人民出版社，2016.

[16] 习近平 . 决胜全面建成小康社会　夺取新时代中国特色社会主义伟大胜利：在中国共产党第十九次全国代表大会上的报告 [M]. 北京：人民出版社，2017.

[17] 习近平 . 在中国科学院考察工作时的讲话 [M]. 北京 ：中央文献出版社，2016.

[18] 中共中央文献研究室 . 十八大以来重要文献选编 ：上 [M]. 北京 ：中央文献出版社，2016.

[19] 习近平 . 习近平关于全面建成小康社会论述摘编 [M]. 北京 ：中央文献出版社，2016.

[20] 习近平 . 习近平关于科技创新论述摘编 [M]. 北京 ：中央文献出版社，2016.

[21] 习近平 . 习近平关于社会主义经济建设论述摘编 [M]. 北京 ：中央文献出版社，2017.

[22] 习近平 . 习近平关于社会主义生态文明建设论述摘编 [M]. 北京 ：中央文献出版社，2017.

[23] 中共中央党校（国家行政学院）. 习近平新时代中国特色社会主义思想基本问题 [M]. 北京 ：人民出版社、中共中央党校出版社，2020.

[24] 柏杨 . 中国人史纲 [M]. 北京 ：人民文学出版社，2011.

[25] 韩喜平 . 中国理念 [M]. 辽宁 ：辽宁人民出版社，2019.

[26] 庞元正，丁冬红 . 当代西方社会发展理论新词典 [M]. 吉林 ：吉林人民出版社，2001.

[27] 吴晓宇，赵坤 . 五大发展理念干部读本 [M]. 北京 ：人民日报出版社，2016.

[28] E.F. 舒马赫 . 小的是美好的 [M]. 虞鸿钧，郑关林，译 . 北京 ：商务印书馆，1984.

[29] 习近平 . 在党的十八届五中全会第二次全体会议上的讲话（节选）[J]. 求是，2016（1）：3-10.

[30] 习近平 . 在庆祝改革开放 40 周年大会上的讲话 [J]. 求是，2018（24）：3-12.

[31] 习近平 . 推动我国生态文明建设迈上新台阶 [J]. 求是，2019（3）：4-19.

[32] 程伟礼 . 科学发展观若干问题研究 [J]. 毛泽东邓小平理论研究，2006（6）：14.

[33] 贾凯 . 论五大发展理念的世界意蕴 [J]. 党政研究，2016（3）：38.

[34] 苏振锋 . 论现代发展观的演进与科学发展观的内涵 [J]. 西北大学学报（哲学社会科学版），2009，39（2）：125.
[35] 高丽萍 . 从马克思社会发展观到科学发展观：社会主义发展理念的演变轨迹 [D]. 天津：南开大学，2012.
[36] 张静 . 中国共产党新发展理念研究 [D]. 西安：西安科技大学，2019.
[37] 坚定不移沿着中国特色社会主义道路前进 为全面建成小康社会而奋斗 [N]. 人民日报，2012-11-18（2）.
[38] 徐京跃，华春雨 . 胸怀大局把握大势着眼大事 努力把宣传思想工作做得更好 [N]. 人民日报，2013-8-21（1）.
[39] 习近平 . 弘扬人民友谊共创美好未来 [N]. 人民日报，2013-9-8（2）.
[40] 习近平 . 携手建设中国—东盟命运共同体 [N]. 人民日报，2013-10-4（2）.
[41] 牢记历史经验历史教训历史警示 为国家治理能力现代化提供有益借鉴 [N]. 人民日报，2014-10-14（1）.
[42] 习近平：健全城乡发展一体化体制机制 让广大农民共享改革发展成果 [N]. 人民日报，2015-5-2（1）.
[43] 中共中央召开党外人士座谈会 [N]. 人民日报，2015-10-31（1）.
[44] 习近平 . 深化合作伙伴关系 共建亚洲美好家园 [N]. 人民日报，2015-11-8（2）.
[45]《求是》杂志发表习近平总书记《在党的十八届五中全会第二次全体会议上的讲话（节选)》[N]. 人民日报，2016-1-1（1）.
[46] 聚焦发力贯彻五中全会精神 确保如期全面建成小康社会 [N]. 人民日报，2016-1-19（1）.
[47] 习近平总书记谈开放 [N]. 人民日报，2016-3-3（13）.
[48] 习近平 . 决胜全面建成小康社会 夺取新时代中国特色社会主义伟大胜利 [N]. 人民日报，2017-10-19（1）.
[49] 习近平 . 开放共创繁荣 创新引领未来 [N]. 人民日报，2018-4-11（3）.
[50] 坚决打好污染防治攻坚战 推动生态文明建设迈上新台阶 [N]. 人民日报，2018-5-20（1）.
[51] 习近平 . 在庆祝改革开放 40 周年大会上的讲话 [N]. 人民日报，2018-

12-19（2）.
[52] 国家主席习近平发表二〇一九年新年贺词 [N]. 人民日报，2019-1-1（1）.
[53] 习近平出席二〇一九年中国北京世界园艺博览会开幕式并发表重要讲话 [N]. 人民日报，2019-4-29（1）.
[54] 习近平 . 关于《中共中央关于制定国民经济和社会发展第十四个五年规划和二〇三五年远景目标的建议》的说明 [N]. 光明日报，2020-11-4（2）.
[55] 习近平 . 在浦东开发开放 30 周年庆祝大会上的讲话 [N]. 人民日报，2020-11-13（2）.
[56] 保持加强生态文明建设的战略定力 守护好祖国北疆这道亮丽风景线 [N]. 人民日报，2019-3-6（1）.
[57] 习近平 . 在庆祝中国共产党成立 100 周年大会上的讲话 [N]. 人民日报，2021-7-2（2）.
[58] 习近平 . 在中华人民共和国恢复联合国合法席位 50 周年纪念会议上的讲话 [N]. 人民日报，2021-10-26（2）.
[59] 习近平在第四届中国国际进口博览会开幕式上发表主旨演讲 [N]. 人民日报，2021-11-05（1）.
[60] 习近平 . 以高标准可持续惠民生为目标 继续推动共建“一带一路”高质量发展 [N]. 人民日报，2021-11-20（1）.
[61] 习近平 . 继续把党史总结学习教育宣传引向深入 更好把握和运用党的百年奋斗历史经验 [N]. 人民日报，2022-1-12（1）.
[62] 中共十八届五中全会在京举行 [N]. 人民日报，2015-10-30（1）.
[63] 中共中央关于制定国民经济和社会发展第十三个五年规划的建议 [N]. 人民日报，2015-11-4（1）.
[64] 中共中央国务院印发《粤港澳大湾区发展规划纲要》[N]. 人民日报，2019-2-19（1）.
[65] 中共中央关于制定国民经济和社会发展第十四个五年规划和二零三五年远景目标的建议 [N]. 人民日报，2020-11-4（1）.
[66] 中共中央关于党的百年奋斗重大成就和历史经验的决议 [N]. 人民日报，2021-11-17（1）.

[67] 上海自贸区 29 日挂牌 [N]. 人民日报，2013-9-29（1）.

[68] 伟大旗帜引领历史巨变 [N]. 人民日报，2020-10-29（1）.

[69] 营造尊重科学崇尚创新的社会氛围 [N]. 人民日报，2021-2-1（7）.

[70] 两院院士大会中国科协第十次全国代表大会在京召开 [N]. 人民日报，2021-5-29（1）.

[71] 准确把握和抓好我国发展战略重点 扎实把“十三五”发展蓝图变为现实 [N]. 光明日报，2016-1-31（1）.

[72] 完整准确全面贯彻新发展理念 确保“十四五”时期我国发展开好局起好步 [N]. 光明日报，2021-1-30（1）.

[73] 北京市习近平新时代中国特色社会主义思想研究中心 . 科技创新要坚持以人民为中心 [N]. 经济日报，2019-5-28（16）.

[74] 黄群慧 . 推进“新四化”同步实现 建成现代化经济体系 [N]. 光明日报，2020-11-24（11）.

[75] 孙懿 . 让改革开放措施于法有据 [N]. 人民日报（海外版），2014-12-27（4）.

后 记

本书是集体攻关、合作研究的成果。各章作者及所在单位是：第一章、第四章（谢魁，陆军军事交通学院）；第二章（赵坤，空军某训练基地）；第三章（卢伟，陆军工程大学）；第五章（肖冬，武警后勤学院）；第六章、第十三章、第十四章（吴晓宇、刁玉峰，陆军军事交通学院；尤誉颖，首都师范大学）；第七章（徐永利，佛山科学技术学院）；第八章（王军，陆军军事交通学院）；第九章（李洋，陆军军事交通学院）；第十章（张丽娜，陆军军事交通学院）；第十一章（杨丹，空军工程大学）；第十二章（鲍永娟，陆军工程大学）；第十五章（顾喆，国防大学）。

本书由颜晓峰负责全书设计，吴晓宇、曹树聪、卢伟、李艳红、李明、张志文、李豪、陈静、曾署春负责全书统稿，李明、张志文、李豪负责联系协调。

编　者

2022 年 12 月